短线炒股宝典

短线交易
赚钱技法

曾　增◎编著

中国铁道出版社有限公司
CHINA RAILWAY PUBLISHING HOUSE CO., LTD.

内 容 简 介

本书重点强调实战，淡化过多的知识性讲解，以各个层次的技术和技巧和短线相互结合的方式，指导投资者准确找到短线赚钱的要领。

本书一共7章，主要内容包括短线基础知识、短线技术概述、短线盘面分析、运用蜡烛线分析短线、运用移动平均线分析短线、从趋势面和量价面分析短线以及短线解套和防庄等。

通过对本书内容的学习，能够让投资者在比较短的时间内快速把握短线投资的要领，掌握短线投资的方法，完善短线投资的自我修炼，达到获利的目的。

本书适合有一定基础的短线投资者，对希望提高炒股技术的初级投资者也有借鉴和帮助作用，同时也是一部实战"练兵"的好教材。

图书在版编目（CIP）数据

短线炒股宝典.短线交易赚钱技法/曾增编著.—北京：
中国铁道出版社有限公司，2021.4
ISBN 978-7-113-27353-8

Ⅰ.①短⋯ Ⅱ.①曾⋯ Ⅲ.①股票投资-基本知识
Ⅳ.①F830.91

中国版本图书馆CIP数据核字（2020）第202271号

书　　名：短线炒股宝典：短线交易赚钱技法
DUANXIAN CHAOGU BAODIAN : DUANXIAN JIAOYI ZHUANQIAN JIFA
作　　者：曾　增

责任编辑：张亚慧　　编辑部电话：（010）51873035　　邮箱：lampard@vip.163.com
编辑助理：张秀文
封面设计：宿　萌
责任校对：王　杰
责任印制：赵星辰

出版发行：中国铁道出版社有限公司（100054，北京市西城区右安门西街8号）
印　　刷：三河市宏盛印务有限公司
版　　次：2021年4月第1版　2021年4月第1次印刷
开　　本：700 mm×1 000 mm　1/16　印张：17.5　字数：255千
书　　号：ISBN 978-7-113-27353-8
定　　价：59.00元

前言

短线投资是植根于股市大背景下形成的，每一次阶段性的上涨和下跌都普遍存在于股市之中，大部分投资者借助有效信息获得投资决策，但是这样的信息极其零碎。

面对日益复杂的股票市场，市面上介绍短线投资的工具书层出不穷，一些有吸引眼球的标题，但实际内容空洞无物；一些内容有效，但阅读吃力不易理解。

为此，我们邀请了长期奋斗在股市一线的、有经验的投资者给大家编写了本书，希望通过对本书的学习，能够提升短线投资者的信心和投资技法。

本书共 7 章，详细介绍了短线投资的赚钱要领，其主要内容如下：

- 第 1 章是全书的提纲，因此称之为"指点迷津"，就是从知识的有效层面介绍什么是短线操作理念和短线操作方法。

- 第 2 章~第 6 章分别从技术指标、盘面、蜡烛线、均线、趋势面和量价面告诉投资者如何将其运用于短线投资中，这是短线投资介绍的主流内容和方法技巧。

- 第 7 章总结短线被套的原因，挖掘短线被套的深层次因素，指出了如何破解庄家下套，提升短线交易技巧，特别是最后的短线解套方案。

本书具备三大特色，以便帮助读者轻松地理解和掌握短线投资技巧。

特色一：完整的分析

本书的第一大特色就是完整，其思路完整，理念完整，所使用的技术指标和方法技巧都是比较完整的，这样可以避免一定的片面性。

特色二：多图例的讲解

图解表达和案例是本书的第二大特色，几乎每页都配有插图，每个知识点都配有案例，这些案例或正面或反面，可以加强对技法的理解和指导实战。

特色三：灵活的安排

本书语言不枯燥，不死板，重视从作者亲身经历出发，用真实性的内容告诉投资者如何做好短线交易，在安排上多用表格和小栏目穿插，灵活成为本书的第三大特色。

本书比较适合有一定基础的短线投资者，也对希望提高炒股技术的初级投资者有借鉴和帮助作用，同时也是一部实战练兵的好教材。

由于经验有限，加之时间仓促，书中难免会有疏漏和不足之处，恳请专家和读者不吝赐教。希望所有读者能够从本书中获益，在实战短线操作中获得收益，也请记得，股市有风险，投资须谨慎。

编　者

2020 年 12 月

目录

第 3 章　浇水有道：短线盘面分析

第4章 施肥得力：运用蜡烛线分析短线

第5章 修枝剪叶：移动平均线的短线分析

第6章 准备收获：赢在趋势和量价面

第 7 章　防虫除害：短线解套和防庄

第 1 章

指点迷津：掌握短线知识

如同获得丰盛的果实首先必须知道栽培知识一样，要活学活用短线赚钱技法也必须要搞清楚什么是短线、正确的短线观念是什么以及短线操作步骤，这是本章将介绍的一切短线获胜的前提和必要条件。

投资是一种科学，投机是一种艺术。

——股市谚语

如果说将长期持有看成是一种投资的话，那么短线买进卖出则是一种艺术，这种艺术的魅力在于将赚钱效应在牛市、熊市和震荡市（也称之为结构性市场）中发挥到极致。

◆ 牛市短线：爱拼就会赢

牛市是整个股票市场最活跃的一个阶段，其实任何市都是一种股票阶段，只是这种股票阶段是进场者都喜笑颜开的时间，我国股市在 2019 年 1 月到 2019 年 4 月经历了第一场牛市盛宴，只要敢拼的投资者就一定都收获不少。图 1-1 所示为上证指数（000001）2018 年 12 月至 2019 年 4 月的 K 线走势。

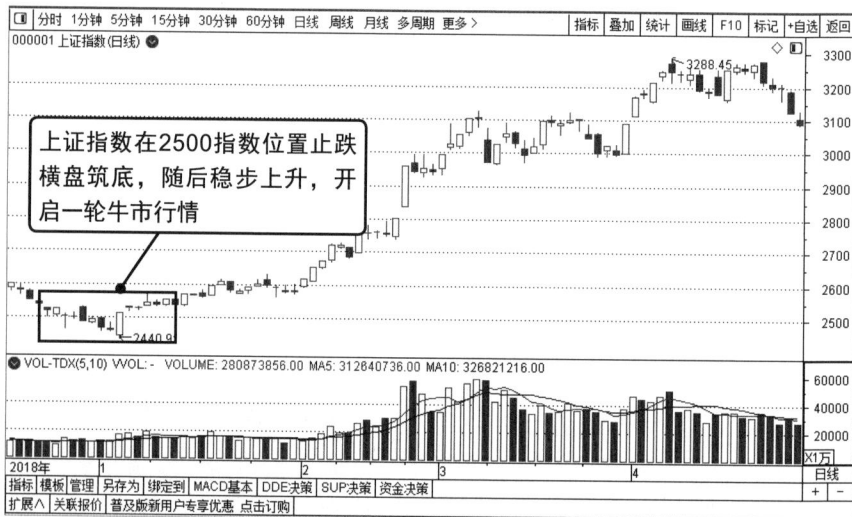

图 1-1　上证指数 2018 年 12 月至 2019 年 4 月的 K 线走势

从图中可以看到，上证指数前期表现出下跌走势，跌至 12 月底止跌横盘整理，随后 K 线在 1 月 4 日收出一根低开高走的大阳线向上拉升股价，转变了上证指数的走势，使其进入上涨行情。说明上证指数成功在 2500 指数位置筑底，随后上证指数进入了稳步上升的牛市行情中。

该轮牛市行情虽然只维持了 4 个月左右的时间，投资者只要抓住筑底机会，趁机买入，短线操作即可投资成功。

笔者有幸经历了这一盛事，在 2019 年 1 月到 4 月给投资者推荐了泛微网络（603039），如图 1-2 所示。

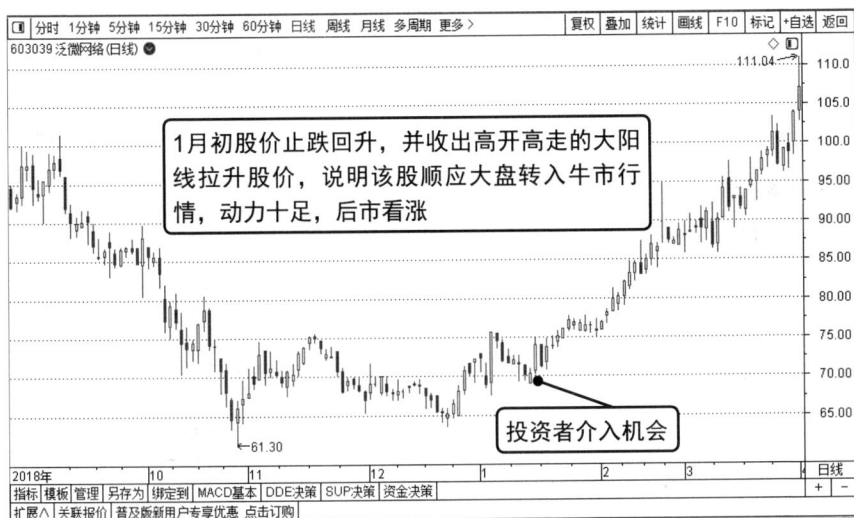

图 1-2　泛微网络 2018 年 9 月至 2019 年 4 月的 K 线走势

从图中可以看到，该股前期股价表现下跌行情，跌幅明显。虽然股价在 11 月初止跌回升，但该轮回升缺乏上涨动力，小幅回升之后又转入下跌行情中。

2019 年 1 月初，我们看到上证指数筑底成功转入牛市行情，而该股 1 月初股价止跌回升，并收出高开高走的大阳线拉升股价，说明该股顺应大盘转入牛市行情，动力十足，后市看涨。当股价回调结束，重新发起上涨攻势时为投资者最好的介入机会。

如果投资者在回调的 70 元价位线介入，持股到 4 月，可获得涨幅超过 58% 的收益。在该类大牛市行情中，投资者只要保持持有状态即可享受到丰厚的收益。

◆ 熊市短线：敢想就有戏

熊市是最让投资者感到迷茫的时候，可是短线投资者却不这样认为，因为他们觉得熊市固然可怕，但并不是没有一丝赚钱机会，如果等着让自己手中的钱贬值不如来一次深度冒险。

尤其是当自己在高位买入一只股票被套后，短线的作用就可以发挥，那就是两个字——解套。

不是等待股价恢复上涨到自己买入的价格，而是分批次不断在相对低位买入该股，然后在一定收益情况下卖出该股，减少不必要的损失，这样可以迅速脱离被套危机，走出股票投资损失阴影。

图1-3所示为顶点软件（603383）2019年3月至11月的K线走势。

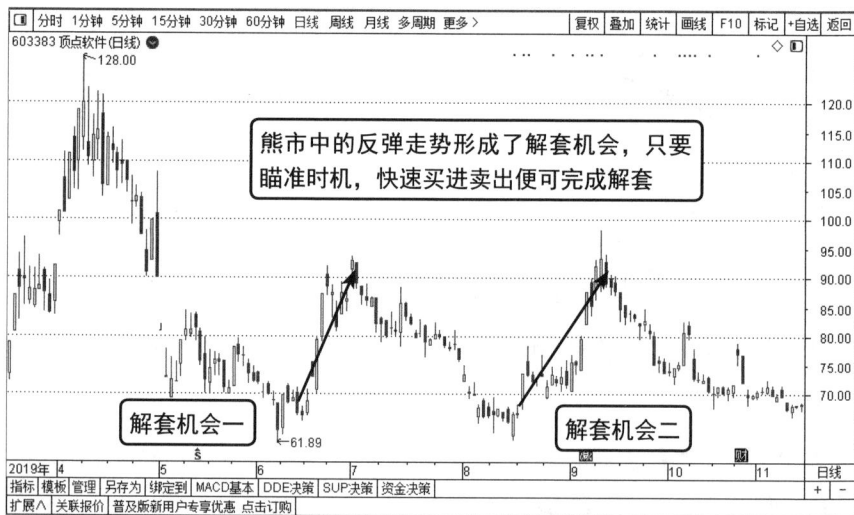

图1-3　顶点软件2019年3月至11月的K线走势

某投资者在3月底买入该股，不曾想3月底的冲刺上涨为主力出逃的手段，随后K线收出多根阴线，股价直线下跌，该投资者被成功套牢。这时候如果投资者只是一味地惊慌就会错失解套机会。

实际上，K线收出一根长下影线阴线探底，创出61.89元的新低后，K线收出一根高开高走的大阳线止跌企稳，随后横盘调整。这些都是股价止跌反弹的信号，这就形成了一个很好的解套机会。投资者在6月19日买入，发现股价止涨横盘时及时卖出，做短线操作，即可获得40%左右的涨幅收益。

8月中旬，股价下跌再一次止跌企稳，K线连续收出3根阳线，其包括高开高走的大阳线以及长上影线阳线，说明新一轮反弹行情来临。投资者此时可以积极介入，再在股价止涨，K线收出连续阴线时及时出逃，即可获得近30%涨幅的收益。

所以在该阶段的熊市行情内也出现了两次解套机会，不过要提醒投资者的是，熊市中的解套比较考验技术，因此短线实际上考验的就是技术和一定的耐心。

另外，查看图中的反弹可以发现，两次反弹的高点和低点大致相同，分别连接高点和低点的连线，就形成了一个箱体，高点之间的连线就像是一个箱顶，低点之间的连线就像是箱底，股价在箱体内部运行。

箱顶对股价起到压制作用，使股价上涨受阻，箱底对股价起到支撑作用，使股价下跌得到有效支撑。在这样的箱体形态中做短线操作，更容易获得收益。

◆ 震荡市短线：机会多多

震荡市是介于牛市和熊市之间的股票阶段，即没有明朗的牛市行情或熊市行情，一般以阶段性上涨和阶段性下跌为主要特征。这样的走势很多投资者觉得难以把握，实际上不是，这样的震荡市场虽然不利于中长线操作，但是却给短线投资提供了更多的机会。

图1-4所示为大千生态（603955）2019年5月至2020年1月的K线走势。

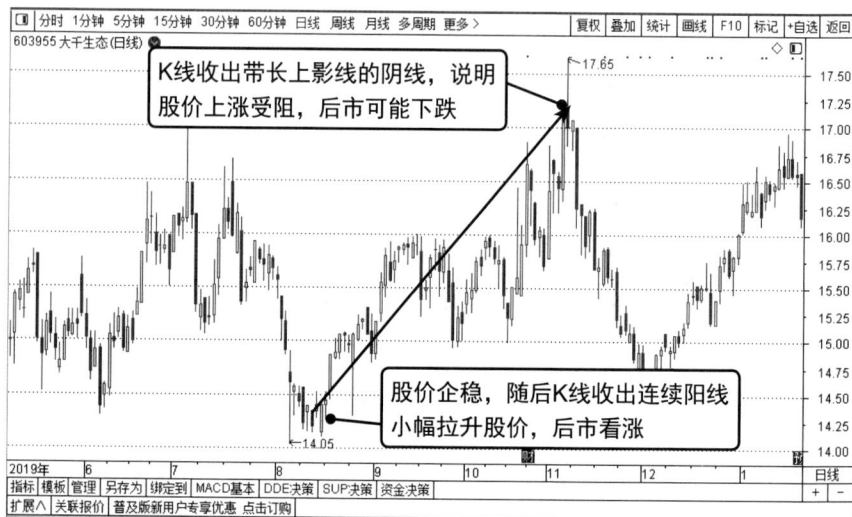

图 1-4 大千生态 2019 年 5 月至 2020 年 1 月的 K 线走势

从图中可以看到，该股处于震荡市场中，没有明确的上涨或下跌走势。此时，投资者可以借助短线操作的方式想办法从中获益。例如股价运行至 2019 年 8 月初，股价止跌企稳，K 线在 8 月 14 日、15 日、16 日连续 3 日收出阳线企稳的同时将股价小幅拉升，说明后市股价可能出现小幅上涨行情。此时投资者可以适量买进。

11 月初，股价运行至阶段高位区域，11 月 7 日 K 线收出一根长带上影线的阴线探顶，并创出 17.65 元的最高价，说明股价上涨受阻，后市可能下跌。此时便是投资者出逃的最佳时机，在此时出逃的投资者可获得 25.6% 左右的收益。

上面的这 3 种基本股票阶段告诉投资者一个道理，那就是不管是什么样的市场状况，短线都能够在其中发挥巨大作用，而这一切的前提是什么？是短线的观念十分正确，短线的投资操作十分正确。如果只凭感觉行事，肯定要吃大亏。

只有完整地理解和清楚了解短线观念和操作方法，才能获得赚钱的基础。技法不是凭空产生的，而是基于一种对短线正确认识的基础之上的，因此下面将介绍短线的操作理念和操作方法。

1.1 吃透短线操作理念

所谓理念就是指导思想，有的投资者肯定认为只有长线才有操作理念，因为长线操作理念简单明确，那就是价值获胜，用时间换空间。图 1-5 所示为贵州茅台（600519）2018 年 12 月至 2019 年 7 月的 K 线走势。

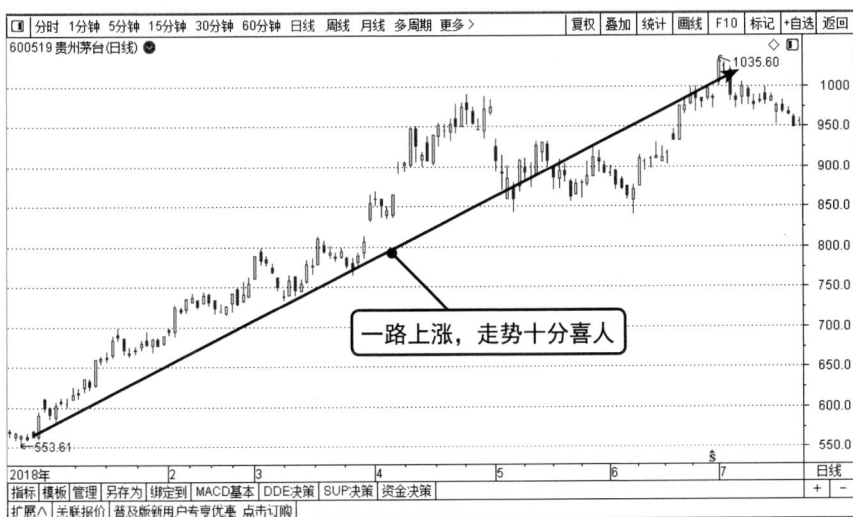

图 1-5 贵州茅台 2018 年 12 月至 2019 年 7 月的 K 线走势

从图中可以看到，贵州茅台处于上涨的大牛市行情中，在 2018 年 12 月至 2019 年 7 月的这个时间段，股价从 553 元左右最高上涨至 1 035 元以上，涨幅超过 87%。实际上这只是贵州茅台大牛股几年上涨的一个小缩影。

图 1-6 所示为贵州茅台 2017 年 5 月至 2020 年 2 月的 K 线走势。

图 1-6　贵州茅台 2017 年 5 月至 2020 年 2 月的 K 线走势

从图中可以看到，贵州茅台整体上涨，但在 2018 年全年表现下跌，进入 2019 年之后股价重新转入上涨行情。贵州茅台作为实体企业来说，必然是一只绩优股，公司优秀的主营业务收益为公司带来利润的同时，也给公司股本快速扩张提供了契机。

所以如果要做一个总结，那么就是贵州茅台完全是靠业绩支撑了股价上涨，这当然是典型的牛股，但谁能够完整预测它的业绩增长呢？当 2018 年大家都在憧憬未来的时候，股市低迷，大盘指数下跌，此时对所有用业绩来换取市场的投资者而言就是当头棒喝。

但是，如果能够正确掌握短线操作理念，就能克服中长线过于呆板的价值取胜，这个理念由基本面、原则和风险 3 个方面构成。

1.1.1　炒股必备行情软件

有读者肯定会有疑问，为何非要考虑基本面因素，不考虑不行吗？作者经常也反问他们："一只业绩不好，没有政策（题材）的个股涨势如何展开呢？""没有业绩，没有政策（题材）的个股如何判断其涨多少呢？""没有业绩，没有政策（题材）的个股其未来的下跌风险有多大呢？"

读者之所以疑问是因为读者一提到基本面就想到了中长线的价值投资，实际上基本面内容十分宽泛，并不是中长线才利用，而是要按照短线的需要进行取舍。

在这里有 3 个方面的问题是进行短线投资需要回答的，如图 1-7 所示。

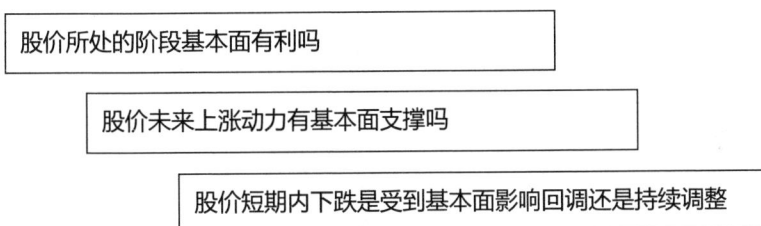

股价所处的阶段基本面有利吗

股价未来上涨动力有基本面支撑吗

股价短期内下跌是受到基本面影响回调还是持续调整

图 1-7　基本面三问

1. 股价所处的阶段基本面有利吗

股价处于基本面有利的阶段是短线买入股票价格的先决条件，一只基本面恶劣的股票，不可能存在很好的买入机会。那么到底什么是基本面呢？如图 1-8 所示。

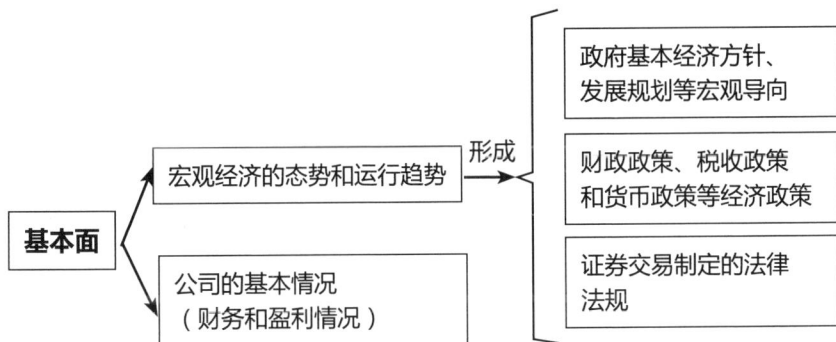

图 1-8　基本面包含的因素

实例分析

深高速（600548）的有利基本面

图 1-9 所示为深高速 2019 年 4 月至 12 月的 K 线走势。

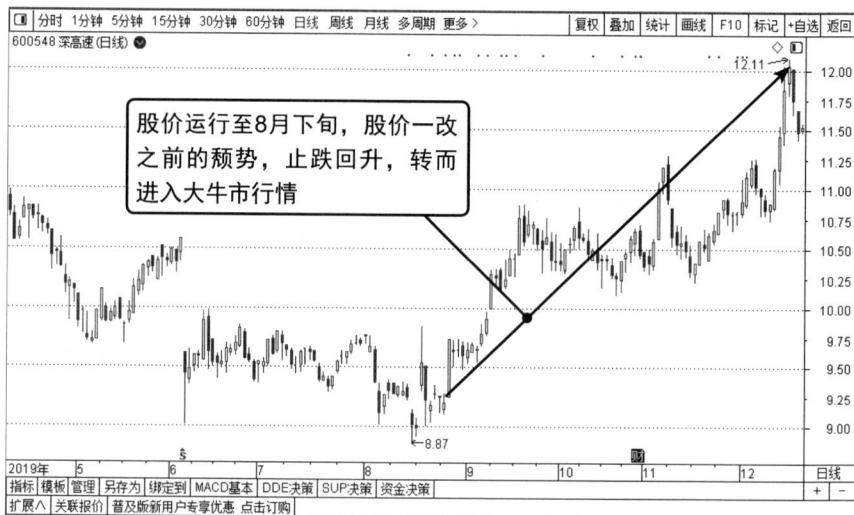

图 1-9　深高速 2019 年 4 月至 12 月的 K 线走势

从图中可以看到，该股前期表现下跌走势，股价一路下跌。但股价运行至 8 月下旬企稳回升，转而进入大涨的牛市行情，股价从 9 元价位线附近上涨至 12 元价位线附近，涨幅达到 33%。此时的大牛市行情是否存在有利的基本面呢？

通过了解我们发现，深高速公司在 2019 年 8 月 21 日发布了 2019 年半年度业绩说明会预告的公告，这一公告引起了许多投资人的注意。随后在 8 月 26 日的业绩公告中说明，上半年营收为 26.99 亿元，同比增长 0.81%；净利为 15.77 亿元，同比增长 62.79%。每股收益 0.72 元。

公司良好的业绩数据报告给广大投资者增添了信心，纷纷进入市场，所以该股随后得到了场内大量资金的追捧，使其转入上升的行情中。

2. 股价未来上涨动力有基本面支撑吗

如果只是看有没有买点，可以很容易判断，但是要知道到底上涨多少确实需要下一些功夫。例如，从整个宏观调控的角度来看，如果政府的某项政策对个股存在利好消息，投资者可以抓住热点做短线投资，但什么时候收手，需要再次分析基本面才可以。

例如，某新能源公司，其新能源业务将从单一的电解液扩展至电解液核心材料六氟磷酸锂和正极材料（锰酸锂、三原材料、磷酸铁锂），进入跨越式发展阶段。券商认为公司管理能力优秀，经营稳健，负债率低，财务稳健，外贸业务现金流非常好，能够为化工业务发展提供良好的资金支持，公司新能源业务发展好于预期。

可实际上呢？公司总经理表示，磷酸铁锂等正极材料正在陆续开展试产，目前还没产生效益。

一个没有产生效益的项目，被大幅度炒作之后就会带来股价的回归，其实对于新能源、新材料，乃至于创业板的个股而言，关键是这一概念是否能够转换为实际，如果不能，则存在短线回调的危险，这是投资者需要十分注意的。

3. 股价短期内下跌是受到基本面影响回调还是持续调整?

股价出现短期下跌，此时应该认为是回调呢？还是一个持续调整的过程呢？如果不看基本面，很有可能就错失了反弹解套时机。

实例分析

探路者（300005）下跌中的基本面

图 1-10 所示为探路者 2019 年 3 月至 8 月的 K 线走势。

从图中可以看到，该股从 4 月便开始一路下跌，中间虽然有反弹，但是反弹幅度不大，并不能改变颓势。此时如何理解出现的下跌呢？

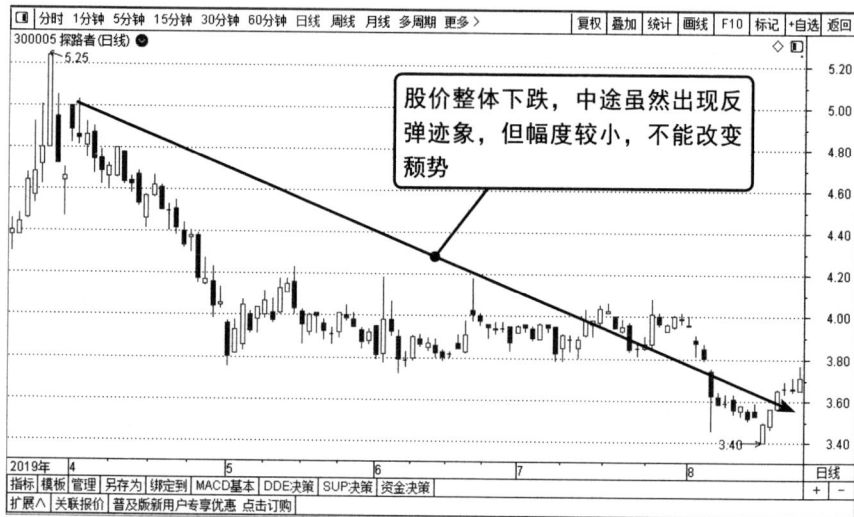

图 1-10　探路者 2019 年 3 月至 8 月的 K 线走势

该公司是我国销售额最大的户外用品品牌零售商，业务模式是"哑铃式"轻资产模式，生产完全外包，采用加盟为主、直营为辅的销售模式。产品涵盖服装、功能鞋和装备三大系列。公司上市后收入增长和毛利率保持高位，但受期间费用大幅上升影响，净利润增幅回落较大。

户外运动作为一个新兴行业，中国消费群体正处于启蒙阶段，未来增长空间巨大，将带动户外用品行业保持 30% ~ 40% 的增长。但业内品牌众多，呈现强者愈强的格局。除高端的国际品牌大举进入外，运动品牌、休闲服装品牌、上游面料产商都向下游延伸，竞争逐渐加剧。销售渠道中，商场渠道个数和零售总额最大，其次是户外专卖店，网购提升迅速也给公司业绩带来了不小压力。

而且目前人力成本和服装业的材料成本不断提高，给终端销售企业带来不小的压力。根据消费者调查显示，用于消费支出将会减少，该公司前期受到热炒后逐渐褪去，这就是调整将会继续不会停止的原因，如果没有分析清楚该基本面，就无法知道短线操作了。

1.1.2 必须坚持3条短线原则

短线和中长线一样，有一定的原则，从长线来看，如果能够以低于价值的价格买入一只股票就算赢；如果以高于价值的价格买入一只股票，此时再进行长线操作就不太合适，而短线操作却还有可能获取利润。但是在短线操作时还需要遵循3条原则，即现金为王、追涨杀跌和快进快出。

拓展知识 *用PE选中长线*

Price to Earning Ratio，即市盈率，（简称PE或P/E Ratio），指在一个考察期（通常为12个月的时间）内，股票的价格和每股收益的比例。投资者通常利用该比例值估量某只股票的投资价值，或者用该指标在不同公司的股票之间进行比较。在考虑市盈率的时候，有3项内容需要注意：一是和企业业绩提升速度相比如何；二是企业业绩提升的持续性如何；三是业绩预期的确定性如何。这就是PE选中长线的难点。

---

1. 现金为王

所谓现金为王就是把现金回收期和利用作为判断短线是否进入的先决条件。同样是一项买入计划，如果不以现金作为终极评价就失去了短线的意义。

实例分析

阳谷华泰（300121）现金为王分析

图1-11所示为阳谷华泰2019年6月至2020年2月的K线走势。

从图中可以看到，该股前期处于下跌行情中。某投资者发现股价运行至2019年8月止跌企稳，并在6.8元价位线上横盘调整。随后8月27日K线收出一根跳空高开高走的大阳线，所以认为后市看涨，随即买入了大量股票。

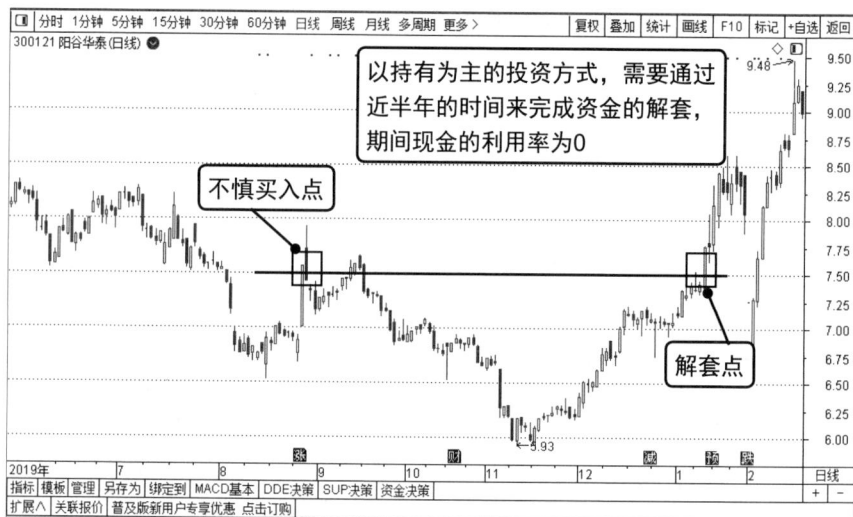

图 1-11　阳谷华泰 2019 年 6 月至 2020 年 2 月的 K 线走势

　　根据后市的走向我们可以看到，该股后期并没有出现预期的上涨，而是继续之前的下跌走势。如果不把现金作为一种短线操作理念，则根本不用管它是否涨跌，那么要到什么时候才能够获得收益呢？

　　要到 2020 年 1 月中旬才能解套，这近半年的时间投资者可以等，但是股票等不得，这段时间上涨的个股不少。简单而言，如果按照等待策略，则现金利用率为 0，如果清楚看到下跌会继续，则可以迅速止损，避免时间损失。

2. 追涨杀跌

　　所谓追涨杀跌指的是强势个股会强者愈强，而快速杀跌个股又会起来反弹，此时短线介入是最佳时间。

实例分析

旺能环境（002034）追涨杀跌分析

　　图 1-12 所示为旺能环境 2018 年 6 月至 2019 年 3 月的 K 线走势。

　　从图中可以看到，该股前期表现为下跌行情，股价逐步向下运行。当股价运行至 14 元价位线附近时止跌企稳，横盘调整。突然，10 月 11 日起，K 线连续收出 6 根大阴线或中阴线，使股价在短短 6 个交易日内产生了 28% 以上的跌幅，形成杀跌现象。

此时我们仔细观察盘面可以发现，连续阴线出现时成交量形成放量，说明场内做空动能释放彻底，后市看涨，投资者此时追涨杀跌可以获得不菲的收益。

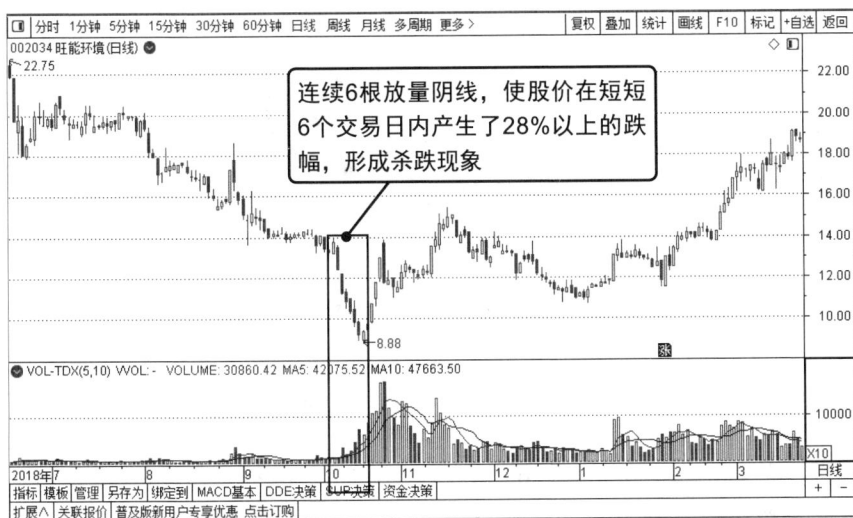

图 1-12　旺能环境 2018 年 6 月至 2019 年 3 月的 K 线走势

拓展知识 *快速杀跌与震荡下跌*

　　股市的大盘下跌分两种情况，一种是快速杀跌，一下子大跌几百点，让整个市场的价值短时间内减少 20% ～ 30%。另外一种是震荡下跌，也就是所谓的阴跌，通过两三个月的时间造成几百点的跌幅，同样也能让整个市场的价值减少 20% ～ 30%。

3.快进快出

对于形势不明确，处于震荡和明显箱体的个股，选择快进快出会被看成是谨慎，但这种谨慎是十分有必要的。

实例分析

上海能源（600508）的快进快出分析

图 1-13 所示为上海能源 2018 年 1 月至 8 月的 K 线走势。

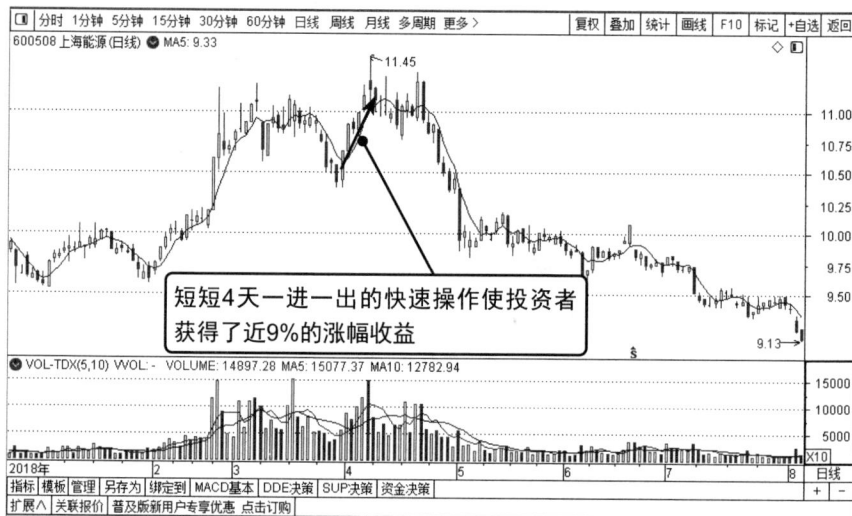

图 1-13　上海能源 2018 年 1 月至 8 月的 K 线走势

从图中可以看到，该股前期表现上涨行情，进入 3 月后，股价上涨至 11 元价位线止涨横盘整理一段时间后，K 线收出连续阴线使股价下跌。3 月 29 日 K 线收出一根高开高走的放量大阳线，同时短期 5 日均线掉头向上，说明股价短期内会反转上涨，此时为投资者快速介入的局部低点。

4 个交易日之后，股价运行至上一高点压力位止涨横盘，且 K 线收出带长上影线的阴线，创出 11.45 元的最高价，说明股价向上运行受阻，后市下跌，此时投资者应该快速退出。一进一出的快速操作使投资者获得了近 9% 的涨幅收益。

另外，投资者需要注意，不超过 15 天的操作是短线快进快出的关键。

1.1.3　重视短线三大风险

如果说长线的风险是无法完全预料的，那么短线风险则极其容易了解，如图 1-14 所示。

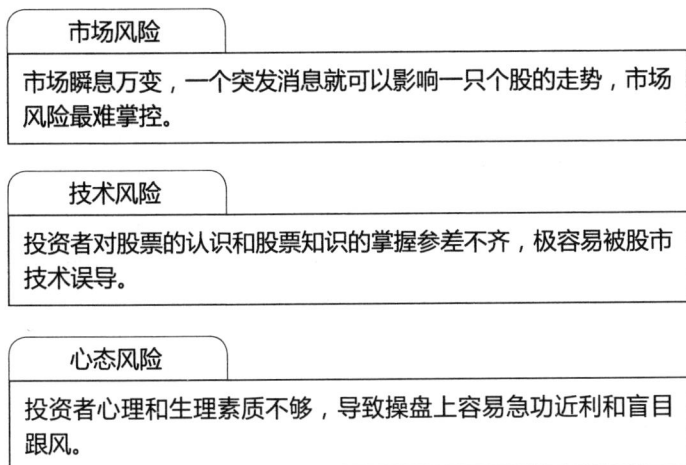

```
市场风险
市场瞬息万变，一个突发消息就可以影响一只个股的走势，市场
风险最难掌控。
```

```
技术风险
投资者对股票的认识和股票知识的掌握参差不齐，极容易被股市
技术误导。
```

```
心态风险
投资者心理和生理素质不够，导致操盘上容易急功近利和盲目
跟风。
```

图 1-14　短线三大风险

1. 市场风险

市场风险主要是政策突然转向，公司业绩突然变脸，此时投资者由于信息不通，导致出现一定的损失，但只要用前面介绍的 3 问基本面就可以起到一定的防范作用。

实例分析

獐子岛（002069）的市场风险分析

图 1-15 所示为獐子岛 2018 年 10 月至 2019 年 4 月的 K 线走势。

从图中可以看出，该股表现上涨，涨势明显。但股价运行至 3 月中旬后就开始进入下跌调整。

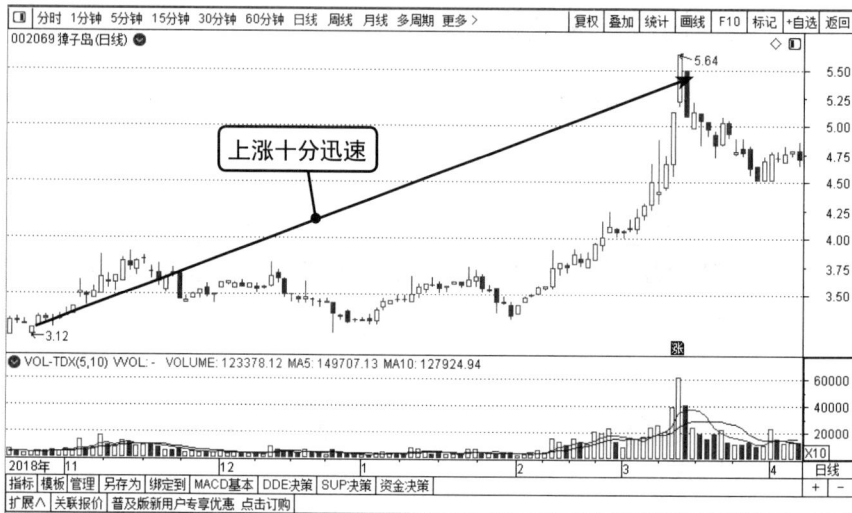

图 1-15　獐子岛 2018 年 10 月至 2019 年 4 月的 K 线走势

图 1-16 所示为獐子岛后市调整。

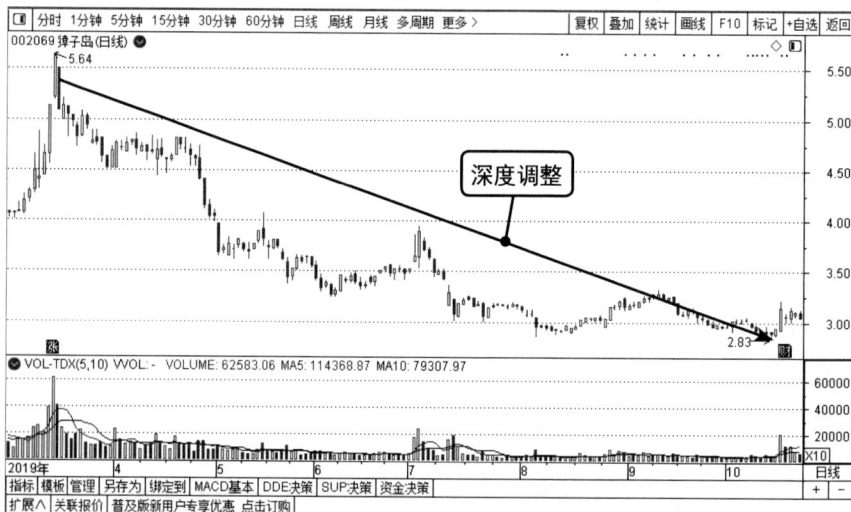

图 1-16　獐子岛 2019 年 3 月至 10 月的 K 线走势

从图中可以看出，该股的调整是持续的。为什么呢？它的调整也不是孤立的，农林牧渔行业 3 月份出现了整体调整，农业板块的调整可以归结为两个原因：一是前期风险的继续释放，随着夏粮丰收的征兆越来越多，前期对农产品持续涨价的预期有了一定的回落；二是关于农业的负面消息出现。

2. 技术风险

投资者对炒股技术如何用决定其短线操作的成败，这一趋势越来越明显，下面以最常见的均线系统为例进行介绍。

实例分析

东华科技（002140）的技术风险分析

图 1-17 所示为东华科技 2019 年 5 月至 12 月的 K 线走势。

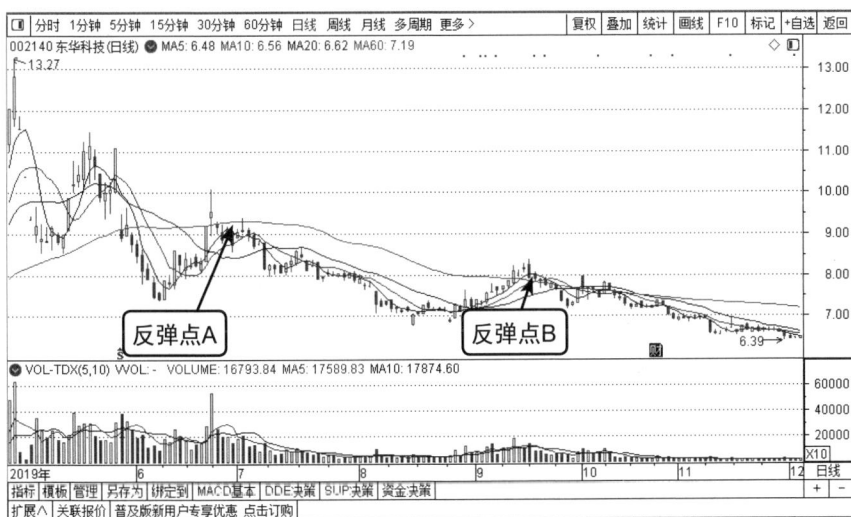

图 1-17　东华科技 2019 年 5 月至 12 月的 K 线走势

从图中可以看出，该股在 A 位置也是反弹，在 B 位置还是反弹，而且两处反弹都受到均线系统的支撑，为何 A 位置和 B 位置反弹不同，这一原因如何解释，这些将会在之后的章节解释。

3. 心态风险

有时候心态决定成败，特别是在操作黑马股时，一些关键的因素是考查投资者的心态是否愿意等待，而不是急躁。

实例分析

广百股份（002187）的心态风险分析

图 1-18 所示为广百股份 2019 年 4 月至 10 月的 K 线走势。

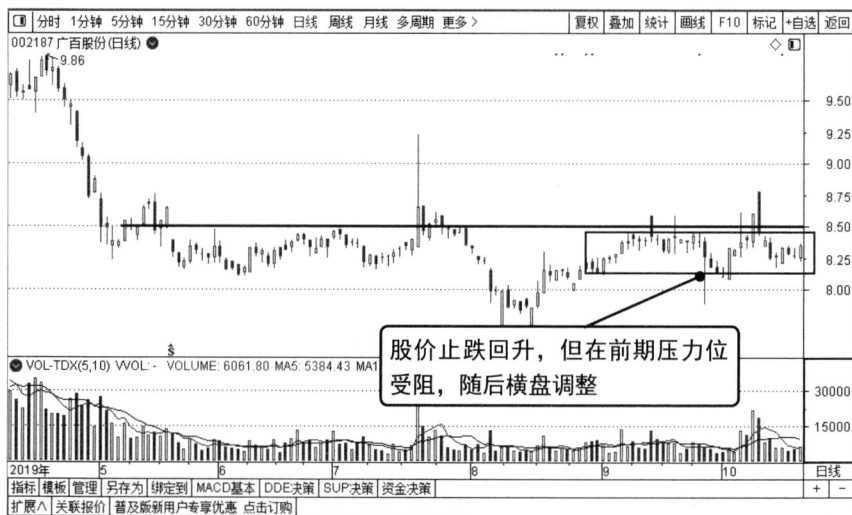

图 1-18　广百股份 2019 年 4 月至 10 月的 K 线走势

从图中可以看到，该股前期经历了一波下跌行情，随后在 8 月上旬止跌回升。某投资者在 7 月中旬时错误研判股价底部，买进股票。随后股价转入下跌行情，虽然在 8 月上旬开始止跌回升，但股价运行至前期 8.5 元价位线压力位时便止涨横盘调整，并维持了一个多月。

该投资者有些按捺不住，为避免股价下跌资金受损，他匆忙抛售股票。实际上我们可以看到，虽然股价在近一个多月的时间里横盘，但是仔细观察可以发现，K 线在 10 月初收出连续阳线拉高股价，成交量放量支撑，而股价却没有有效突破前期压力位。这是主力高度控盘导致，说明主力正在整理洗盘清除浮筹，后市将继续看涨，如图 1-19 所示。

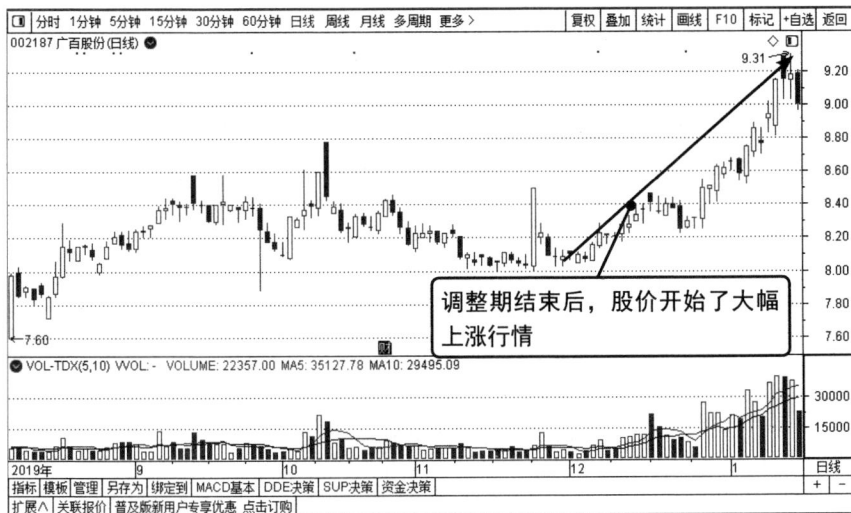

图 1-19　广百股份 2019 年 8 月至 2020 年 1 月的 K 线走势

从图中可以看到，该股在 11 月底调整结束后开始了之前的上升行情，股价大幅向上拉升。

1.2　掌握短线操作方法

理念要实践就必须要说到方法，方法正确就能在股海中不惧任何主力诱惑，从中长线的操作方法看，关键是计算，在前面已经提到 PE 的计算，除开 PE 外还有股息率的计算。

那么短线有操作方法吗？如图 1-20 所示。

制订操盘计划：重在合理并有节制，即有多少的本做多大的事。

坚持分仓操作：绝不能把所有鸡蛋放在一个篮子里面，而是将鸡蛋分数放在同一类篮子里。

设立止损止盈点：无止损就没有短线操作，止盈是盈利的一种最佳选择。

定期进行总结：总结这一阶段的得失才会让投资者有信心和教训进行下一步操盘。

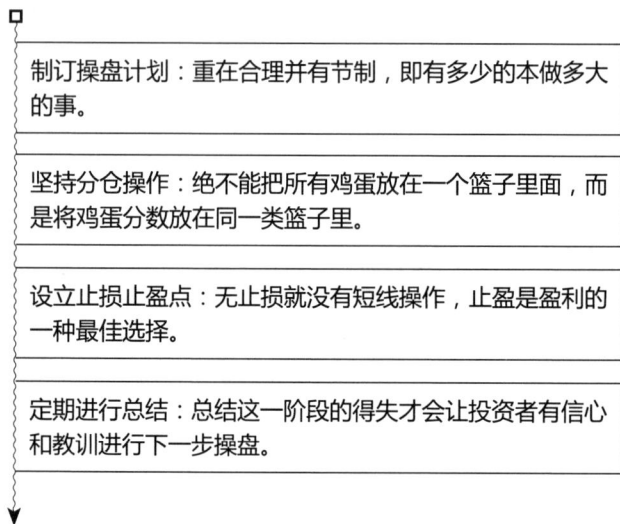

图 1-20　短线操作方法

拓展知识　*什么是股息率*

　　上市公司通常会把部分盈利派发给股东作为股息。上一年度的每股股息除以股票现价，就是现行股息收益率。如果股价为 50 元，去年股息为每股 5 元，则股息收益率为 10%，此数字一般来说属于偏高，反映市盈率偏低，股票价值被低估。市盈率极高（如大于 100 倍）的股票，其股息收益率为零。因为市盈率大于 100 倍，表示投资者要超过 100 年的时间才能回本，股票价值被高估，没有股息派发。

1.2.1　制订操盘计划

　　俗语说："没有金刚钻，不揽瓷器活。"如果自己没有那么多本钱就不要去干自己能力之外的事情，这个道理用在短线操作上也是十分有用。

　　一般投资者不可能像主力一样，随意处置手中的资金，资金的有限性决定了其参与的广度和深度，以及何时参与。

实例分析

*ST 云投（002200）的操盘计划

图 1-21 所示为 *ST 云投 2019 年 2 月至 8 月的 K 线走势。

图 1-21　*ST 云投 2019 年 2 月至 8 月的 K 线走势

从图中可以看出，该股经过一轮上涨下跌之后，该股在 8 月中旬进入了平台整理，此时股价可能继续上涨也有可能继续下跌。这是笔者推荐给朋友的一只股票。而笔者朋友准备入市的资金是 10 000 元，那么如何用好这 10 000 元呢？

首先要确定的是以短线为主，目标是在不超过半个月时间赚得 10%。因此在选择股票方案上，尽可能选择 15 元以下的股票，这只个股就是很好的品种。

1.2.2　坚持分仓操作

完成制定操盘的目标和选择股票方案后，接下来就是进行建仓，如何建仓呢？那就是实施分仓操作，所谓分仓就是按照资金比例进入，可以是

3∶5∶2 或者是 4∶4∶2。

以上述案例继续分析 *ST 云投。从图 1-21 来看，K 线在 8 月中旬连续收出 5 根阳线拉升股价，说明股价在 5.5 元价位线形成底部，后市具有向上拉升的潜力。所以可以采用 4∶4∶2 的资金比例建仓。即在 5.5 元处第一次买进 10 000×40%÷5.5≈727 股。

图 1-22 所示为 *ST 云投 2019 年 7 月至 10 月的 K 线走势。

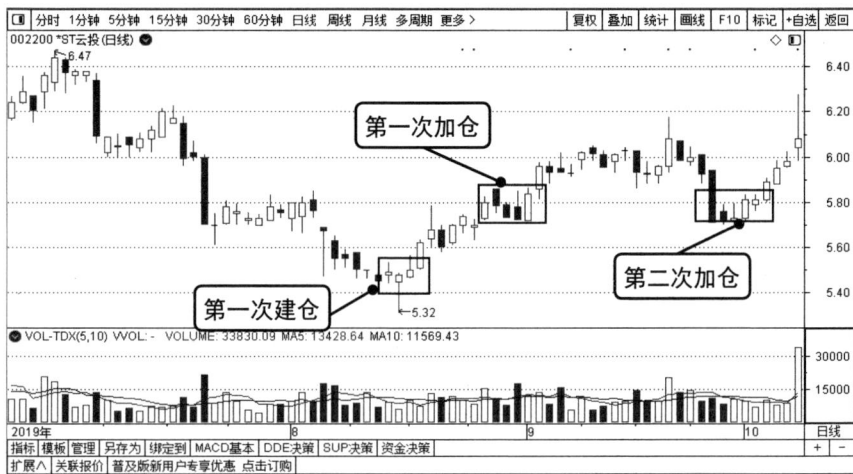

图 1-22 *ST 云投 2019 年 7 月至 10 月的 K 线走势

从图中可以看到，该股在 8 月中旬之后，K 线继续收出阳线拉升股价，说明该股上涨动力十足。8 月底时，K 线收出连续 3 根阴线调整股价，此时是投资者介入的良好机会，所以可以加仓追涨。在 5.8 元价位线买进 10 000×40%÷5.8≈689 股。

随后股价继续向上运行，当运行至 6 元价位线后止涨横盘，随后下跌调整，此时为投资者介入的第三机会。所以可以在 5.8 元价位线买进 10 000×20%÷5.8≈344 股。这样到目前为止一共持有 1 760 股。

1.2.3 设立止损止盈点

完成建仓后，股价到底如何演绎是投资者最为关心的，这一部分将会在后面几章做重点分析，那么到底 ⋆ST 云投的走势如何呢？有没有赚钱的可能呢？

此时投资者应该清楚，市场风险是不可控制的，需要做好止损工作，那么止损多少呢？

一般情况以损失 10% 的资金和下跌 3% 作为可能的损失情况，前面已经知道该股一共持有 1 760 股，而每股平均成本是 5.7 元，如果按照下跌 3%，则如果股价低于 5.5 元就要卖出。

如果按照损失或盈利 10% 也就是 1 000 元，即股价跌至 5.1 元时及时止损，股价涨至 6.3 元时及时止盈。

图 1-23 所示为 ⋆ST 云投 2019 年 7 月至 11 月的 K 线走势。

图 1-23 ⋆ST 云投 2019 年 7 月至 11 月的 K 线走势

从图中可以看到，该股突破 6.3 元易如反掌，投资者在 10 月中旬即可完成短线投资任务，获利离场。

1.2.4　定期进行总结

完成短线操作以后，还要重视总结经验和教训，这次比较完美的短线操盘计划能够实施，说明严格执行短线操作方法尤为重要，如果非要说不足的地方就是对止盈点上的把握，在计划进行的时候，稍微向上浮动 5% 也是可以的。

如果上浮 5%，则可以从 6.3 元提升到 6.55 元，这样投资者获利将会更多，实际上该股股价上涨到最高的 7.6 元才见顶。

第 2 章

精心播种：从认识短线技术开始

一个职业的短线操盘手，必然是高度重视技术分析的，它是最基础的股票分析方法，也是决定短线操作成败的第一要素。如何正确把握技术面发出的买卖信号，分析和判断短线的买卖点是本章主要介绍的内容。

上一章重点介绍了什么是真正的短线观念和操作，而这些理念和操作的实施还依赖于一些方法，其中以技术分析最为典型。用股票技术指标来判断买卖点，抓住买卖点才能符合短线观念和操作的要求，图 2-1 所示为上海机场（600009）在 2018 年 10 月至 2019 年 5 月的 K 线走势。

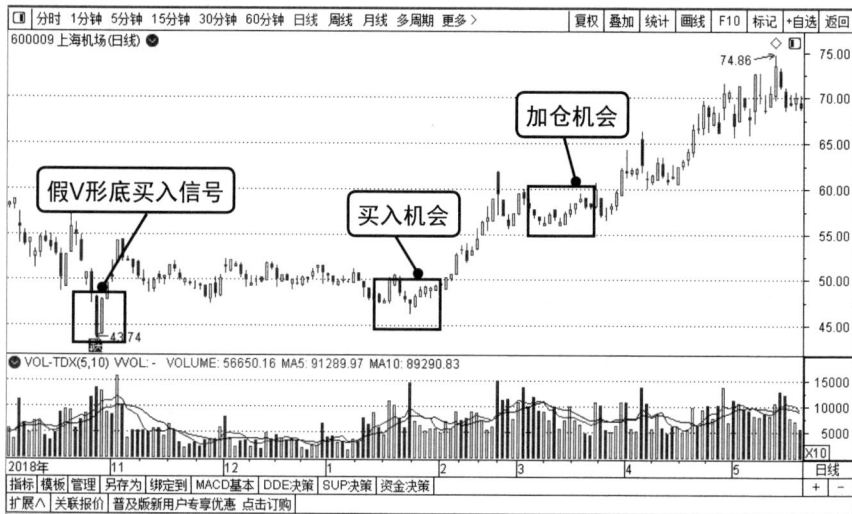

图 2-1 上海机场 2018 年 10 月至 2019 年 5 月的 K 线走势

从上图 K 线走势可以看到，股价在 2018 年 10 月底创出最低价后止跌回升，10 月底形成一次假 V 形底买入信号。随后股价在 50 元价位线上开启了长达 3 个月之久的横盘整理，2019 年 1 月底出现真正的买入信号，股价开始向上拉升。拉升一个月之后，股价在 3 月中旬小幅回踩调整，形成加仓机会，然后继续大幅拉升股价。

作为投资者应该怎样判断假象买入机会呢？又该如何寻找真正的买入点呢？以及如何确定是否加仓呢？

学习了本章的内容之后，这些问题就迎刃而解了，图 2-2 所示为上海机场在 2018 年 10 月至 2019 年 5 月的 K 线走势。

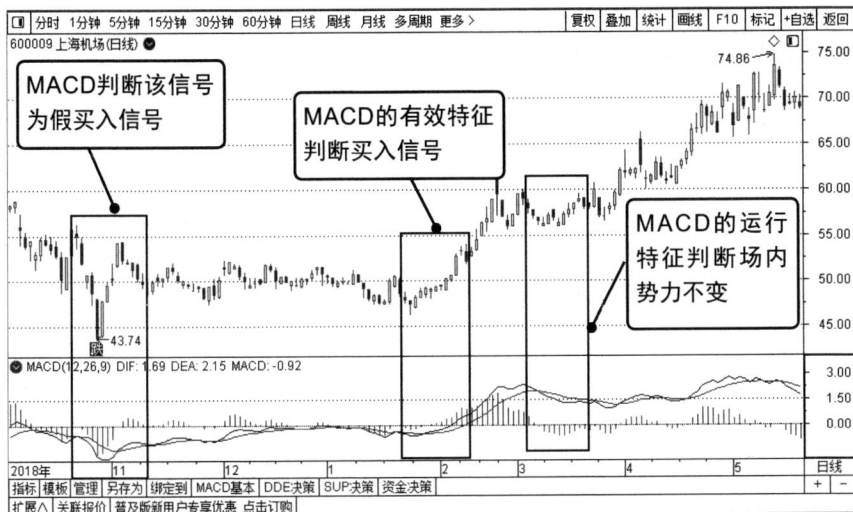

图2-2 上海机场 2018 年 10 月至 2019 年 5 月的 K 线走势

从图中可以看出，10 月底形成的 V 形底之所以为假买入信号，是因为虽然 MACD 指标的 DIF 线自下而上穿过 DEA 线，但却没有改变运行方向，而是始终运行于 0 轴下方，且红色柱状线没有明显变长，所以可以判断股价短时间内不会出现明显的上涨行情，该点为假买入点。

2019 年 1 月底时，K 线连续收出小阳线小幅拉升股价的同时，MACD 指标的 DIF 线自下而上穿过 DEA 线，并穿过 0 轴并在 0 轴上方运行，红色柱状线出现明显变长，说明多头正在不断发力抬高股价，此时为较好的买入点。

3 月中旬，虽然 K 线连续放阴下跌，但 MACD 中的 DIF 线和 DEA 线却始终在 0 轴上方运行，且绿色柱状线没有出现明显变长，说明场内多空势力并没有发生转变，多方仍然强势控盘，此时的下跌是主力为后期的大幅拉升所做的准备，所以该点为较好的加仓点。

MACD 指标只是技术分析的一种，技术分析内容十分丰富，各种指标普遍具有高度指导性，这也是贯彻短线理念和操作的重要途径。

2.1 技术分析概述

在利用技术分析赚钱前，首先要搞清楚什么是技术分析、它有什么优势、应该用何种思路来进行分析等。

2.1.1 短线技术赚钱的优势

技术分析是用技术的科学性和严谨性来判断股价的涨跌和买卖时机的一种股票操作分析方式，这种方式在短线操作中的优势是显而易见的，大致有 3 个方面，如图 2-3 所示。

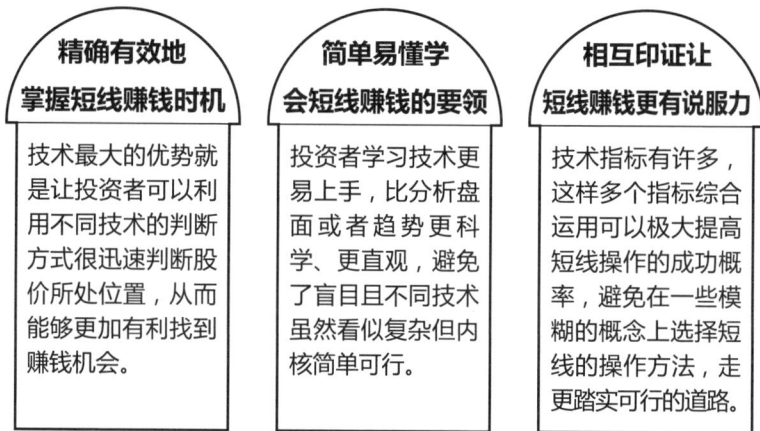

精确有效地掌握短线赚钱时机	简单易懂学会短线赚钱的要领	相互印证让短线赚钱更有说服力
技术最大的优势就是让投资者可以利用不同技术的判断方式很迅速判断股价所处位置，从而能够更加有利找到赚钱机会。	投资者学习技术更易上手，比分析盘面或者趋势更科学、更直观，避免了盲目且不同技术虽然看似复杂但内核简单可行。	技术指标有许多，这样多个指标综合运用可以极大提高短线操作的成功概率，避免在一些模糊的概念上选择短线的操作方法，走更踏实可行的道路。

图 2-3　技术分析在短线操作中的三大优势

1. 精确有效地掌握短线赚钱时机

没有任何一项股市分析方法能够和技术分析相媲美，它能精确地抓住短线赚钱时机。

实例分析

嘉元科技（688388）的精准抓短线机会

图 2-4 所示为嘉元科技 2019 年 8 月至 12 月的 K 线走势。

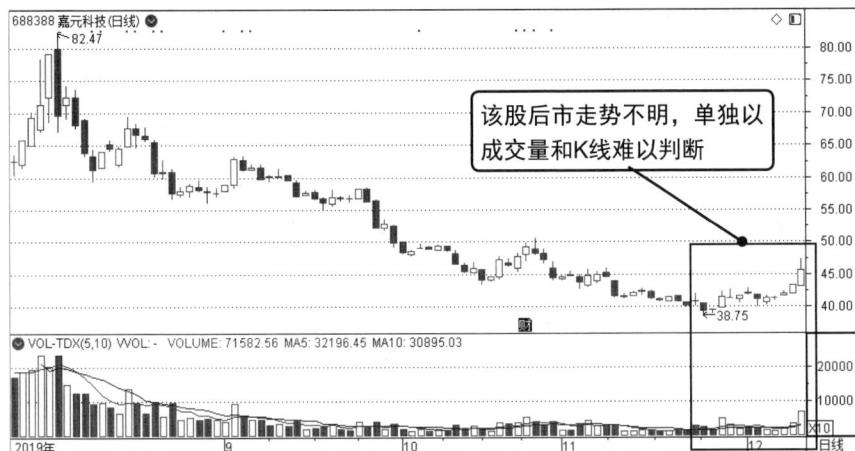

图 2-4　嘉元科技 2019 年 8 月至 12 月的 K 线走势

从图中可以看出，该股经历一波上涨行情之后，在 80 元价位线附近见顶开始下跌，跌势惨重，跌至 40 元价位线附近后止跌横盘调整，跌幅达到 50%，那么后市股价还会继续下跌吗？此时若只是单独看成交量和 K 线无法准确判断，所以需要结合技术指标分析，使后市研判更精准，如图 2-5 所示。

图 2-5　增加 WR 指标后的嘉元科技

从图中可以看出，在股价跌至 40 元价位线附近时，WR 实际上已经进入了 80 以上的超卖区间，此时买入正是时候，如果还嫌太过武断，则可以观察 KDJ 指标，如图 2-6 所示。

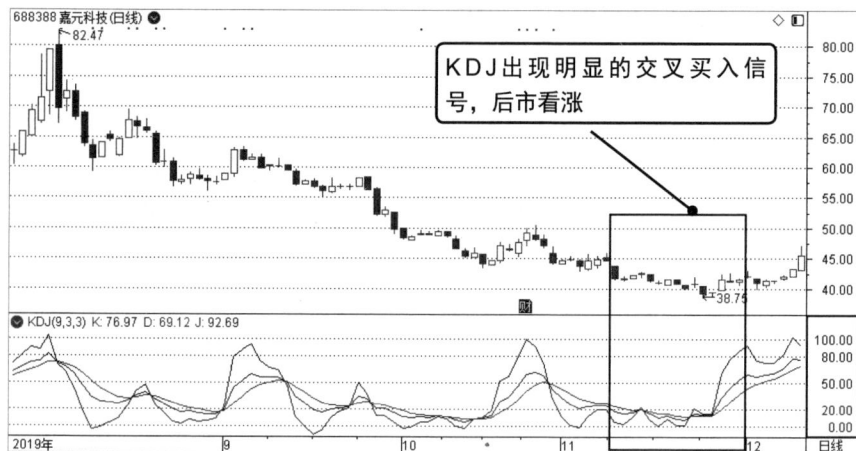

图 2-6　增加 KDJ 指标后的嘉元科技

从图中可以看出，增加 KDJ 技术指标后，买点更加突出，后面将会给投资者介绍 KDJ 中的位置和交叉情况，这是十分明确的低位买入位置和典型的金叉。还可以加入 MACD 指标确定信号，如图 2-7 所示。

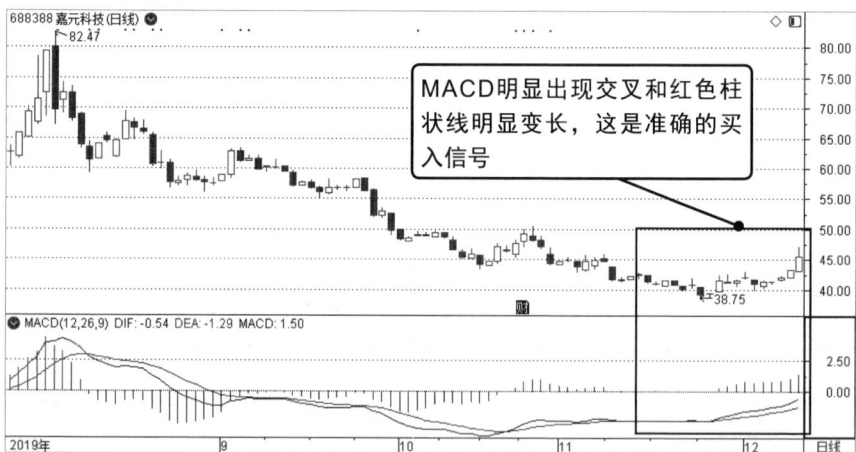

图 2-7　增加 MACD 指标后的嘉元科技

从图中可以看出，MACD 指标明显出现金叉和红色柱状线明显变长，这是准确的买入信号。综上所述可以判断，该股后市将表现出上涨行情，该股的后市走势如图 2-8 所示。

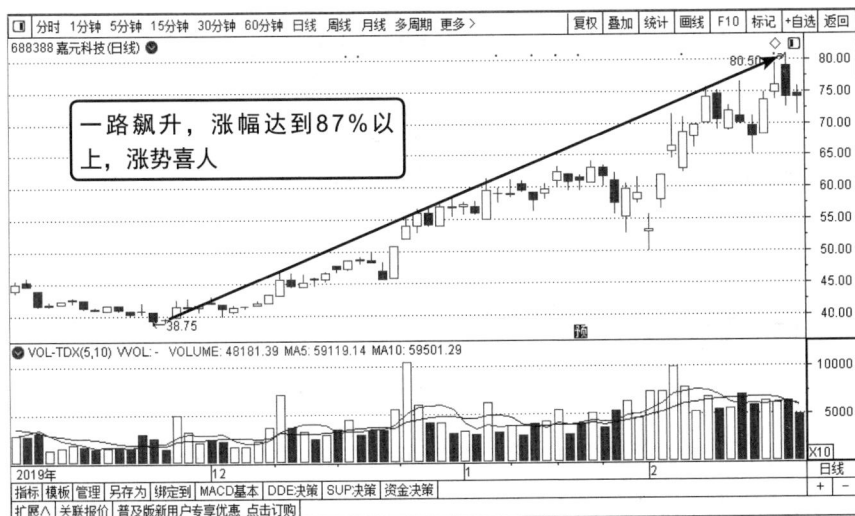

图 2-8　嘉元科技 2019 年 11 月至 2020 年 2 月的 K 线走势

从图中可以看出，该股后市果然表现为上涨行情，股价从 40 元价位线附近上涨至 75 元价位线附近，涨幅达到 87% 以上。

2. 简单易懂学全短线赚钱的要领

如果听江恩理论，投资者会头脑发昏，就算是艾略特波浪理论也是一头雾水，但是技术分析指标则简单可靠，笔者一位朋友特别喜欢 MACD 指标，尤其是对周线 MACD 指标尤为喜爱，这给其带来了不少的收获。

实例分析

益丰药房（603939）的简单操作要领

图 2-9 所示为益丰药房 2018 年 6 月至 2019 年 1 月的日 K 线走势。

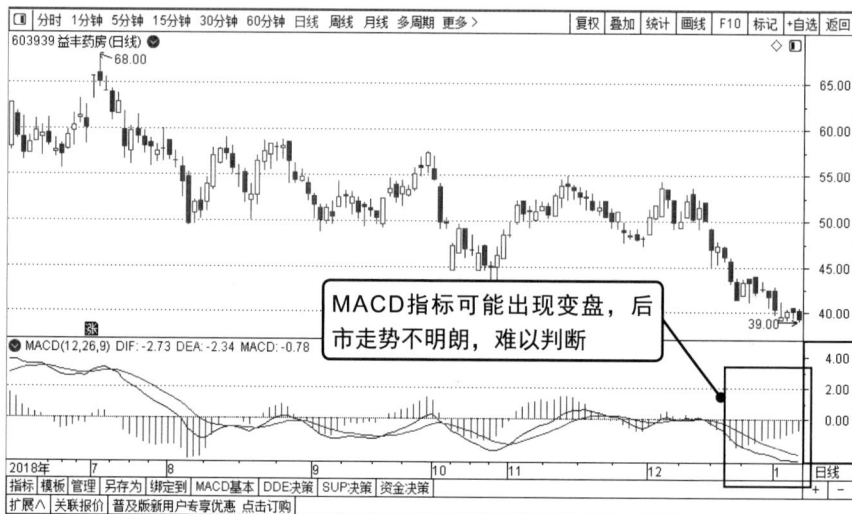

图 2-9　益丰药房 2018 年 6 月至 2019 年 1 月的日 K 线走势

从图中可以看出，该股经过一个宽幅震荡后，在 40 元价位线附近止跌。对于股价后市走向研判，我们查看 MACD 指标走势，发现 MACD 指标有出现金叉的可能，但此时是否是买入机会呢？我们查看该股 2018 年 6 月至 2019 年 4 月的周 K 线进行分析，如图 2-10 所示。

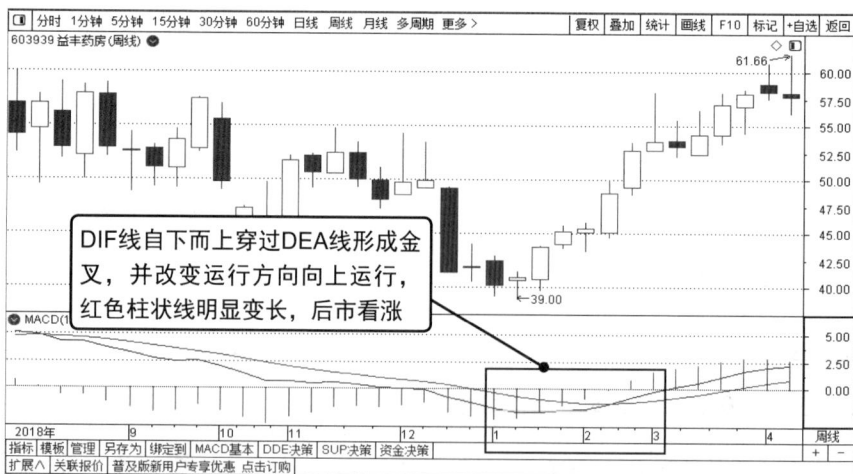

图 2-10　益丰药房 2018 年 6 月至 2019 年 4 月的周 K 线走势

从周 K 线图中可以看到，1 月初 MACD 指标的运行方向继续向下，没有出现明显的买入信号。直到 2 月 15 日 DIF 线自下而上穿过 DEA 线，并改变运行方向向上运行，红色柱状线明显变长。说明后市涨势已确定，此时为买入股票的良好介入点。

图 2-11 所示为益丰药房 2018 年 12 月至 2019 年 10 月的日 K 线走势。

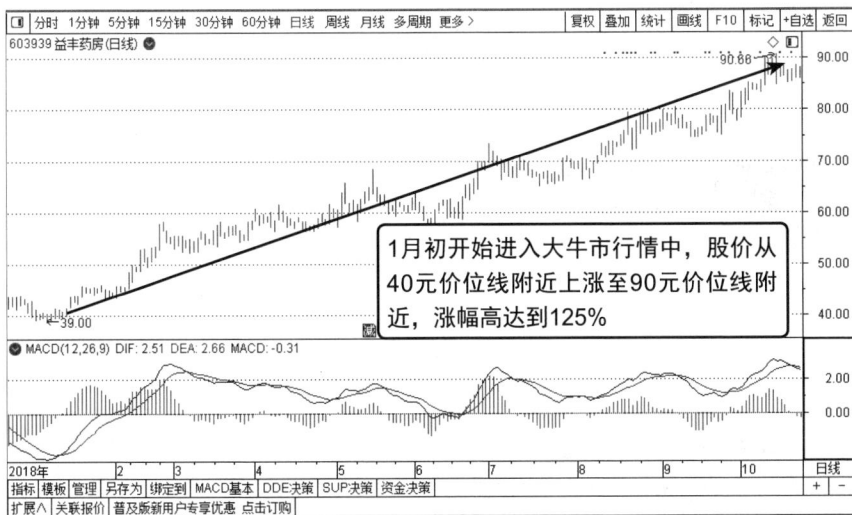

图 2-11　益丰药房 2018 年 12 月至 2019 年 10 月的日 K 线走势

从上图中可以看到，该股从 2019 年 1 月初开始便进入大牛市行情中，股价从 40 元价位线附近上涨至 90 元价位线附近，涨幅高达 125%。

但是很多投资者会有疑问：通过日 K 线图我们发现，MACD 指标在 2019 年 1 月中旬便出现交叉的买入信号，为什么要在 2 月 15 日周 K 线中的 MACD 指标出现交叉买入信号再买入呢？

这是因为很多投资者缺乏短线操作的观念和操作意识。短线操作重视的是本金利用率。虽然 1 月中旬到 2 月中旬这段时间股价表现上涨，但是上涨幅度微弱且十分有限，而且后期能够上涨到什么水平还不确定，所以不能贸然进入。但周 K 线则一路上涨，信号明显，说明未来将会继续上涨。

3. 相互印证让短线赚钱更有说服力

技术分析不是独立的，一方面是指技术分析和股价形态、均线和盘面等息息相关，另一方面是指各个技术是相互联系的，不可能一个技术通吃所有。

实例分析

赢合科技（300457）的相互印证分析

图 2-12 所示为赢合科技 2019 年 10 至 2020 年 2 月的 K 线走势。

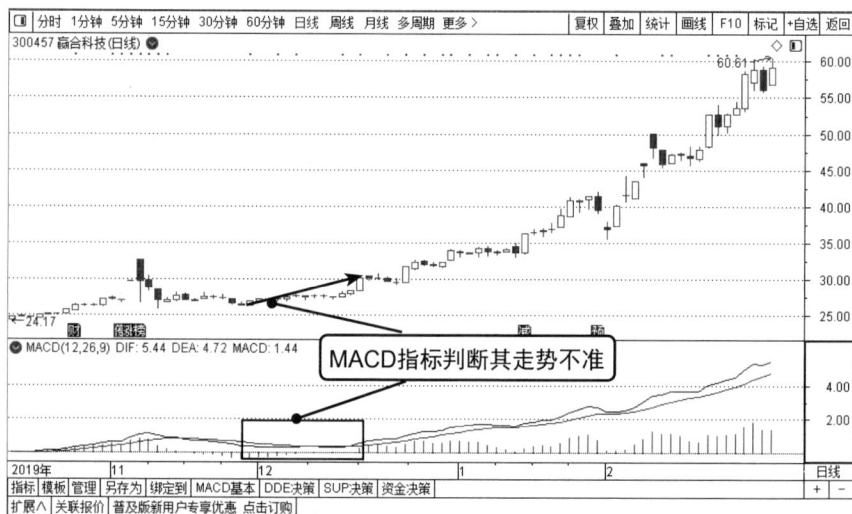

图 2-12　赢合科技 2019 年 10 至 2020 年 2 月的 K 线走势

从图中可以看到，该股在 2019 年 12 月的月初到月中这段时间股价稳步上涨，而 MACD 指标却表现得很不尽人意，DIF 线和 DEA 线交错起来，几乎都快变成一条线了，此时如何判断？

图 2-13 所示为将赢合科技 2019 年 10 至 2020 年 2 月的 K 线走势副图换成 KDJ 指标后的走势图。

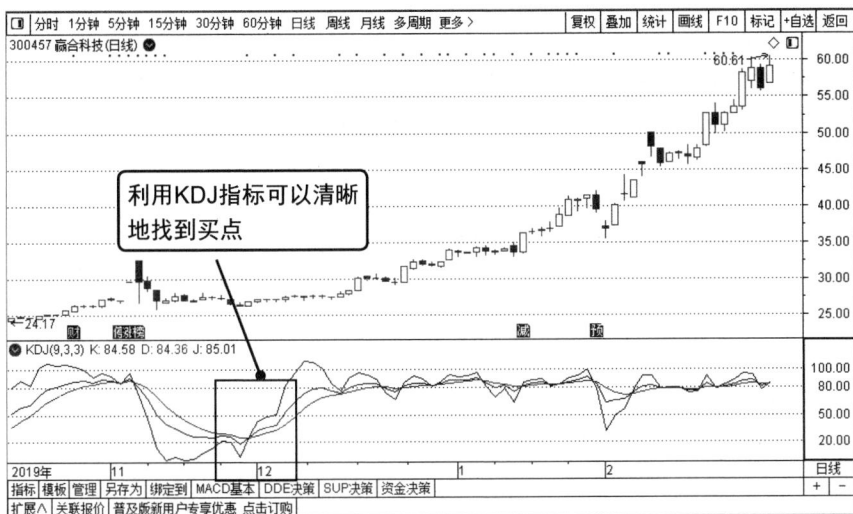

图 2-13　赢合科技 KDJ 指标的走势图

从图中可以看出，利用 KDJ 指标可以找到相对买点，对应的也可以找到相应的卖点，说明就算在 MACD 指标失效的情况下，KDJ 指标依然可以发挥作用，如果再看 WR 指标就更有说服力了，如图 2-14 所示。

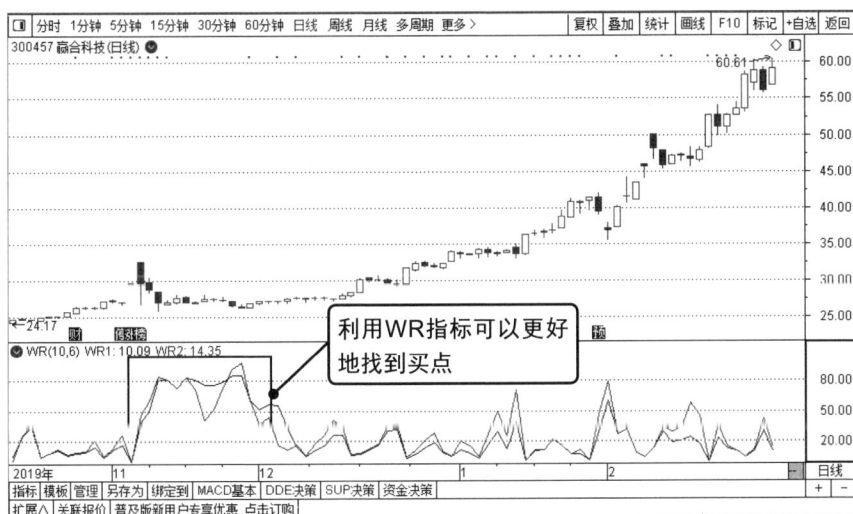

图 2-14　赢合科技 WR 指标走势图

从图中可以看出，WR指标在11月底明显上冲到80线以上进入超卖区，发出买入信号，而此位置和图2-13利用KDJ指标找到的买点位置都是可以相互印证的，此时短线操作就十分有把握和信心了。

2.1.2　短线技术分析的思路

有了对短线技术的大致了解后，接下来要明确的就是短线技术分析应该遵循一种什么样的思路。先来看看技术指标有哪些类别，如图2-15所示。

趋势型	表示股价趋势的演变方式，可以预测短期一段时间内的股价变化走势，比如 MACD 指标等。
轨迹型	表示股价沿着什么样的轨道出发，轨道的支撑点和阻力点可以清晰预见，比如 BOLL 指标等。
能量型	代表推动股价或者杀跌股价的动力如何变化，可以发现其中参与者的力量变化，比如 BRAR 指标和 PSY 指标等。
超买卖型	表示准确预测短线买卖点位，有效找准可能的进入和退出价格，是短线技术的主体类别，比如 KDJ 指标、WR 指标和 ROC 指标等。

图 2-15　技术指标的类别

上面罗列的技术指标分类的排序顺序实际上是一种短线分析的思路，如果倒过来也是一种分析思路，但这两种分析思路却运用在不同的短线阶段。

1. 由粗到细，寻找牛市短线

如果先看趋势，轨道和量能只是比较粗略的技术分析，接着再看超买超卖，这是牛市操作的常见思路。

这种思路的原理如下：

如果首先能够明确大势处于牛市阶段，则只需要关心的是这种大势还能持续多久以及什么时候才是买点。

实例分析

益丰药房（603939）的牛市短线操作思路

图 2-16 所示为益丰药房 2019 年 3 月至 7 月的 K 线走势。

图 2-16　益丰药房 2019 年 3 月至 7 月的 K 线走势

从图中可以看出，该股 3 月至 5 月中旬经历了一波小幅上涨行情，随后回调下跌到 6 月 20 日时 K 线收出一根大阳线将股价拉升起来，此时 MACD 指标显示在 0 轴上出现金叉，如果这一趋势不发生变化可以说明该股进入一个主升阶段，此时应该顺势而为。

图 2-17 所示为益丰药房 2019 年 3 月至 7 月的 K 线走势副图换为 KDJ 指标后的走势图。

从图中可以看到，如果投资者通过 MACD 指标发现主升行情之后，再利用 KDJ 指标就可以发现许多更精准的买点。所以，只要大趋势不发生变化，即便是 MACD 指标出现错误信号也是有利可图的。

图 2-17　益丰药房 KDJ 指标走势图

2. 由细到粗，寻找熊市短线

在熊市阶段，大势变化将会极度弱化，此时需要的是先看超买超卖型指标，尤其是确定适合的卖点。

实例分析

顶点软件（603383）的熊市短线操作思路

图 2-18 所示为顶点软件 2019 年 1 月至 4 月的 K 线走势。

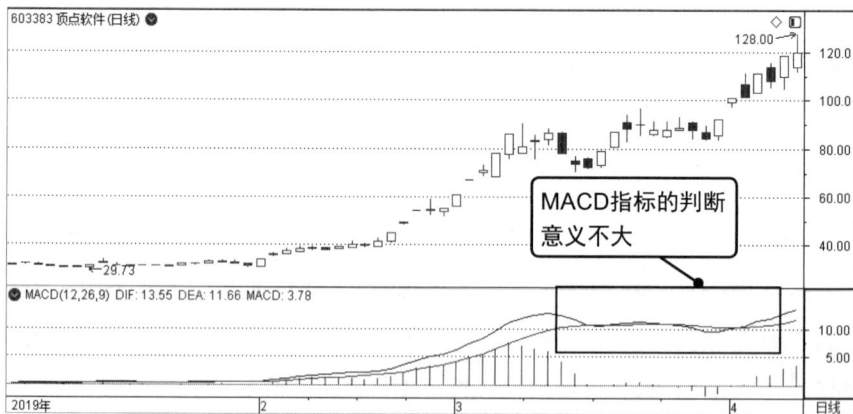

图 2-18　顶点软件 2019 年 1 月至 4 月的 K 线走势

从图中可以看出，该股在经过一段时间的上涨后颓势凸显，此时MACD 指标已经是强弩之末，现在更为关注的是KDJ 指标，如图 2-19 所示。

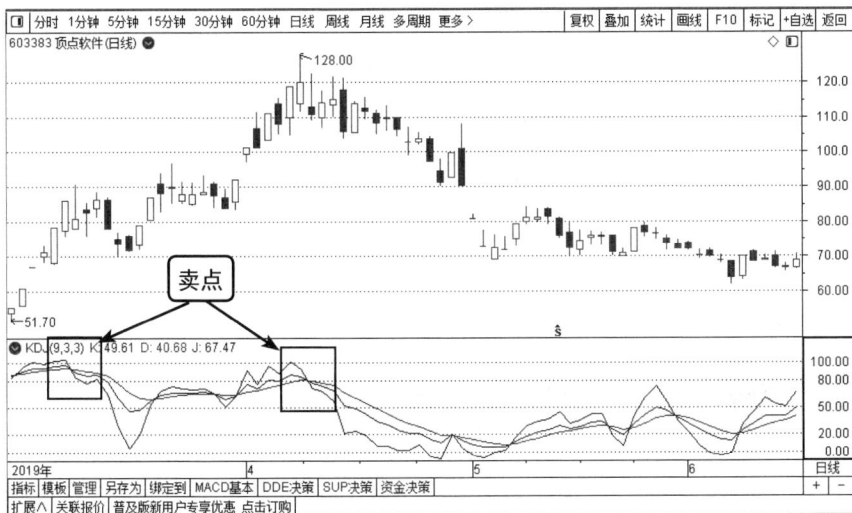

图 2-19　顶点软件 2019 年 3 月至 6 月的 KDJ 指标走势

从图中可以看出，接下来的走势中 KDJ 指标总是不断提醒一些卖点，如果再来看 MACD 指标则毫无意义，如图 2-20 所示。

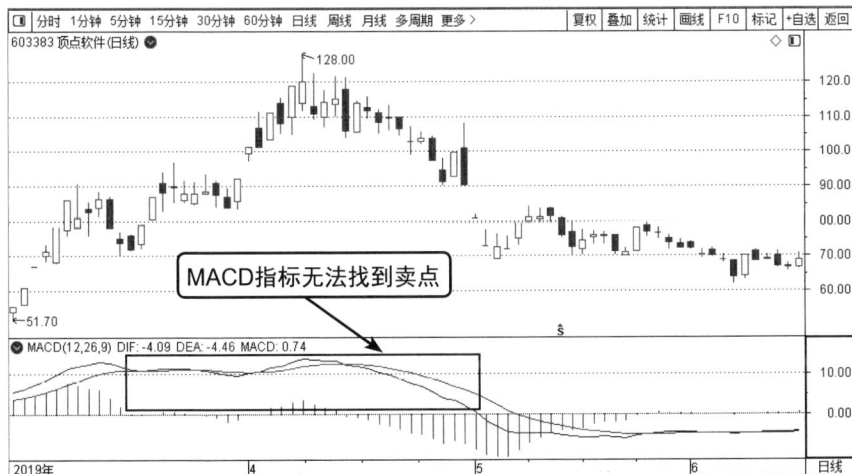

图 2-20　顶点软件 2019 年 3 月至 6 月的 MACD 指标走势

从图中可以看出，MACD 指标单边下降，此时投资者如果盯住它看，没有任何机会逃跑。

从上面的两个案例发现，虽然有由粗到细，也有由细到粗，但不能脱离对大势的研判，大势的研判中 MACD 指标发挥了相当大的作用，这也说明两种操作思路其实都有共同的操作方式，即按照罗列的类别顺序是比较恰当的，只是考察的重点不同而已。

2.2　赚钱赢在 MACD 趋势型

知大势就不得不提 MACD 指标，它可以准确预测出一个阶段是上涨还是下跌，持续的时间有多久等一系列投资者关心的问题，而 MACD 指标的法则运用更是短线高手必备的教案。

拓展知识 *MACD 指标的不足*

一两天内涨跌幅度特别大时，MACD 指标来不及反应，因为它的移动相当缓和，与行情的移动进行比较，两者之间有一定的时间差，所以一旦行情大幅涨跌，MACD 指标不会立即产生信号，此时，该指标无法发生作用。由于 MACD 指标是一项中、长线指标，买入点、卖出点和最低价、最高价之间的价差较大。当行情忽上忽下幅度太小或盘整时，按照信号进场后随即又要出场，买卖之间可能没有利润，也许还要赔点价差或手续费。

2.2.1　温习 MACD 基础知识

MACD 指标全称为"指数平滑异同移动平均线"，又称为"指数差离指标"。其基本原理是运用快速和慢速的两条移动平均线的聚合和分离的特征加以平滑计算，由此决定了 MACD 指标的三大法则，如图 2-21 所示。

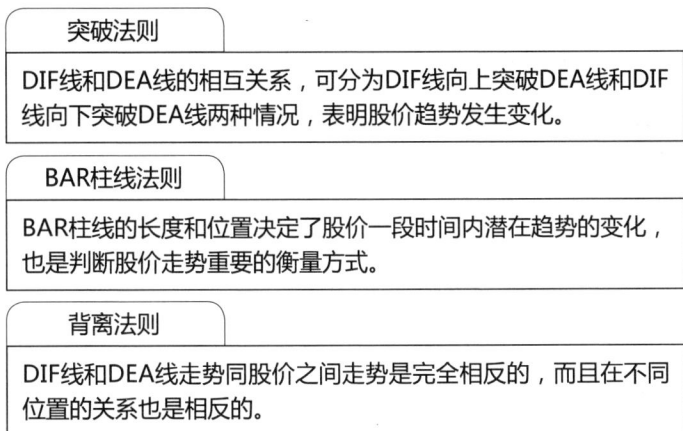

突破法则

DIF线和DEA线的相互关系，可分为DIF线向上突破DEA线和DIF线向下突破DEA线两种情况，表明股价趋势发生变化。

BAR柱线法则

BAR柱线的长度和位置决定了股价一段时间内潜在趋势的变化，也是判断股价走势重要的衡量方式。

背离法则

DIF线和DEA线走势同股价之间走势是完全相反的，而且在不同位置的关系也是相反的。

图 2-21　MACD 的三大法则

1. 突破法则

突破法则包含两个要点。

◆ **买进突破信号**：DIF 线向上突破 DEA 线形成金叉，可认为是买进信号。如果是交叉在 0 轴上会有较大涨幅，交叉在 0 轴下是短期有所上涨。

◆ **卖出突破信号**：DIF 线向下穿破 DEA 线形成死叉，可认为是卖出信号。如果交叉在 0 轴上方是大跌的征兆，交叉在 0 轴下方是短期弱势的表现。

拓展知识　*MACD 指标参数的修改*

　　MACD 指标可根据个人的爱好和需要，将日线图转变为小时图或者周期更短的图形。一来可以缩短买卖价和反转价的价差；二来可以在发生突发性大行情时，做出较灵敏的反应。当行情处于盘整或者涨跌幅度太小时，应避免采用 MACD 指标指导交易。修改 MACD 指标的参数，例如：默认的参数分别为 12、26、9，将其改为 6、13、5 可以调整 MACD 指标的信号速度。注意：无论放大或者缩小参数，都应尽量用原始参数的倍数。

实例分析

中信特钢（000708）的突破法则

图 2-22 所示为中信特钢 2019 年 7 月至 12 月的 K 线走势。

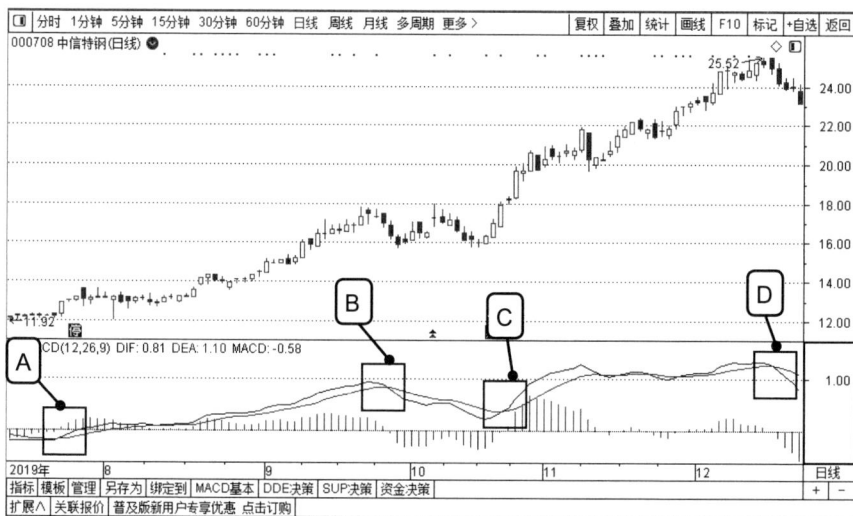

图 2-22　中信特钢 2019 年 7 月至 12 月的 K 线走势

从图中可以看出，该股在此阶段中通过 MACD 指标发出明显的买卖点，具体是 A、C 两个买入点和 B、D 两个卖出点。

如果在 A 点 DIF 线向上突破 DEA 线的位置以 12.5 元价格买入，在 B 点 DIF 线向下穿破 DEA 线的位置以 17 元卖出，可得到 36% 的收益。如果在 C 点 DIF 线向上突破 DEA 线的位置以 17 元买入，在 D 点 DIF 线向下穿破 DEA 线的位置以 25 元卖出，可得到 47% 的收益。但是它们的位置是不同的，A 位置是 0 轴下方的金叉，而 C 位置是 0 轴上方的金叉。

2. BAR 柱线法则

BAR 柱线法则也包括两个内容。

◆　BAR 柱线在 0 轴上方，市场倾向多方控制。

◆　BAR 柱线在 0 轴下方，市场转为空方控制。

实例分析

海大集团（002311）的柱线法则

图 2-23 所示为海大集团 2019 年 5 月至 9 月的 K 线走势。

图 2-23　海大集团 2019 年 5 月至 9 月的 K 线走势

从图中可以看出，该股在 2019 年 5 月到 7 月中旬，BAR 柱线始终在 0 轴下方，此时股价一路下跌；而随后 7 月下旬至 9 月中旬，BAR 柱线变为正值，在 0 轴上方运行，同时期的股价从下跌转为上涨，而且是非常强势的上涨。

3. 背离法则

当 DIF 线、DEA 线的走势和股价或者指数走势相反，称之为背离，则表明股价或者指数正在调整，接着可能发生重大的变化。

实例分析

风华高科（000636）的背离法则

图 2-24 所示为风华高科 2019 年 2 月至 8 月的 K 线走势。

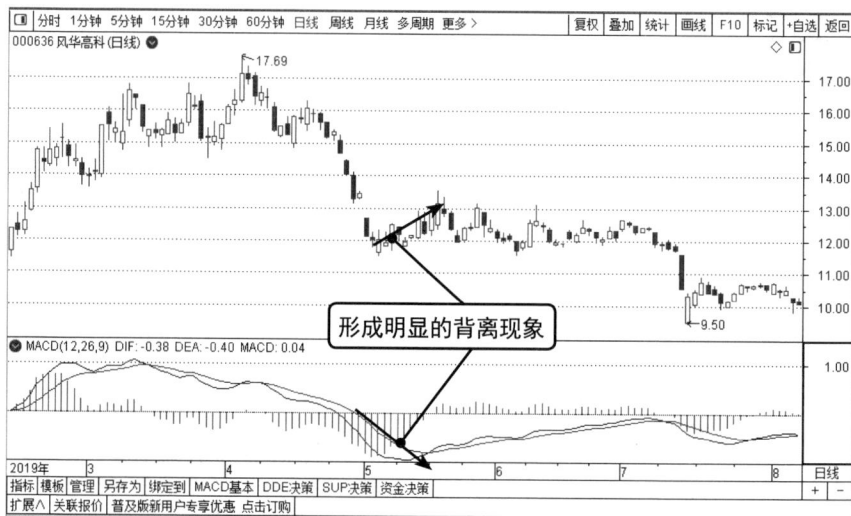

图 2-24　风华高科 2019 年 2 月至 8 月的 K 线走势

从图中可以看出，该股在 2019 年 5 月上旬，股价表现为上涨走势，而同期的 MACD 指标的走势却在下降，这是典型的背离走势。

2.2.2　两次突破的短线操作

前面介绍的金叉突破和死叉突破都是一次完成的，在股价变动的过程出现一次突破是很容易判断的，如果出现两次呢？这在短线中的意义就更加强烈。

1. 底部两次金叉，预示大行情

底部出现两次金叉，间隔时间不超过 15 个交易日，说明多头拉升股价意愿强烈，可以短线积极买入。

实例分析

宝钛股份（600456）的底部两次金叉

图 2-25 所示为宝钛股份 2019 年 10 月至 2020 年 1 月的 K 线走势。

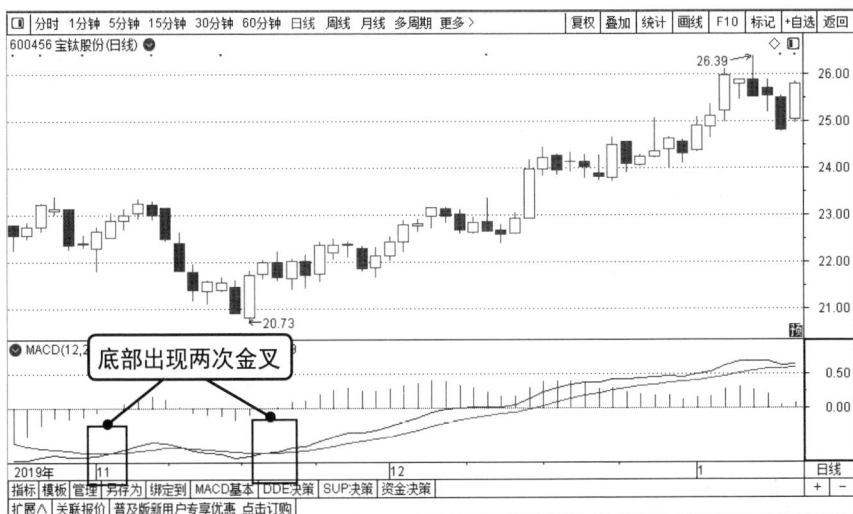

图 2-25　宝钛股份 2019 年 10 月至 2020 年 1 月的 K 线走势

从图中可以看出，在 2019 年 11 月初出现了一次金叉，但金叉出现不久后行情依然处于弱势，随后在 11 月下旬又出现了一次金叉，这次金叉就给了拉升该股强烈的信号，此时投资者买入该股，后市股价大幅被拉升。

2. 顶部两次死叉，见顶不远

在顶部出现两次死叉，说明多头力量极度萎缩，空头力量得到空前加强，是卖出股票的好机会，股价也很快会见顶。

实例分析

亿帆医药（002019）的顶部两次死叉

图 2-26 所示为亿帆医药 2019 年 2 月至 8 月的 K 线走势。

从图中可以看出，该股在 3 月下旬至 4 月中旬期间出现两次死叉，这两次死叉后该股就见顶了，17.09 元成为最后的高点，股价从 17.09 元跌至最低的 9.89 元，下跌幅度达到 42% 以上。

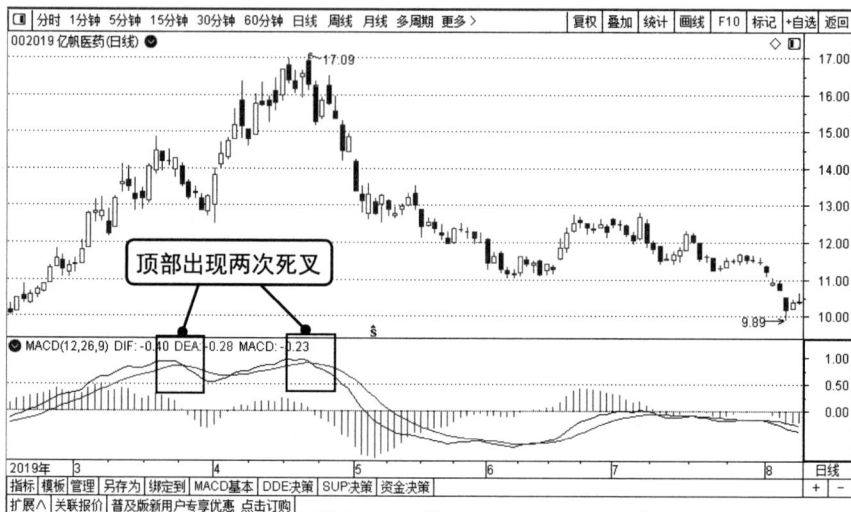

图 2-26　亿帆医药 2019 年 2 月至 8 月的 K 线走势

2.2.3　BAR 柱线决定短线持续力

BAR 柱线的意义十分明确，这也是最容易被投资者忽略的。当确定好了买入信号后，这个买入信号分量有多少？能够持续多久？如何识别假买入突破信号？当确定好了卖出信号后，这个卖出信号分量有多少？能够下跌到什么程度？如何看待诱空的卖出突破信号？要回答这些问题，就要看 BAR 柱线。

1. 持续盈利需要 BAR 柱线配合

以 0 轴为界，在 0 轴上的金叉是相当好的买入形态，而在 0 轴下方的金叉，更要结合 BAR 进行判断，如果 BAR 柱线不断扩大，说明其多头控盘，如果发生 BAR 长度不足，甚至在 0 轴下，就要谨慎了。

实例分析

阿科力（603722）的 BAR 柱线配合

图 2-27 所示为阿科力 2019 年 6 月至 12 月的 K 线走势。

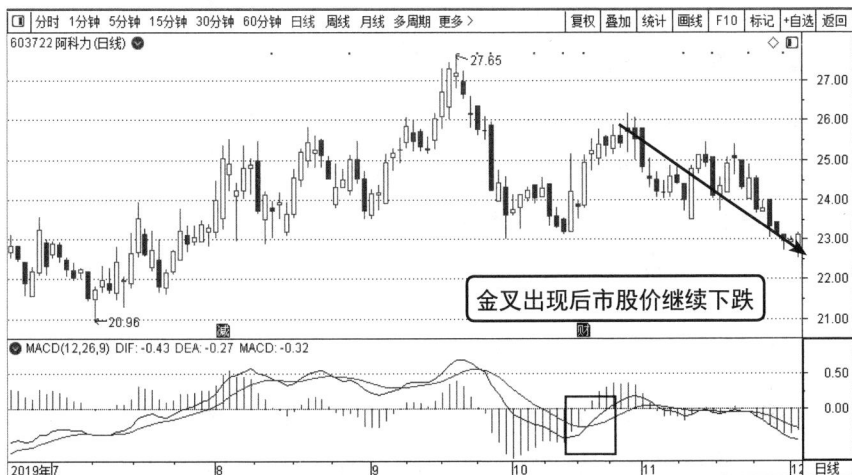

图 2-27　阿科力 2019 年 6 月至 12 月的 K 线走势

从图中可以看出，该股前期表现上涨行情，9 月中旬股价见顶下跌。当股价运行至 10 月中旬时，MACD 指标在 0 轴下方出现金叉，发出买入信号。根据后市的走势可以看出金叉出现后，股价继续下跌，没有出现止跌上涨行情。

图 2-28 所示为阿科力 2019 年 9 月至 2020 年 1 月的 K 线走势。

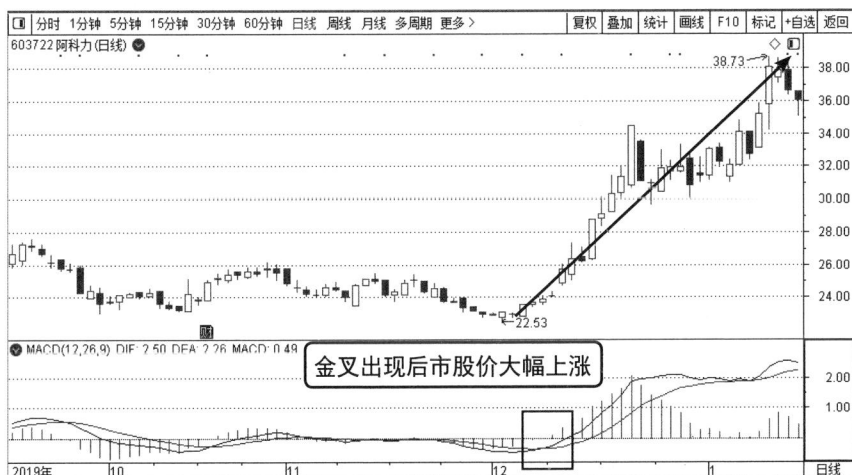

图 2-28　阿科力 2019 年 9 月至 2020 年 1 月的 K 线走势

从图中可以看出，该股运行至12月上旬时又一次在0轴下方出现金叉，发出买入信号。但此次金叉出现后股价却开启了大幅上涨拉升的牛市行情。两次金叉买入信号为什么会有这样的区别呢？

原因在于，第一次金叉出现时，BAR柱线并没有持续变长，而且很快翻转到0轴下方，说明这种上涨是无法持续的。但查看第二次金叉可以发现，当金叉出现后，BAR柱线越来越长，推动股价上涨，即使后面有所变短，也在0轴上方，说明场内多方势力强劲。

2. 避免被套要留意高位BAR柱线

当股价进入一个阶段高位的时候，DIF线和DEA线可能不断交汇纠缠在一起，此时判断股价走势比较困难，除了利用其他技术指标判断外，MACD指标自身的BAR柱线也成为重要参考。

实例分析

苏泊尔（002032）的留意BAR柱线

图2-29所示为苏泊尔2019年7月至11月的K线走势。

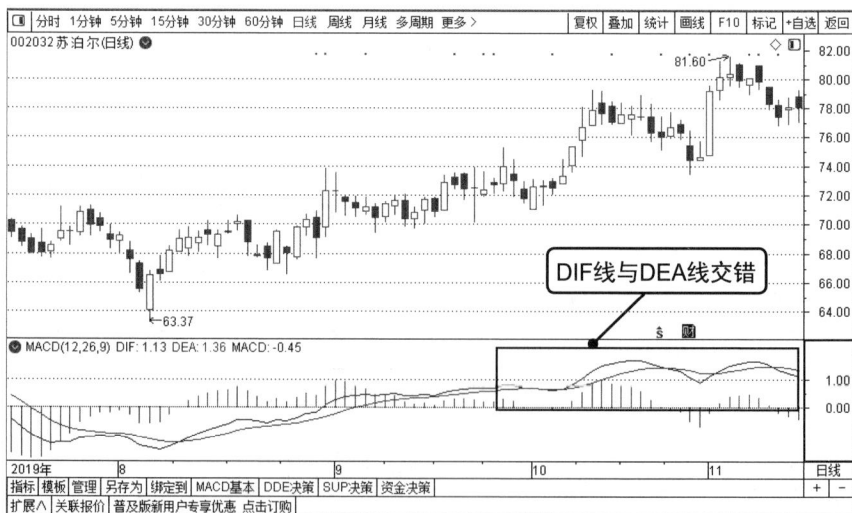

图2-29　苏泊尔2019年7月至11月的K线走势

从图中可以看出，该股前期处于稳定的上升行情中，当股价运行至10月开始出现了震荡向上的走势，那么后市股价将会出现怎样的变化呢？

细心的投资者会发现，股价在高位的时候DIF线和DEA线交叉，时而金叉时而死叉，但是BAR柱线在0轴的长度越来越短，随后的死叉对应的BAR柱线完全向下，其在0轴下方的长度将会增长，如图2-30所示。

图2-30　苏泊尔2019年10月至2020年2月的K线走势

从图中可以看出，0轴下方的BAR柱线越来越长，随后股价就跟着下跌，表现出强烈的下跌行情。

2.2.4　背离从来都是短线信号

背离是很特殊的MACD指标研判标准，而一旦MACD指标和股价发生背离，往往是股价改变趋势的提前信号，根据背离情况可分为顶部背离和底部背离。

1. 顶背离是坚决卖出信号

顶背离是指股价进入一个相对高位后，股价继续冲高而MACD指标却开始转向下跌，此时投资者必须迅速逃离。

实例分析

赣锋锂业（002460）的顶背离信号

图 2-31 所示为赣锋锂业 2019 年 1 月至 4 月的 K 线走势。

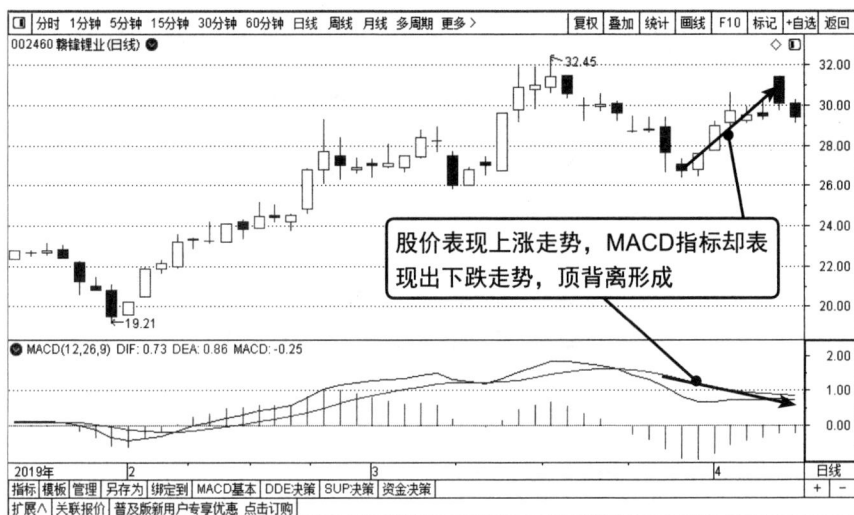

图 2-31　赣锋锂业 2019 年 1 月至 4 月的 K 线走势

从图中可以看出，该股前期表现为上涨行情，当股价运行至阶段性高位，创出 32.45 元的最高价后股价止涨下跌。但此番下跌并没有持续很长的时间，3 月底股价便止跌回升，与此同时，MACD 指标却走势向下。说明空头正在积聚力量，后市可能会迎来一波深幅下跌。

图 2-32 所示为赣锋锂业 2019 年 3 月至 8 月的 K 线走势。

从图中可以看出，股价的小幅回升并没有改变其下跌的命运。随后股价进入了漫长的下跌行情，股价从 30 元附近下跌至 20 元左右，跌幅达到 33%。

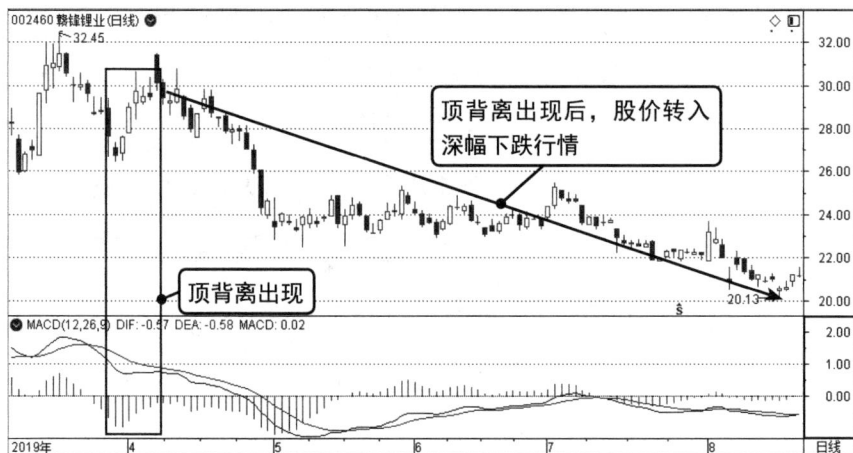

图 2-32　赣锋锂业 2019 年 3 月至 8 月的 K 线走势

2. 底背离是绝佳买入信号

底背离是指在股价底部出现 MACD 指标向上运行，而股价却继续杀跌，这种背离情况很有可能是主力正在吸筹建仓，而又不想被散户投资者发现。

实例分析

纳思达（002180）的底背离信号

图 2-33 所示为纳思达 2019 年 3 月至 7 月的 K 线走势。

图 2-33　纳思达 2019 年 3 月至 7 月的 K 线走势

从图中可以看出，该股在 5 月中旬至 7 月中旬表现下跌，而 MACD 指标有细微上涨，它们形成了典型的底背离。说明主力正在低位吸筹建仓，后市股价可能会出现大幅上升的大牛市行情。

图 2-34 所示为纳思达 2019 年 5 月至 2020 年 2 月的 K 线走势。

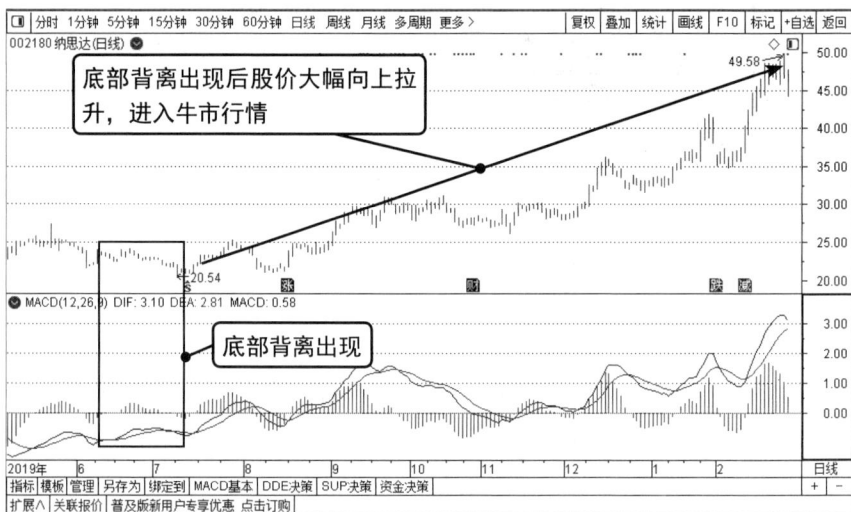

图 2-34　纳思达 2019 年 5 月至 2020 年 2 月的 K 线走势

从图中可以看出，底背离出现后不久股价止跌回升，从 20 元价位线附近上涨至 50 元价位线左右，涨幅达 150%。

2.3　赚钱有 BOLL 轨迹型

BOLL 指标又称为布林线指标，其英文全称是 "Bollinger Bands"，是用该指标的创立人约翰·布林的姓来命名的，是研判股价运动趋势的一种技术分析工具。

2.3.1　温习 BOLL 基础知识

BOLL 通道由上、中、下轨组成，它将价格波动的范围划分为 4 个区域，其中上轨线叫压力线，中轨线叫价格平均线，下轨线叫支撑线。BOLL 通道作为跟踪趋势的技术指标是很有效的。

BOLL 指标也有三大主要法则，如图 2–35 所示。

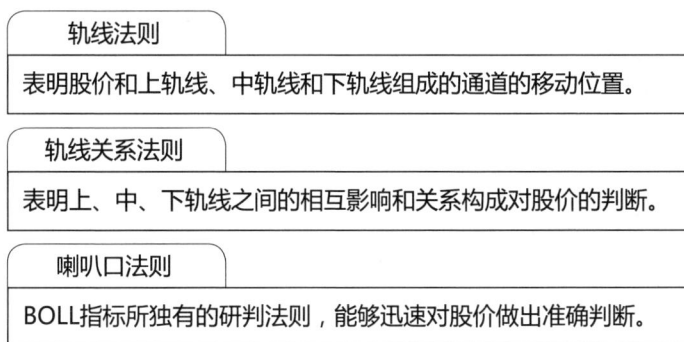

> **轨线法则**
> 表明股价和上轨线、中轨线和下轨线组成的通道的移动位置。

> **轨线关系法则**
> 表明上、中、下轨线之间的相互影响和关系构成对股价的判断。

> **喇叭口法则**
> BOLL指标所独有的研判法则，能够迅速对股价做出准确判断。

图 2-35　BOLL 指标的三大应用法则

拓展知识　*BOLL 指标的计算周期*

BOLL 指标的计算方法是比较复杂的，其中引进了统计学中的标准差概念，涉及中轨线（MB）、上轨线（UP）和下轨线（DN）的计算。

另外，和其他指标的计算一样，由于选用的计算周期存在不同，BOLL 指标也包括日 BOLL 指标、周 BOLL 指标、月 BOLL 指标、年 BOLL 指标以及分钟 BOLL 指标等。经常被用于股市研判的是日 BOLL 指标和周 BOLL 指标。虽然它们计算时的取值有所不同，但基本的计算方法是一样的。

1. 轨线法则

BOLL 指标中的上、中、下轨线会形成一个股价通道，该通道的上下限随着股价的上下波动而变化。在正常情况下，股价应始终处于通道内运行。如果股价脱离股价信道运行，则意味着行情处于极端的状态。

一般而言，当股价在布林线的中轨线上方运行时，表明股价处于强势趋势；当股价在布林线的中轨线下方运行时，表明股价处于弱势趋势。

实例分析

比亚迪（002594）的轨线法则运用

图 2-36 所示为比亚迪 2019 年 8 月至 2020 年 2 月的 K 线走势。

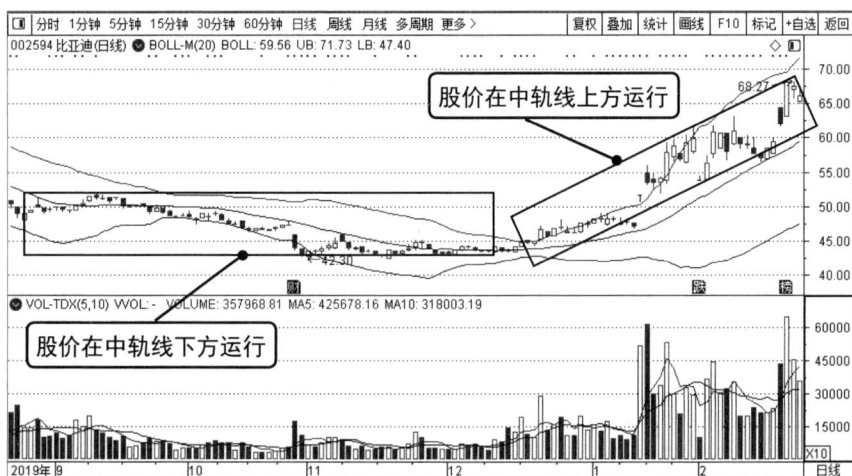

图 2-36　比亚迪 2019 年 8 月至 2020 年 2 月的 K 线走势

从图中可以看出，BOLL 线和股价的走势十分密切，该股在 2019 年 8 月至 12 月中旬表现下跌，股价始终处于中轨线的下方，表明股价十分脆弱，而在 2019 年 12 月中旬至 2020 年 2 月股价则在中轨线上方，此时股价持续上涨，脱离之前的下跌。

所以可以认为，股价在中轨线下运行一旦确定，短线买入就没有意义，如果股价在中轨线上运行，表明短线机会是存在的，因为这是一个大的上涨趋势。从上图还可以看出，上轨线始终是股价无法逾越的，而下轨线则是起到了一定的支撑作用。

扩展开来，在 BOLL 指标中，股价信道的上下轨线是显示股价安全运行的最高价位和最低价位。上轨线、中轨线和下轨线都可以对股价的运行起到支撑作用，而上轨线和中轨线有时则会对股价的运行起到压力作用。

2. 轨线关系法则

上、中、下轨线的关系由两个部分组成，第一部分是同向运行法则，包括两个方面的内容。

- ◆ 当布林线的上、中、下轨线同时向上运行时，表明股价强势特征非常明显，股价短期内将继续上涨，短线投资者可以持股待涨或逢低买入。

- ◆ 当布林线的上、中、下轨线同时向下运行时，表明股价弱势特征非常明显，股价短期内将继续下跌，短线投资者可以持币观望或逢高卖出。

实例分析

泰晶科技（603738）的轨线关系运用一

图 2-37 所示为泰晶科技 2019 年 9 月至 2020 年 2 月的 K 线走势。

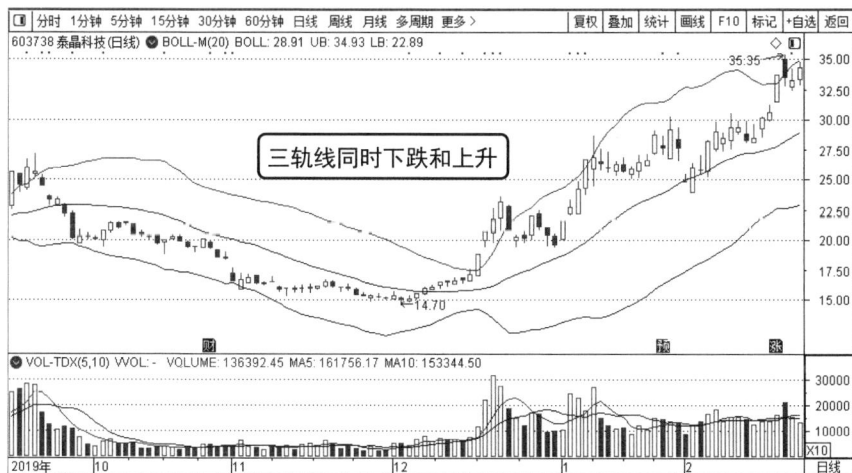

图 2-37　泰晶科技 2019 年 9 月至 2020 年 2 月的 K 线走势

从图中可以看出，该股在 2019 年 10 至 12 月中旬期间 3 条轨线都在向下运行，此时股价持续下跌，而 2019 年 12 月中旬至 2020 年 2 月期间 3 条轨线都向上运行，此时股价不断上涨。

第二部分是当布林线的上轨线向下运行，而中轨线和下轨线却还在向上运行时，表明股价处于整理态势之中。

◆ 如果股价是处于长期上升趋势时，则表明股价是上涨途中的强势整理，投资者可以持股观望或逢低短线买入。

◆ 如果股价是处于长期下跌趋势时，则表明股价是下跌途中的弱势整理，投资者可以持币观望或短线逢高减仓。

实例分析

博腾股份（300363）的轨线关系运用二

图 2-38 所示为博腾股份 2019 年 6 月至 12 月的 K 线走势。

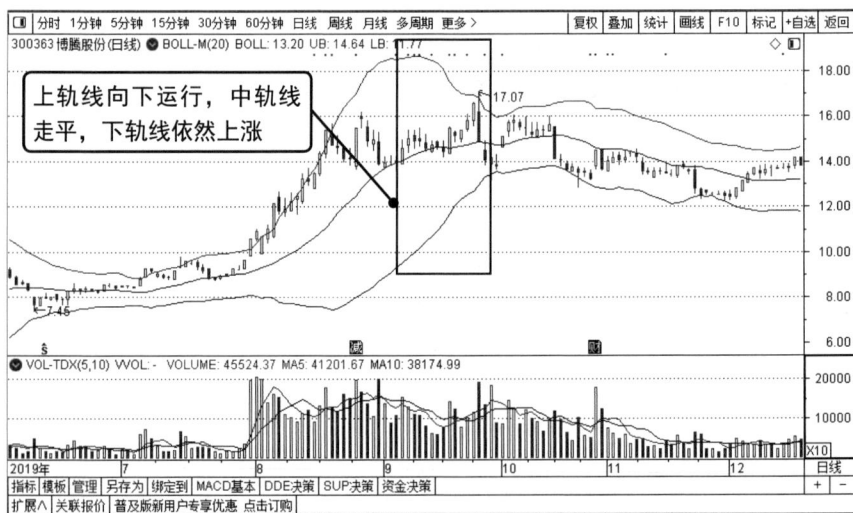

图 2-38　博腾股份 2019 年 6 月至 12 月的 K 线走势

从图中可以看出，该股前期经历一轮长期上涨行情后，在 2019 年 9 月止涨调整，此时上轨线出现了明显的大幅下跌，中轨线走平，而下轨线依然正在上涨。说明此时的调整是股价见顶的信号，后市看跌。

3. 喇叭口法则

所谓布林线"喇叭口"是指在股价运行的过程中，布林线的上轨线和下轨线分别从两个相反的方向与中轨线大幅扩张或靠拢而形成的类似于喇叭口的特殊形状。

实例分析

中科创达（300496）的喇叭口法则分析

图 2-39 所示为中科创达 2018 年 12 月至 2019 年 8 月的 K 线走势。

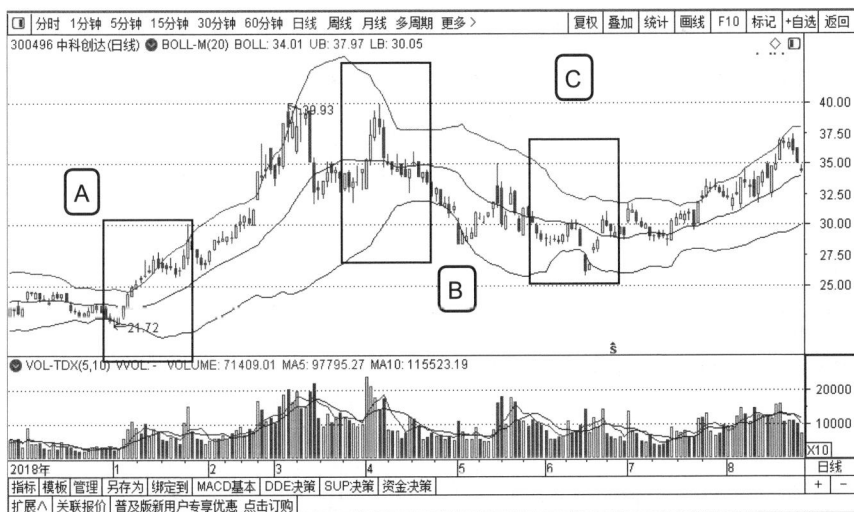

图 2-39　中科创达 2018 年 12 月至 2019 年 8 月的 K 线走势

从图中可以看出，该股在 2019 年 1 月初形成了一个小喇叭口在图中 A

位置，B 位置形成了一个大喇叭口，而 C 位置则也是一个大喇叭口，它们是不同的喇叭口类型。

根据布林线上轨线和下轨线运行方向和所处位置的不同，可以将"喇叭口"分为收口型喇叭口、开口型喇叭口和紧口型喇叭口 3 种基本类型。

- ◆ 收口型喇叭口形态常出现在股票暴跌行情的初期，如上图中的位置 B。
- ◆ 开口型喇叭口形态常出现在股票短期内暴涨行情的初期，如上图中的位置 A。
- ◆ 紧口型喇叭口形态则常出现在股价大幅下跌的末期，如上图中的 C 位置。

2.3.2 轨道运行，突破就是短线信号

无论是轨线法则还是轨线关系法则，对短线而言就是找什么时候是买点，什么时候是卖点，买卖点的位置实质上就在突破两个字上。具体而言：

- ◆ 当 3 条轨线开始有向上运行趋势，股价从下轨线走向中轨线，此时可以认为是短线买入时机到来。
- ◆ 当 3 条轨线开始有向下运行趋势，股价从上轨线走向中轨线，此时可以认为是短线卖出时机来临。

从上面的法则还可以看出，下轨线是相当灵敏的，观察下轨线对研判短线十分重要。

实例分析

中光学（002189）轨道短线信号分析

图 2-40 所示为中光学 2017 年 9 月至 2018 年 11 月的 K 线走势。

从图中可以看出，该股处于下跌行情中。在股价大幅下跌后在 2018 年 10 月创出 9.57 元的新低，随后股价在下轨线的支撑下突破中轨线，同时下轨线走平。如果后面几个交易日下轨线能够向上，则可以短线买入该股。

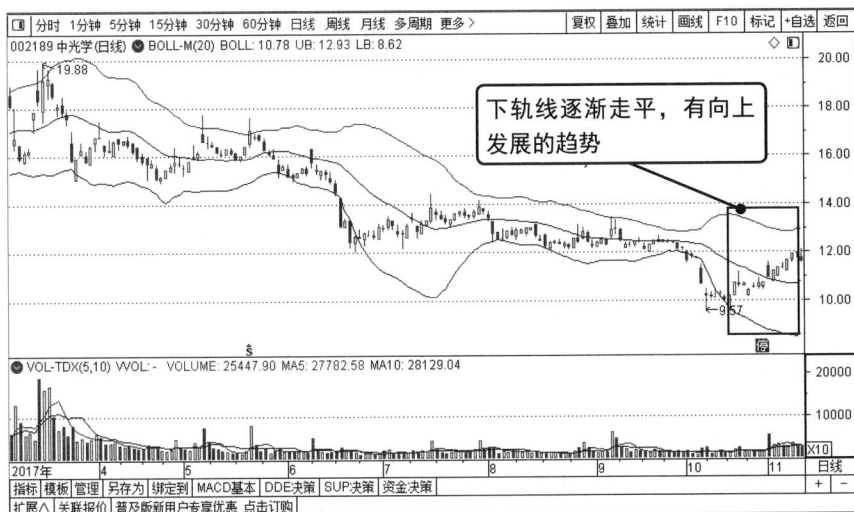

图 2-40　中光学 2017 年 9 月至 2018 年 11 月的 K 线走势

图 2-41 所示为中光学 2018 年 8 月至 2019 年 1 月的 K 线走势。

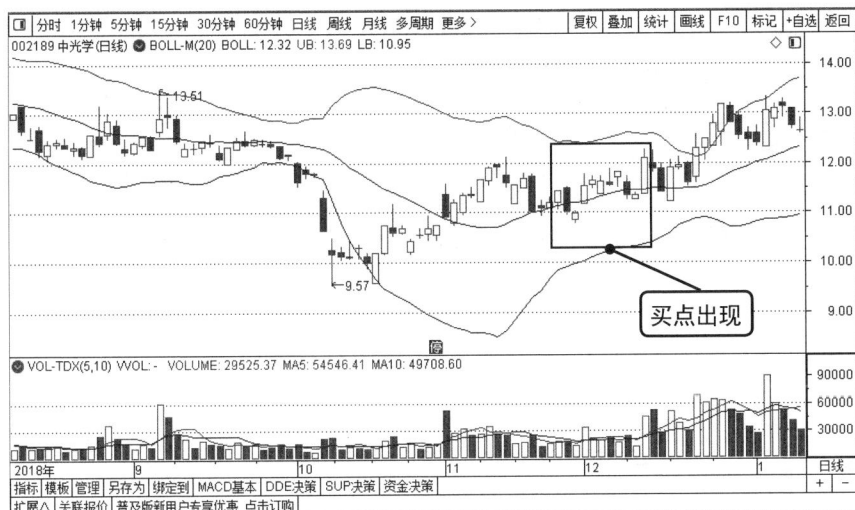

图 2-41　中光学 2018 年 8 月至 2019 年 1 月的 K 线走势

从图中可以看出，该股股价突破中轨线后，轨线纷纷向上运行，此时出现买点。如果再往后看该股的趋势，会发现卖点也是很容易找到的，如

图 2-42 所示。

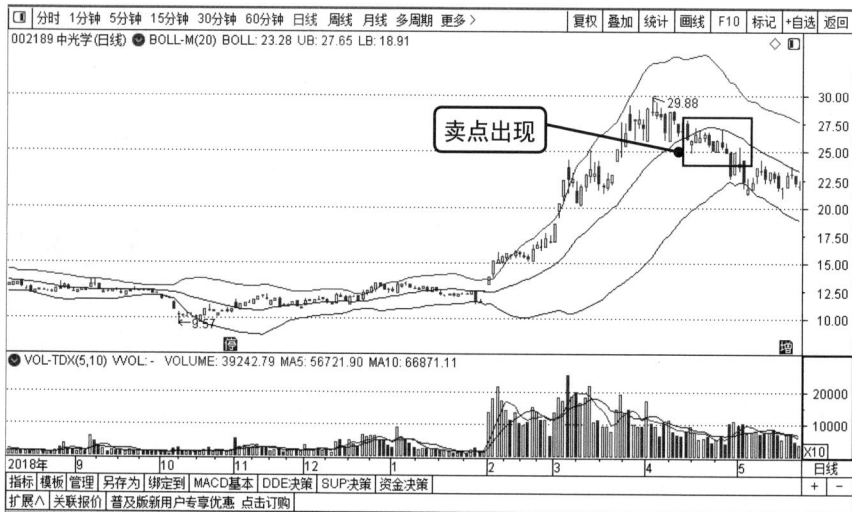

图 2-42　中光学 2018 年 8 月至 2019 年 5 月的 K 线走势

从图中可以看出，后市果然出现了一波大幅上涨行情。随后股价运行至 2019 年 4 月创出阶段性高价后止涨下跌，股价跌破中轨线，同时 3 条轨线掉头向下运行，毫无疑问卖点出现。

2.3.3　喇叭口的短线操作要点

喇叭口有 3 种基本类型，是判断它们成为短线操作的要点，如表 2-1 所示。

表 2-1　3 种喇叭口

喇叭口类型	出现位置	形态特征	操作要点
紧口型	小幅盘整筑底后的进一步萎缩	上下轨向中轨逐渐靠拢，上下轨之间的距离越来越小	当紧口型喇叭口出现后，短线投资者既可以观望等待，也可以少量建仓

续上表

喇叭口类型	出现位置	形态特征	操作要点
开口型	中低位横盘整理后的快速拉升	上轨线也同时急速向上扬升，而下轨线却加速向下运动	之前的短线买进会获利丰厚
收口型	股价经过短时期的大幅拉升后	上轨线开始急速掉头向下，而下轨线还在加速上升	卖出能保住收益、减少较大的下跌损失

　　一般而言，紧口型和开口型是相伴而生的短线买入操作，而收口型是短线卖出操作。

2.4　赚钱靠 BRAR 和 PSY 能量型

　　能量又可以称之为量能，股价能够上涨和下跌与成交量有很大关系，而成交量又和参与者的程度有很大关系。

- ◆　一个积极向上的股价形态必然是投资者参与其中，激情迸发的时候。
- ◆　一个持续下跌的股价形态必然是投资者恐慌到极点，不知道何时才是头的时候，当处于两者均衡状态下，又会使得股价平整。

　　多方和空方投资者决定了股价的上涨和下跌，散户可以成为多方，也可以成为空方，当主力决定做多头，则散户的空头卖出股票就会被主力全部吸收，如果主力决定做空头，则散户的多头买入股票就成为主力出货的接手。

不管是什么样的投资者，他们的情绪变化都会体现在操盘上，哪怕只是一种陷阱，但陷阱的背后也能够被解读，这就是学习 BRAR 和 PSY 的真谛所在。

2.4.1 有人气就有 BRAR

市场人气 BRAR 指标由两部分组成，即由 BR 线与 AR 线共同组成，其中 BR 线是对"市场情绪"的全面反应，而 AR 线则包含有一种"潜在的能量"，如图 2-43 所示。

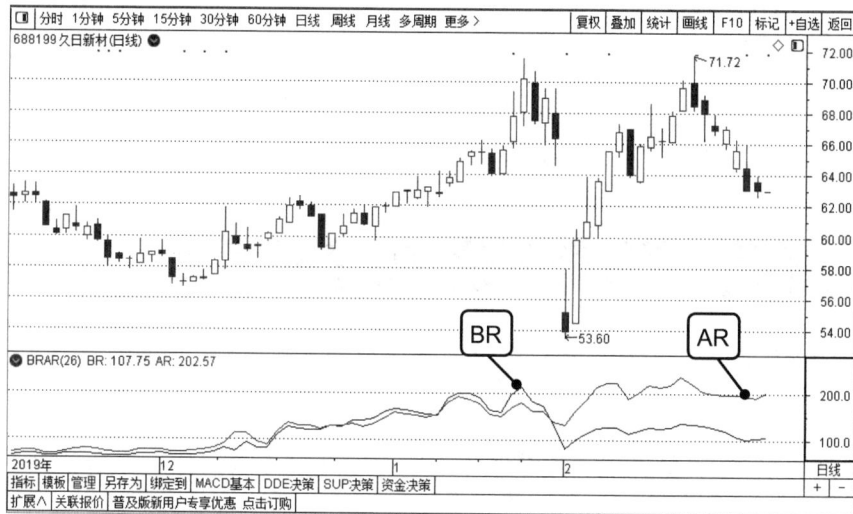

图 2-43　BRAR 指标的实战图

在这里 BR 指标叫买卖意愿指标，AR 指标又叫人气指标，它们是衡量市场上多空双方力量对比变化的最重要指标。AR 可以单独使用，BR 要配合 AR 使用，首先需要梳理 BR 和 AR 的研判法则。

1. 单独判断 BR

BR 低于 50 时，需注意股价可能反弹；BR 介于 70 ～ 100，属于盘整

行情；BR 高于 100 时，需注意股价可能回档。BR 由高档下降一半，此时
选择股价回档买进，成功率可以高达 95%。

实例分析

大族激光（002008）的 BR 判断

图 2-44 所示为大族激光 2019 年 3 月至 9 月的 K 线走势。

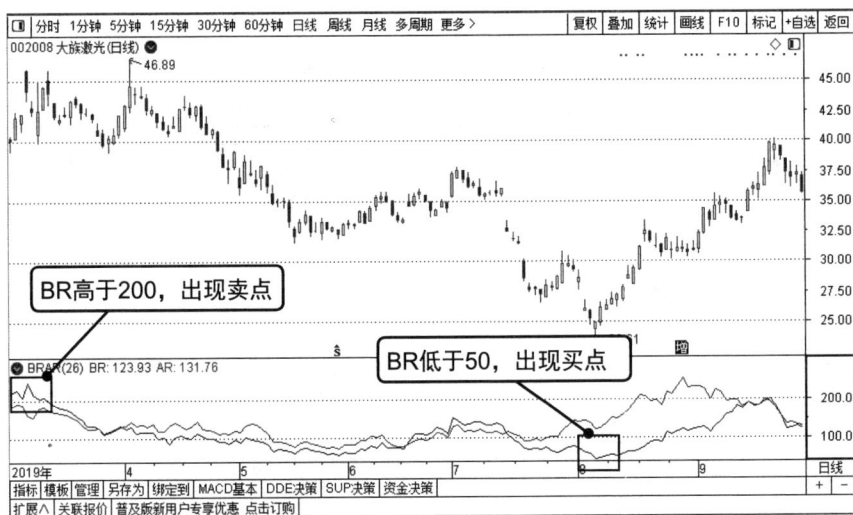

图 2-44　大族激光 2019 年 3 月至 9 月的 K 线走势

从图中可以看出，该股前期经历一波上涨行情，BR 顺势向上攀升至
200 以上，此时场内人气过于狂热形成超买，使得股价止涨迅速杀跌。随
后 BR 从最高 200 位置向下跌落，最低跌至 50 以下，出现买入机会，后市
股价大涨。

拓展知识　*BR 超过 300*

BR 超过 300 以上，虽然代表人气非常狂热。但是，人气有时候会失控，BR
会从 300 → 500 → 700 → 1000 无止境的上升，此时，股民无法辨别何时是人气最
狂热的巅峰阶段。

2. 单独判断 AR

AR 上涨和下跌和股价走势基本相同，以 100 为中心，介于 80~120 比较正常，属于盘整行情；50 以下时股票容易出现反弹行情，可以考虑买入；而 150 以上则考虑卖出股票。

实例分析

西部材料（002149）的 AR 判断分析

图 2-45 所示为西部材料 2019 年 6 月至 2020 年 1 月的 K 线走势。

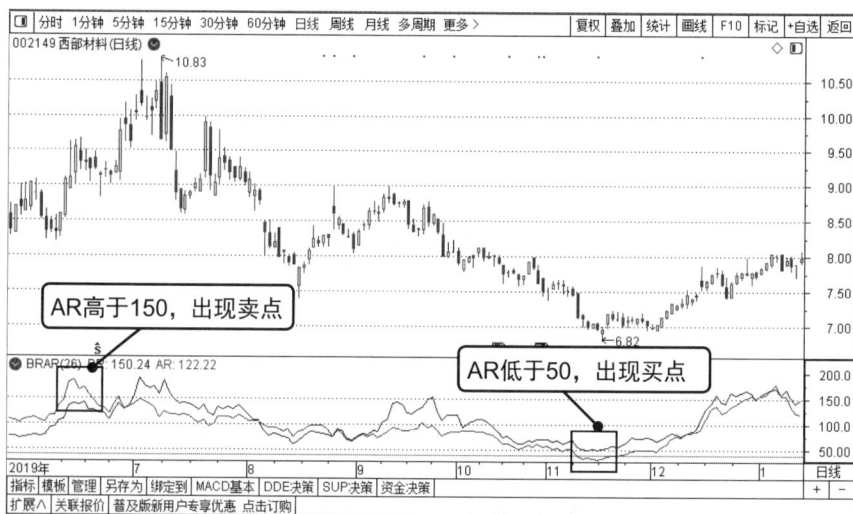

图 2-45　西部材料 2019 年 6 月至 2020 年 1 月的 K 线走势

从图中可以看出，股价的变化几乎和 AR 线的走势一致，AR 线可以准确表现股价的变动，在 AR 高于 150 时形成明显的卖点，当 AR 低于 50 时形成明显的买点。

3. 结合 BR 和 AR 判断

AR、BR 急速上升，意味距股价高峰已近，可获利了结；BR 值低于 AR 值时，可逢低买进；BR 急速上升，而 AR 盘整或回调时，应逢高出货。

实例分析

广电运通（002152）结合 BR 和 AR 判断分析

图 2-46 所示为广电运通 2019 年 8 月至 12 月的 K 线走势。

图 2-46　广电运通 2019 年 8 月至 12 月的 K 线走势

从图中可以看出，BRAR 随着股价的一波上涨下跌行情顺势进入上涨转下跌的走势中。12 月初，BR 突然急速下跌运行至 AR 下方，BR 值低于 AR 值，说明后市可能出现一波上涨行情，投资者可以趁机低位买入。

图 2-47 所示为广电运通 2019 年 11 月至 2020 年 1 月的 K 线走势。

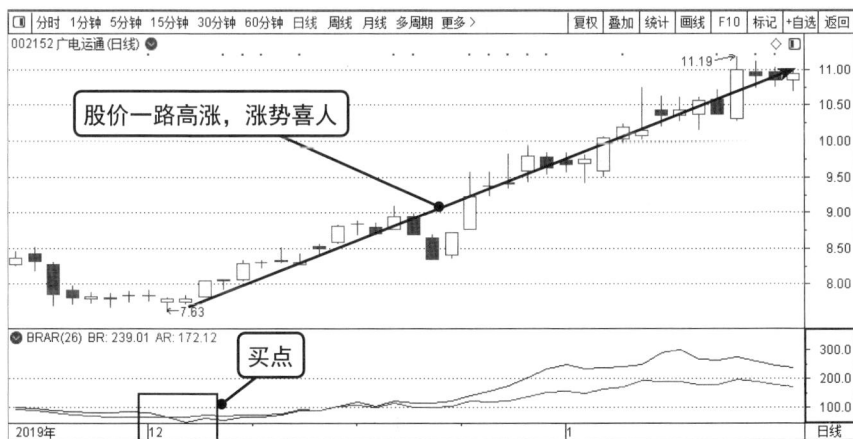

图 2-47　广电运通 2019 年 11 月至 2020 年 1 月的 K 线走势

从图中可以看出，后市果然出现一波上涨行情，股价从最低的 7.63 元上涨至最高的 11.19 元，涨幅达到 46.7%。

2.4.2 BRAR 能量聚集抓短线买入机会

BR 是市场投资者的聚集情绪，而 AR 是市场能量，如果能量和情绪配合则说明短线买入机会已经来临，这就是 BR 和 AR 从低位向上攀爬则表明多头占据优势，未来将会有一波上涨。

实例分析

苏州固锝（002079）短线配合买入机会

图 2-48 所示为苏州固锝 2019 年 11 月至 2020 年 2 月的 K 线走势。

图 2-48　苏州固锝 2019 年 11 月至 2020 年 2 月的 K 线走势

从图中可以看出，该股从 2019 年 11 月中旬开始一路上涨，而 BR 和 AR 也是相互配合向上运行的，这反映出良好的股价走势，从 7 元价位线附近涨到 15 元价位线左右，涨幅超 114%。

一般情况下，BR 总是在 AR 上方，因为 BR 代表市场参与者的热情，AR 是一种能量，能量的变化略微小于参与者情绪的变化，一旦在 100 以下区域出现 BR 比 AR 还低的情况，说明多头隐蔽吸筹聚集反攻力量，这是相当好的短线买入机会。

2.4.3　BRAR 能量汇集抓短线卖出机会

BR 的情绪继续高涨，而 AR 出现了能量涣散，此时说明 AR 已经开始出现回调，而 BR 受到乐观情绪影响继续推动股价上涨也到了最后阶段，当 BR 和 AR 运行到高位后，停滞不前或者掉头，就意味着短线卖出机会已经来临。

实例分析

奥瑞金（002701）短线配合卖出时机分析

图 2-49 所示为奥瑞金 2019 年 8 月至 12 月的 K 线走势。

图 2-49　奥瑞金 2019 年 8 月至 12 月的 K 线走势

从图中可以看出，该股上涨并不是一直持续的，当股价创出 5.26 元的最高价的时候，实际上 BR 和 AR 都已经开始转向，尤其是 BR 还在上涨的时候 AR 就开始涣散了，股价随后出现了一波下跌。

前面已经提到 BR 会领先 AR，如果 AR 领先于 BR 在高位说明股价上涨消耗的能量巨大，如果 AR 拐头交叉 BR 则可以认定其必然下跌的趋势，此时应该卖出股票。

2.4.4 有心理就有 PSY

心理线指标 PSY 是将一定时期内投资者趋向买方或卖方的心理表现为数值，形成心理人气指标，进而判断股价未来走势。

心理指标的计算公式如下：

PSY=（N 日内的上涨天数 /N）×100

从这个公式可以看出，PSY 的依据主要是上涨的天数，天数多则代表 PSY 为正，天数少代表 PSY 为负，这决定了 PSY 的参数时间设置得不能太短，也不能太长，一般以 12 天为宜。

换句话说，如果 6 天上涨，6 天下跌，则 PSY 的值应该为 50，每日都可以计算前面 12 天的 PSY，将它们连接起来就形成 PSY 的判断法则。投资者通过观察心理线可对多空形势有一个基本的判断。

- ◆ 当 PSY 值在 25 ~ 75 区间是心理正常理性变动，没有太大的判断意义。

- ◆ 在完全多头和空头行情中，可将 PSY 值超买超卖点调高至 85 和 15，不会影响其基本判断。

- ◆ 当 PSY 值在 75 以上区间属超买区，股价回调的机会增加。当 PSY 值大于 90 时是严重的超买，股价走势转向的概率相当高。

◆ 当 PSY 值在 25 以下区间属超卖区，市势反弹的机会增加。当 PSY 值低于 10 时是严重的超卖，股价反弹走势的概率相当高。

1. 无效区间和完全多头空头控制的行情

在无效区间里面，心理变化十分正常，无须过于紧张，而在多空完全控制市场中，可以将变化范围进行改动。

实例分析

*ST 德豪（002005）的 PSY 分析

图 2-50 所示为 *ST 德豪 2019 年 10 月至 2020 年 1 月的 K 线走势。

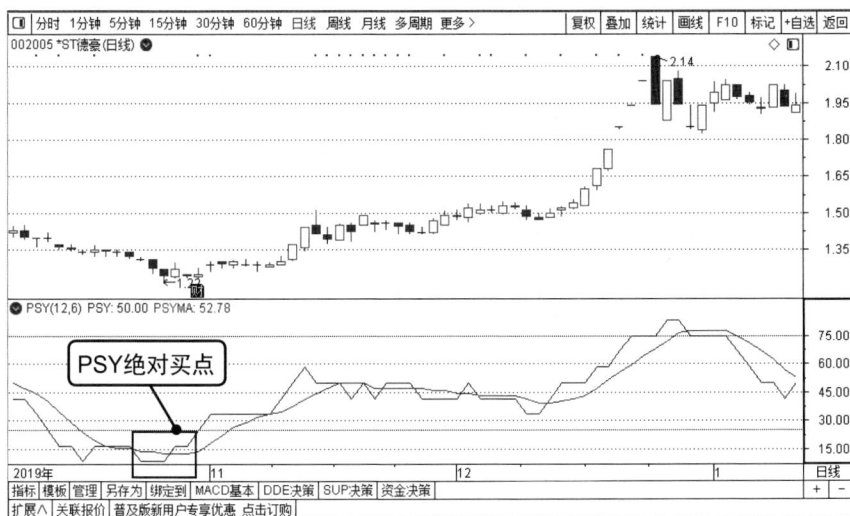

图 2-50　*ST 德豪 2019 年 10 月至 2020 年 1 月的 K 线走势

从图中可以看出，该股从 2019 年 10 月底开始的上涨是主升期间，此时 PSY 在 15 以下是绝对的买点，后市出现一波上涨行情。

2. 超卖和超买区间

PSY 最关键的是超卖和超买区间的判断，这一点十分类似于将在后面给投资者介绍的 KDJ 指标。

（1）超卖区间

超卖的含义十分明确，就是市场投资者惜售，惜售到什么程度呢？PSY 值在 25 以下，甚至在 10 以下。

实例分析

浙江永强（002489）的 PSY 超卖分析

图 2-51 所示为浙江永强 2019 年 7 月至 2020 年 1 月的 K 线走势。

图 2-51　浙江永强 2019 年 7 月至 2020 年 1 月的 K 线走势

从图中可以看出，该股在 2019 年 8 月上旬的时候 PSY 值已经低至 25，说明买点已经凸显出来，此时买入该股在随后的走势中将会获得不错的收益。

（2）超买区间

超买的含义十分明确，就是市场投资者进入了获利盘涌现，不希望再推动股价上涨的阶段，此时 PSY 值在 75 以上，甚至达到 90 以上。

实例分析

誉衡药业（002437）的 PSY 超买分析

图 2-52 所示为誉衡药业 2019 年 3 月至 8 月的 K 线走势。

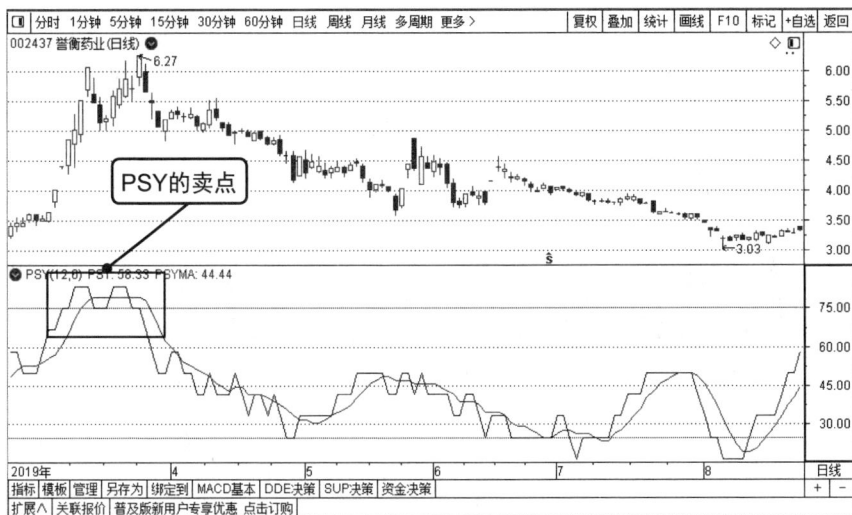

图 2-52　誉衡药业 2019 年 3 月至 8 月的 K 线走势

从图中可以看出，该股在 2019 年 3 月 PSY 值大于 75，是完全的超卖状态，此时为最好卖出点。

2.4.5　PSY 的见底时机

PSY 虽然有超卖的判断法则，但未必每一次都判断正确。

实例分析

奥佳华（002614）的 PSY 假见底信号

图 2-53 所示为奥佳华 2019 年 7 月至 11 月的 K 线走势。

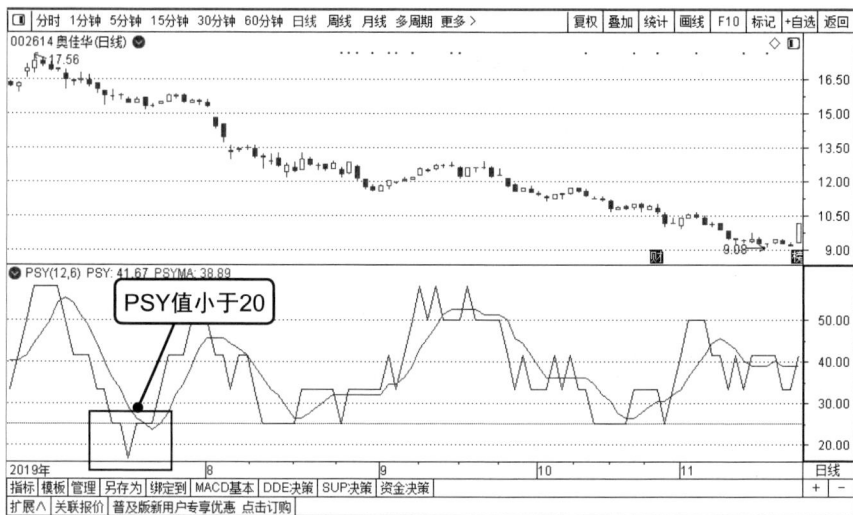

图 2-53　奥佳华 2019 年 7 月至 11 月的 K 线走势

从图中可以看到，7 月 PSY 向下运行，7 月下旬运行至低位区域，PSY 值小于 20，出现买入信号点。但是后市股价却没有出现上涨行情，反而继续向下运行，股价大幅降低。

说明该位置不能判断为买入信号点，如何能提高 PSY 的判断准确性呢？这就必须要提到 W 形走势，它是超卖区常见的见底形态。

实例分析

ST 中南（002445）的 PSY 见底分析

图 2-54 所示为 ST 中南 2019 年 10 月至 12 月的 K 线走势。

从图中可以看到，PSY 随着股价下跌顺势下跌，跌至 20 值以下的低位区域，且在 11 月上旬 PSY 形成了一个明显的 W 形态，这是提高 PSY 见底判断准确性的有效方式。

在低位区域出现该形态可以准确判断其为有效买入点。

图 2-54　ST 中南 2019 年 10 月至 12 月的 K 线走势

2.4.6　PSY 的见顶时机

PSY 虽然也有超买判断法则，但也未必每一次都能判断正确，如图 2-55 所示。

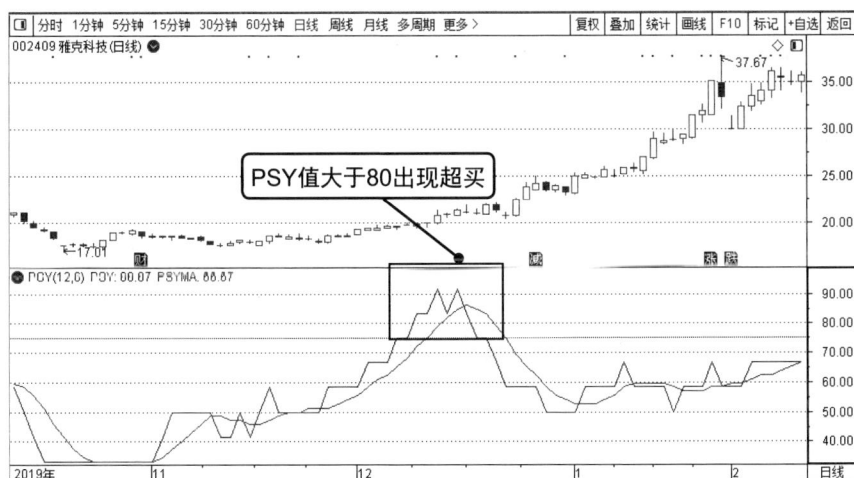

图 2-55　雅克科技 2019 年 10 月至 2020 年 2 月的 K 线走势

从图中可以看到，PSY 值大于 80，但是股价却没有出现预期的下跌，反而继续向上大幅拉升，因此该位置为假见顶信号卖出点。

如何才能提高其科学判断性呢？实际上 PSY 的 M 形走势是超买区常见的见顶形态，只是我们在实际使用时要结合股价所处位置来分析，如图 2-56 所示。

图 2-56 皇氏集团 2019 年 6 月至 10 月的 K 线走势

从图中可以看到，股价经过一段时间的运行上升至相对高位区域，且 6 月下旬 PSY 向上运行并达到 75 值，且形成明显的 M 形态，这是提高见顶信号准确性的有效方式，出现该形态后股价下跌。

2.5 赚钱就在超买卖点型

前面也提及了，如果用趋势、轨迹和能量寻找短线买卖点是有效的，但这种有效性是建立在大势变化上的。如果不是在大势变化的情况下，如何能够寻找到短线买卖点呢？

只有了解了下面的内容后，这一问题才会迎刃而解，在超买卖点型中包括 KDJ、WR 和 ROC 这三个指标。

2.5.1　KDJ 指标

随机指标 KDJ 通过一个特定的周期（常为 9 日、9 周等）内出现过的最高价、最低价和最后一个计算周期的收盘价及这三者之间的比例关系来计算最后一个计算周期的未成熟随机值 RSV。

然后根据平滑移动平均线的方法来计算 K 线、D 线与 J 线，并绘成曲线图来研判股票走势，KDJ 指标也有三大运用原则，如图 2-57 所示。

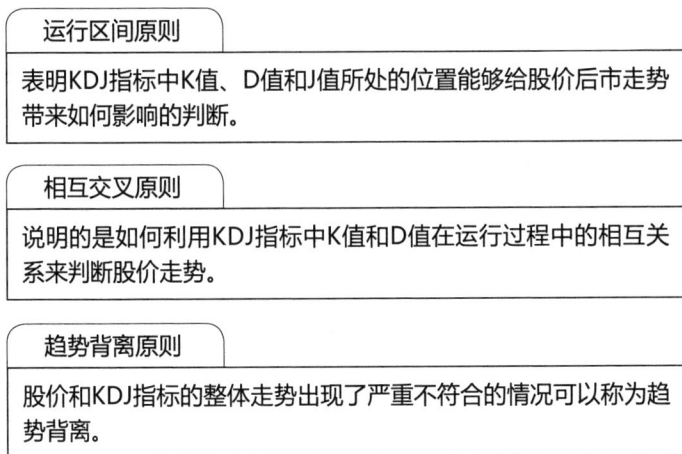

运行区间原则

表明KDJ指标中K值、D值和J值所处的位置能够给股价后市走势带来如何影响的判断。

相互交叉原则

说明的是如何利用KDJ指标中K值和D值在运行过程中的相互关系来判断股价走势。

趋势背离原则

股价和KDJ指标的整体走势出现了严重不符合的情况可以称为趋势背离。

图 2-57　KDJ 的三大运用原则

拓展知识　*随机指标的产生*

随机指标 KDJ 最早是以 KD 指标的形式出现，而 KD 指标是在威廉指标的基础上发展起来的。不过威廉指标只判断股票的超买超卖的现象，在 KDJ 指标中则融合了移动平均线速度上的观念，形成比较准确的买卖信号依据。在实践中，K 线与 D 线配合 J 线组成 KDJ 指标来使用。由于 KDJ 线本质上是一个随机波动的概念，所以其对于掌握中短期行情走势比较准确。

　　KDJ 指标的判断方式和 MACD 指标有十分相似的地方，但 KDJ 指标也的确有十分突出的地方值得投资者研究，KDJ 指标的变化是十分快的，如图 2-58 所示。

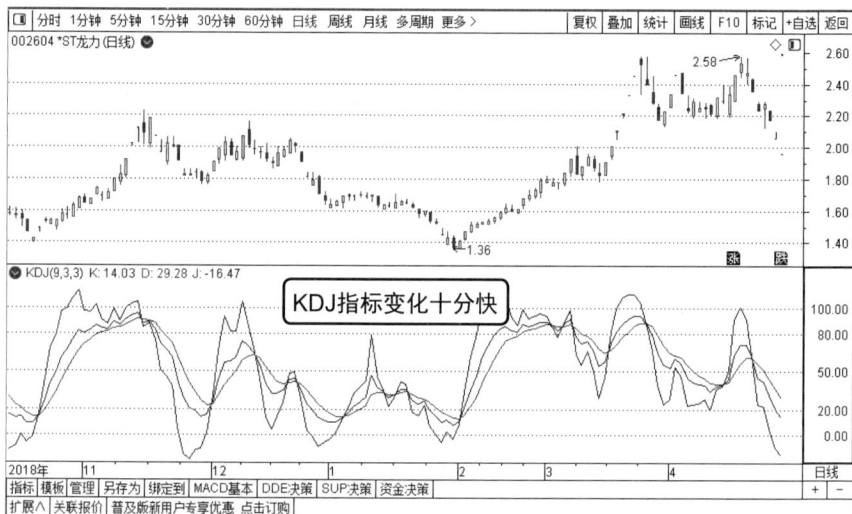

图 2-58　*ST 龙力 2018 年 10 月至 2019 年 4 月的 K 线走势

　　从图中可以看出，KDJ 在短短 2 月到 4 月的时间内，变化不断，因而买卖时机也就不同，这是 MACD 等大势指标无法企及的。

1. 运行区间原则

运行区间原则大致有三个方面的内容。

◆　K 线是快速确认线，数值在 90 以上为超买，数值在 10 以下为超卖。

◆　D 线是慢速主干线，数值在 80 以上为超买，数值在 20 以下为超卖。

◆　KDJ 波动于 50 左右的任何信号，其作用不大。

实例分析

深大通（000038）的运行区间原则分析

　　图 2-59 所示为深大通 2019 年 8 月至 11 月的 K 线走势。

图 2-59　深大通 2019 年 8 月至 11 月的 K 线走势

从图中可以看出，在 A、B 两个位置是十分明显的运行区间买点和卖点，A 位置的 K 线和 D 线在 20 以下，而 B 位置的 K 线和 D 线在 80 以上，同时股价的涨跌也和它们基本一样。但如果不是在这个区间内形成低点，是否具备买入价值呢？如果不是在这个区间内形成的高点，是否具备卖出价值呢？如图 2-60 所示。

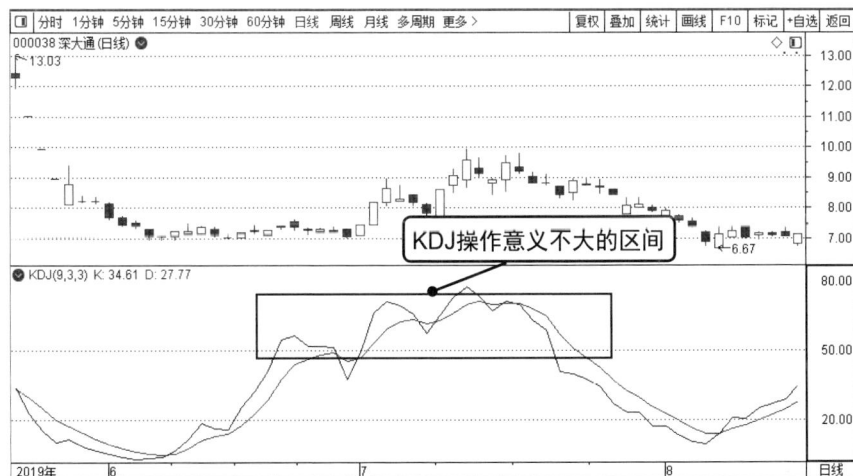

图 2-60　深大通 2019 年 5 月至 8 月的 K 线走势

从图中可以看出，该股在不断上涨的过程中，K线和D线基本在50～80范围内波动，此时不具备任何判断上涨或者下跌的可能。

这种情况下，股价到底是涨还是跌还需要依据其他技术指标分析，而且这一阶段股价虽然继续上涨，但基本处于盘整微微上升，也没有多大的买入或者卖出的可能，就算存在机会，也是相当不好把握的。

2. 相互交叉原则

相互交叉原则和MACD指标中DIF线和DEA线的交叉原则十分相近，其判断依据如下。

- **买进的信号**：当K线和D线在20以下交叉，K线向上突破D线，此时的短期买入的信号较为准确。
- **卖出的信号**：当K线和D线在80以上交叉，K线向下突破D线，此时的短期卖出的信号较为准确。

实例分析

中兴通讯（000063）的相互交叉原则分析

图2-61所示为中兴通讯2019年10月至2020年2月的K线走势。

图2-61　中兴通讯2019年10月至2020年2月的K线走势

从图中可以看出，该股前期一路下跌后在 30 元价位线左右出现一次触底，此时 K 线和 D 线在 20 以下交汇，K 线上穿 D 线形成买入信号，投资者把握到了这一点就可以迅速买入该股。

3. 趋势背离原则

趋势背离原则和 MACD 指标的背离原则有一定的相同之处，但又有所差别。MACD 指标的背离是 DIF 线和 DEA 线的走势和股价走势的不同，而 KDJ 指标中的背离具体如下所示。

- **底背离**：K 线中股价的总体运行方向向下，而 KDJ 指标的 KD 值总体运行方向却并没有下跌，甚至有所上涨，形成 KDJ 指标与股价的底背离。
- **顶背离**：K 线中股价的总体运行方向向上，而 KDJ 指标的 KD 值总体运行方向却并没有上涨，甚至有所下跌，形成 KDJ 指标与股价的顶背离。

实例分析

藏格控股（000408）的底背离原则分析

图 2-62 所示为藏格控股 2019 年 3 月至 8 月的 K 线走势。

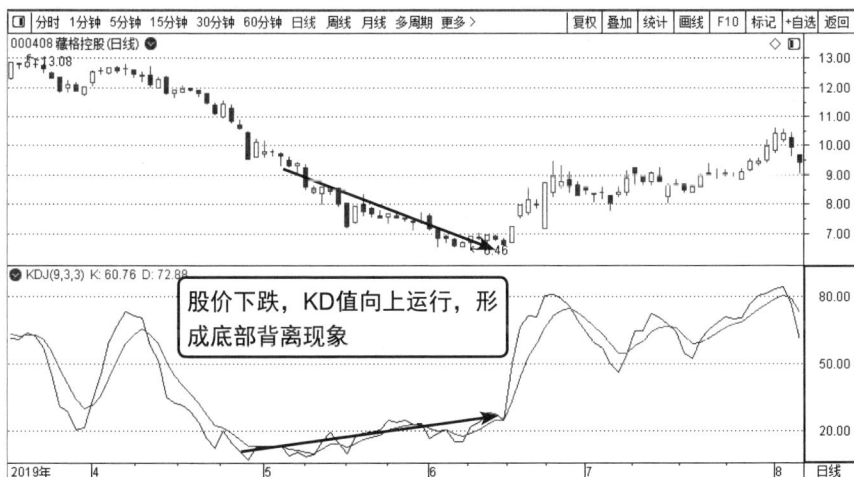

图 2-62　藏格控股 2019 年 3 月至 8 月的 K 线走势

从图中可以看出，该股前期表现下跌走势，股价不断走低。但5月初至6月中旬的这段时间,KDJ指标的KD值却一改之前的跌势转而向上运行，与股价形成底部背离现象，预示着短线有反弹的迹象。

实例分析

胜利股份（000407）的顶背离原则分析

图2-63所示为胜利股份2019年2月至7月的K线走势。

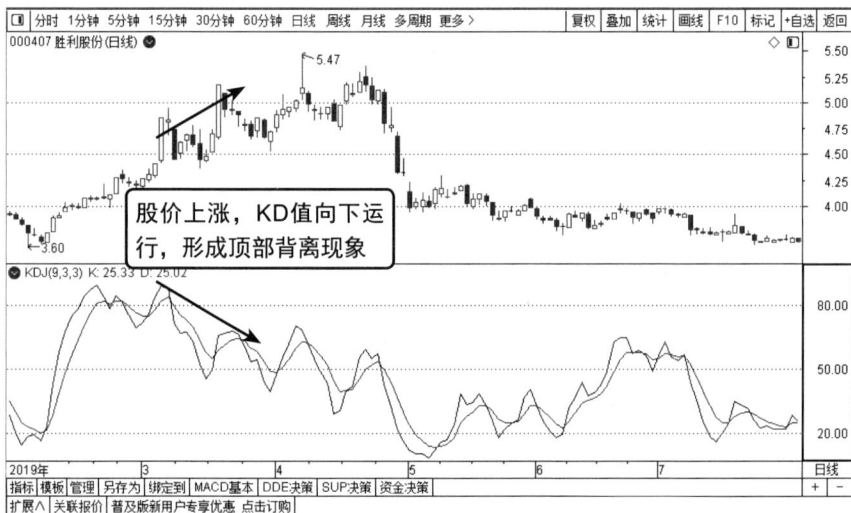

图 2-63　胜利股份 2019 年 2 月至 7 月的 K 线走势

从图中可以看到，该股股价前期表现上涨行情，股价不断走高，但从3月初开始，KDJ指标的KD值便改变了原本的运行方向，掉头向下运行，与股价形成顶部背离现象，说明此时为短线获利出局的好机会。

2.5.2　利用敏感 J 线准确判断短线机会

J线为方向敏感线，当J值大于100，特别是连续5天以上，股价至少会形成短期头部，此时是卖出股票的恰当时机。

实例分析

ST 慧球（600556）的 J 线判断卖点分析

图 2-64 所示为 ST 慧球 2019 年 10 月至 2020 年 2 月的 K 线走势。

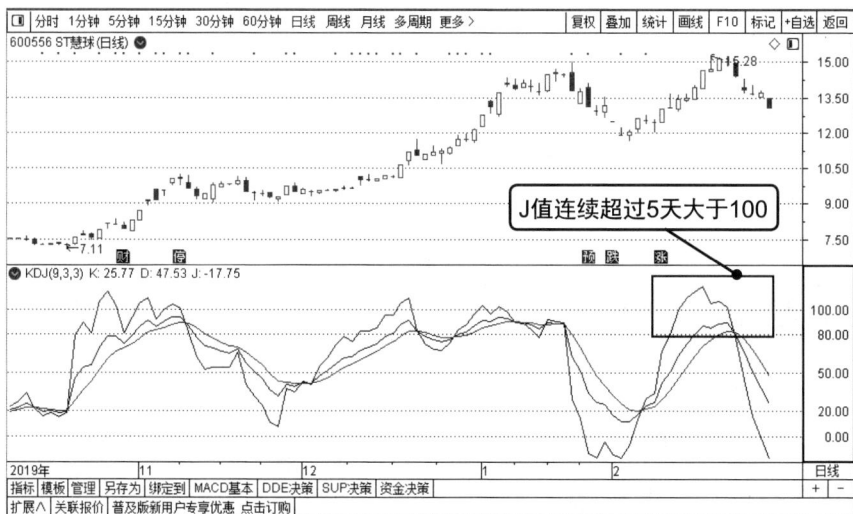

图 2-64　ST 慧球 2019 年 10 月至 2020 年 2 月的 K 线走势

从图中可以看到，该股前期经过了一波大幅上涨行情，股价在 1 月中旬止涨回调，随后继续上涨。但是仔细观察可以发现，此次上涨的动力已经十分微弱了，为了判断后市是否能够继续上涨，我们先查看 KDJ 指标。

发现 KDJ 指标的 J 值大于 100，并且已经超过 5 天了，说明后市下跌回调的可能性较大，所以投资者应及时抛售。

反之，当 J 值小于 0 时，特别是连续数天以上，股价至少会形成短期底部，此时只要买进并合理观察盘面，就会有所收获。

实例分析

神开股份（002278）的 J 线判断买点分析

图 2-65 所示为神开股份 2019 年 10 月至 2020 年 1 月的 K 线走势。

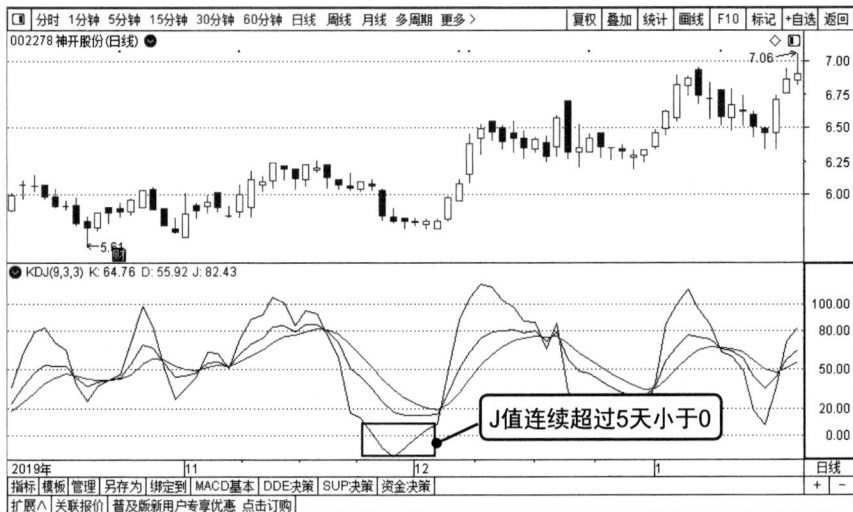

图 2-65 神开股份 2019 年 10 月至 2020 年 1 月的 K 线走势

从图中可以看出，该股表现震荡走势在 11 月中旬上涨到 6.25 元左右后出现向下调整，此时 J 值下降得特别快，股价在 5.5 元附近横盘的时间里，J 值连续几天停留在 0 值以下，这说明短线的买点已经到来，随后股价出现了上涨走势。

2.5.3　50 区间的 KD 特殊判断短线

前面已经提到了 KD 的运行区间在 20 ~ 80 的意义不大，但并非所有的情况都如此，本节将介绍 KD 的特殊判读短线方法。

◆ 如果 K 线和 D 线在 50 以下 20 以上，由下向上接连两次上穿 D 值，形成右底比左底高的 W 底形态时，后市股价可能会有不错的涨幅。

◆ 如果 K 线和 D 线在 50 以上 80 以下，由上向下接连两次下穿 D 值，形成右头比左头低的 M 头形态时，后市股价可能会有不少的跌幅。

实例分析

凤形股份（002760）的KD出现W底形态

图 2-66 所示为凤形股份 2019 年 9 月至 2020 年 1 月的 K 线走势。

图 2-66　凤形股份 2019 年 9 月至 2020 年 1 月的 K 线走势

从图中可以看出，该股在 2019 年 11 月中旬第一次 K 线和 D 线交叉后不久又第二次交叉，随后该股大涨，逼近前期高点。

实例分析

南大光电（300346）的KD出现M头形态

图 2-67 所示为南大光电 2019 年 8 月至 11 月的 K 线走势。

从图中可以看出，该股股价 15 元上方形成重重阻力，K 线和 D 线在 50 上方也是整理态势，K 线两度击穿 D 线，形成强有力的 M 头形态，这是卖出的强烈信号，提示投资者尽快出逃，后市可能会出现一波下跌行情。

图 2-67　南大光电 2019 年 8 月至 11 月的 K 线走势

2.5.4　WR 指标

　　WR 指标的含义是当天的收盘价在过去一段时间的全部价格范围内所处的相对位置，是一种兼具超买超卖和强弱分界的指标，它主要的作用在于辅助其他指标确认信号。

拓展知识　*WR 的产生*

　　威廉（WR）指标是美国著名投资家威廉·姆斯研究创立的反趋向指标，全名为"威廉氏超买超卖指标"，它是一个随机性很强的波动指标，属于分析市场短线买卖走势的技术指标。它是以 N 日内市场空方的力道 (H–C) 与多空总力道 (H–L) 之比来研判市势。

　　WR 指标以 50 为中轴线，高于 50 视为股价转强；低于 50 视为股价转弱，如图 2-68 所示。

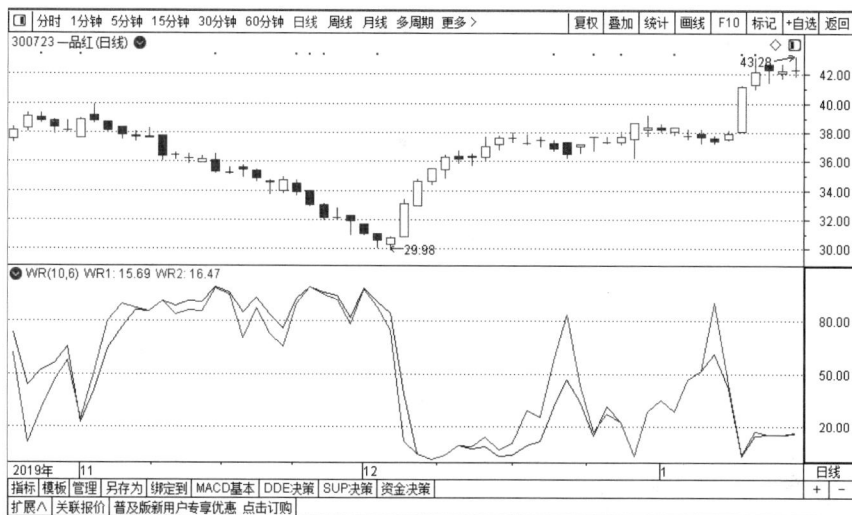

图 2-68　WR 实战指标

WR 指标有两大研判原则，分别是绝对取值原则和曲线形状原则。

1. 绝对值原则

绝对取值原则是指 WR 指标在高于 80 和低于 20 的关系：

◆　当 WR 高于 80，即处于超卖状态，行情即将见底，应当考虑买进。

◆　当 WR 低于 20，即处于超买状态，行情即将见顶，应当考虑卖出。

实例分析

溢多利（300381）的绝对值原则分析

图 2-69 所示为溢多利 2019 年 10 月至 2020 年 2 月的 K 线走势。

从图中可以看出，该股在图中多个位置均符合绝对值的原则，股价随着 WR 的变化而变化。位置 A 中 WR 高于 80，处于超卖状态，行情即将见底，可以考虑适当买进。位置 B 中 WR 低于 20，即处于超买状态，行情即将见顶，应当考虑卖出。

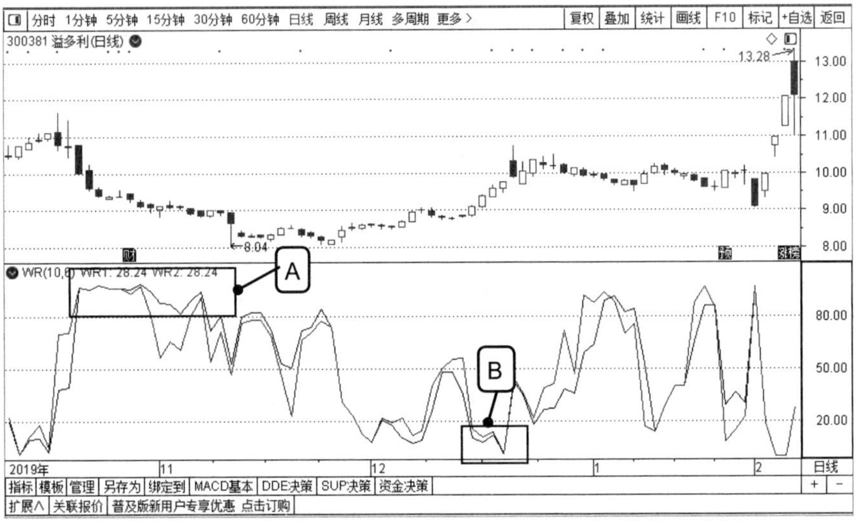

图 2-69　溢多利 2019 年 10 月至 2020 年 2 月的 K 线走势

2. 曲线形状原则

曲线形状原则又可以称为背离原则，只是换一种说法而已。

◆ 在 WR 进入高位后，一般要回头，如果股价继续上升就产生了背离，
　　是卖出信号。

◆ 在 WR 进入低位后，一般要反弹，如果股价继续下降就产生了背离，
　　是买进信号。

实例分析

嘉麟杰（002486）的曲线形状原则分析

图 2-70 所示为嘉麟杰 2019 年 9 月至 2020 年 1 月的 K 线走势。

从图中可以看出，2019 年 9 月，K 线中的股价走势逐步升高，表现上涨，
而 WR 的走势逐步向下，低至 20 值以下，形成典型的顶背离现象。这是
比较强烈的卖出信号。

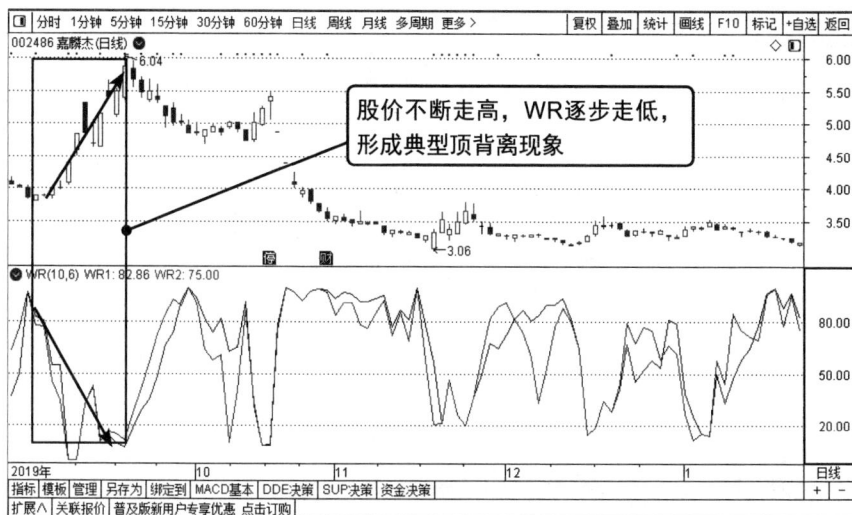

图 2-70　嘉麟杰 2019 年 9 月至 2020 年 1 月的 K 线走势

2.5.5　WR 的连续精确短线

因为 WR 的变化过于迅速，所以有时候要确定短线买卖点以 WR 在判断区间多次反复为准。如果 WR 连续触底 3 ~ 4 次，股价向下反转概率大；连续触顶 3 ~ 4 次，股价向上反转概率大。

实例分析

奥佳华（002614）的连续精确短线分析

图 2-71 所示为奥佳华 2019 年 9 月至 2020 年 1 月的 K 线走势。

从图中可以看出，在 9 元附近的时候，WR 指标连续在 80 值以上，股价逐级触底，随后走出一波上涨，而 WR 第一次在 80 值的时候，股价也就是 9.4 元，随后几天股价在这个区间震荡，并最后一跌，因此首次 WR 在 80 值的时候并不一定是买点。

图 2-71　奥佳华 2019 年 9 月至 2020 年 1 月的 K 线走势

2.5.6　WR 和 MACD 短线相得益彰

WR 指标是最好的辅助指标，这对于弥补 MACD 指标是有很大帮助的。WR 指标表示超买或超卖时，应立即寻求 MACD 指标信号支援。

当 WR 指标表示超买时，应作为一种预警效果再看 MACD 指标是否产生 DIF 线向下交叉 DEA 线的卖出信号，一律以 MACD 指标的信号为卖出的时机。相反的，WR 进入超卖区时，也是同样的道理。

实例分析

再升科技（603601）的 WR 和 MACD 配合

图 2-72 所示为再升科技 2019 年 9 月至 2020 年 1 月的 K 线走势。

从图中可以看出，该股在 11 月初时，股价继续下跌，WR 进入超卖区间，而同时 MACD 运行方向并未改变，还顺着股价的下跌继续下跌。

图 2-72　再升科技 2019 年 9 月至 2020 年 1 月的 K 线走势

此时是否能够马上判断呢？不是的，应该等着 MACD 指标走出金叉后再买入是最为稳妥的，也是最准确的判断方式，即在 11 月中旬 MACD 指标出现金叉时买进。

这种将 WR 指标和 MACD 指标结合是技术分析中最为常用的方式，也是克服两种技术缺陷的最有效方式。

2.5.7　WR 和 RSI 短线相辅相成

先来认识什么是 RSI 指标和如何用 RSI 指标进行短线操作。

1. RSI 指标

RSI 指标又称为相对强弱指标，它是以数字计算的方法求出买卖双方的力量对比。在正常的股市中，要想股价稳定，买卖双方的力道必须均衡，但是无论股市如何变化，RSI 指标均在 0 ～ 100 变动。

一般而言，RSI 指标的数值在 80 以上和 20 以下为超买超卖区的分界线。

◆ 当 RSI 值超过 80 时，则表示整个市场力度过强，多方力量远大于空方力量，双方力量对比悬殊，多方大胜，市场处于超买状态，后续行情有可能出现回调或转势。此时，投资者可卖出股票。

◆ 当 RSI 值低于 20 时，则表示市场上卖盘多于买盘，空方力量强于多方力量，空方大举进攻后，市场下跌的幅度过大，已处于超卖状态，股价可能出现反弹或转势，投资者可适量建仓、买入股票。

实例分析

格力地产（600185）的 RSI 指标判断分析

图 2-73 所示为格力地产 2019 年 7 月至 11 月的 K 线走势。

图 2-73　格力地产 2019 年 7 月至 11 月的 K 线走势

从图中可以看出，该股的 RSI 指标在 80 以上的时候基本上是处于高位，而在 20 以下的时候就可以被认为是买入信号，股价开始上涨。

2. 用 WR 辅助 RSI

那么，WR 指标的作用就在于可以辅助 RSI 指标确认市场强转弱或者弱转强是否可靠。

RSI 向上穿越 50 阴阳分界时，要看 WR 是否也同样向下穿越 50，如果相反则可靠，如果相同则应另行考虑。相反的，RSI 向下穿越 50 时，也是同样的道理。

需要比较两者是否同步时，其设定的参数必须是相对的比例，一般为：WR 的 5 日、10 日、20 日对应 RSI 的 6 日、12 日、24 日，但是读者可以依照自己的测试结果，自行调整其最佳对应比例。

实例分析

一品红（300723）的 WR 与 RSI 配合

图 2-74 所示为一品红 2019 年 9 月至 2020 年 2 月的 K 线走势。

图 2-74　一品红 2019 年 9 月至 2020 年 2 月的 K 线走势

从图中可以看出，该股在 30 元附近有可能出现底部行情，此时 RSI 接近 20 值，而 WR 也已经在 80 以上多日，说明多空力量正在逐渐发生变化，多头马上发力，实际上股价也是从 29.98 元开始上涨到 47.87 元。

2.5.8 ROC 指标

ROC 指标又叫变动率指标，是以当日的收盘价和 N 天前的收盘价比较，通过计算股价某一段时间内收盘价变动的比例，应用价格的移动比较来测量价位动量，达到事先探测股价买卖供需力量的强弱，进而分析股价的趋势及其是否有转势的意愿，属于反趋向的指标之一。

N 的参数一般采用 12 天及 25 天作为间隔周期，计算 ROC 的 M 日移动平均线 ROCMA 时，M 的参数一般采用 6 天。

ROC 的判断原则也有三个，分别是多空趋势原则、超买超卖原则和股价关系原则。

1. 多空趋势原则

多空趋势是指 ROC 能够预测多头和空头能量，从而判断股价走势。

◆ ROC 向上突破 0 线，进入强势区域，表示多方力量十分强盛是买入信号。

◆ ROC 向下跌破 0 线，进入弱势区域，表示空方做空动力强大是卖出信号。

实例分析

易明医药（002826）的 ROC 多空趋势原则

图 2-75 所示为易明医药 2019 年 10 月至 2020 年 2 月的 K 线走势。

从图中可以看出，该股在 2019 年 11 月上旬 ROC 由上向下跌破 0 线，随后股价出现下跌调整。在 2019 年 12 月上旬 ROC 由下向上突破 ROC 0 线，股价出现了小幅的反弹行情。

说明通过 ROC 突破 0 线能够预测多头和空头能量。

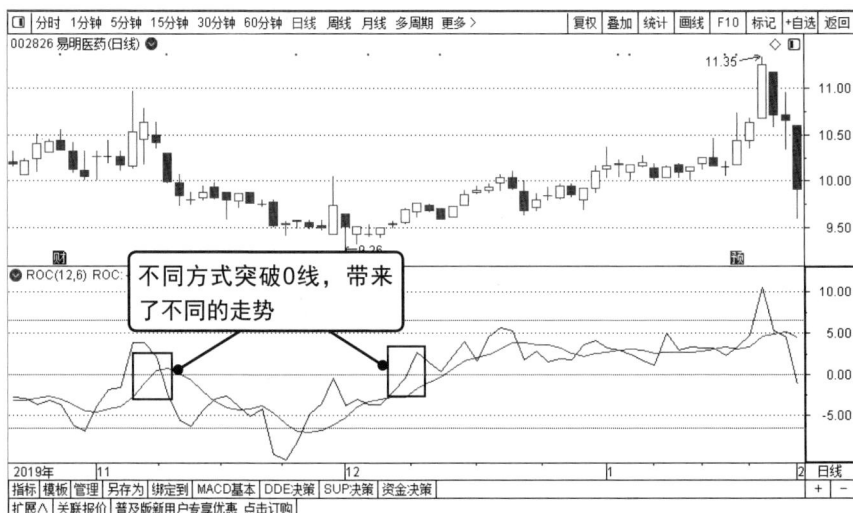

图 2-75　易明医药 2019 年 10 月至 2020 年 2 月的 K 线走势

2. 超买超卖原则

ROC 不会永远上升，也不会永远下跌。当 ROC 上升到极高位置时，指标达到超买水平，产生卖出信号。当 ROC 下降到极低位置时，指标达到超卖水平，产生买入信号。

实例分析

*ST 信通（600289）的 ROC 超买超卖原则

图 2-76 所示为 *ST 信通 2019 年 8 月至 11 月的 K 线走势。

从图中可以看出，在下跌的阶段，ROC 总是在 15 附近形成超买信号，而在 −15 左右形成超卖信号。

由此可以判断出该股的大致 ROC 超买超卖信号位置，如图中的 A、B 位置。这样对于后期预测该股是十分有帮助的。

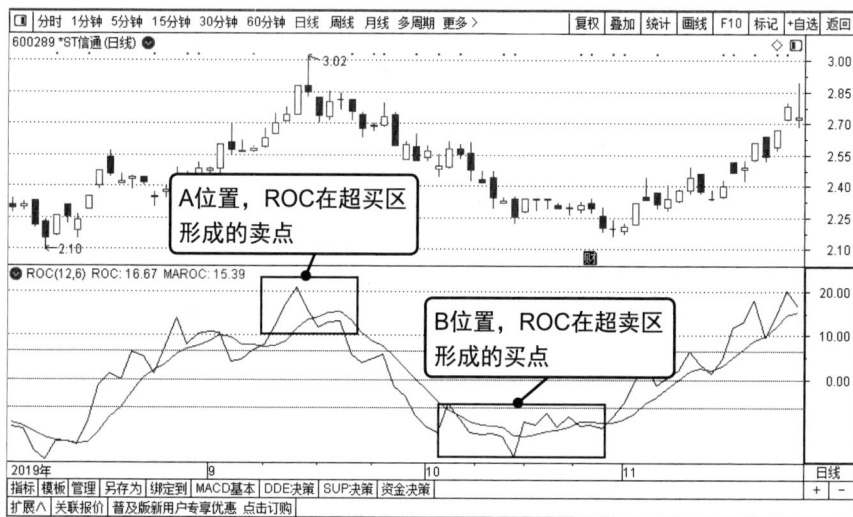

图 2-76　*ST 信通 2019 年 8 月至 11 月的 K 线走势

拓展知识　为什么不能确定超卖超买的决定区间

　　对于 ROC 的超买超卖研判技巧，几乎所有人都把 ROC 的波动区间定格为 ±6.5 之间，超过 +6.5 以上的是超买，低于 −6.5 以下的是超卖，这是不对的。由于个股的盘子大小，股价波动特性的活跃和呆滞不同，个人操作周期的长短，行情的大小不同等，会造成超买之后还超买，超卖之后更超卖的结果，从而造成任何人为设定的统一的 ROC 超买超卖极限值的做法都是徒劳无功的。

3. 股价关系原则

ROC 和股价的关系大致可以分为同步和背离两种状态。

◆ **同步**：股价与 ROC 从低位同步上升，表示短期有望触底反弹或短期股价会有继续上涨趋势；股价与 ROC 从高位同时下降，表示短期警惕做头回落或短期股价会有继续下跌趋势。

◆ **背离**：当股价创新高时，ROC 未配合上升，不能创新高，出现背离，表示上涨动能减弱，头部正在形成；当股价创新低时，ROC 未配合下降，不能创新低，出现背离，显示下跌动能减弱，底部正在形成。

实例分析

ST安通（600179）的ROC和股价原则

图2-77所示为ST安通2019年7月至11月的K线走势。

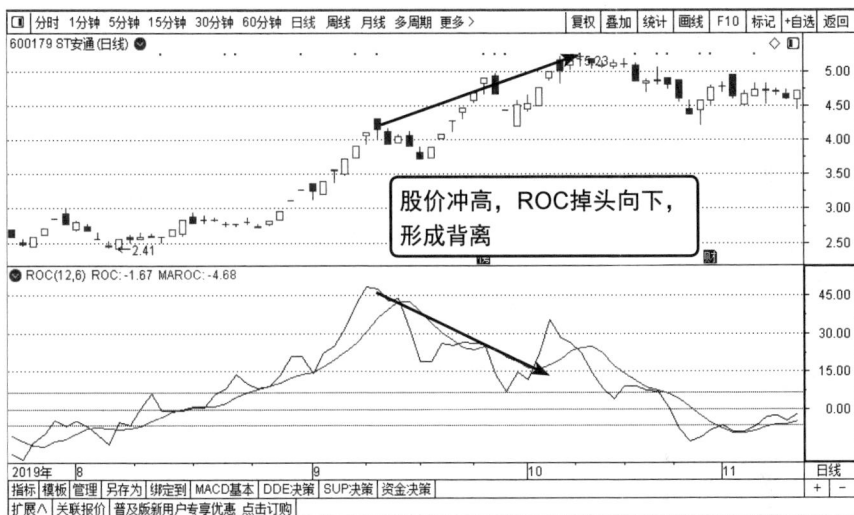

图2-77 ST安通2019年7月至11月的K线走势

从图中可以看出，该股从4元位置继续向上冲高时，ROC已经无法创出新高了，转而向下运行，股价与ROC形成背离，后市股价出现小幅下跌。

图2-78所示为ST安通2019年9月至2020年1月的K线走势。

从图中可以看出，股价的涨跌和ROC的涨跌几乎一致，股价上涨ROC也表现上涨，股价下跌ROC也表现下跌。这样的走势使得其间的买卖点也很容易抓住，只要ROC上涨就能够带动股价上涨，而ROC下跌就是股价调整的时候。

图 2-78　ST 安通 2019 年 9 月至 2020 年 1 月的 K 线走势

第 **3** 章

浇水有道：短线盘面分析

认识了短线的基础知识和技术后，摆在股民面前的是如何能够有效地实施短线操作。根据短线操作的特点，我们可以发现，短线的第一"战场"在盘面，一切都是从盘面开始的，因此本章将介绍盘面的相关知识。

我们都知道利用股票技术分析可以比较准确地把握短线操作的良机，但到底何时买入又在何时卖出在前面一章只是一个空泛的概念，图 3-1 所示为海王生物（000078）2019 年 8 月至 2020 年 2 月的 K 线走势。

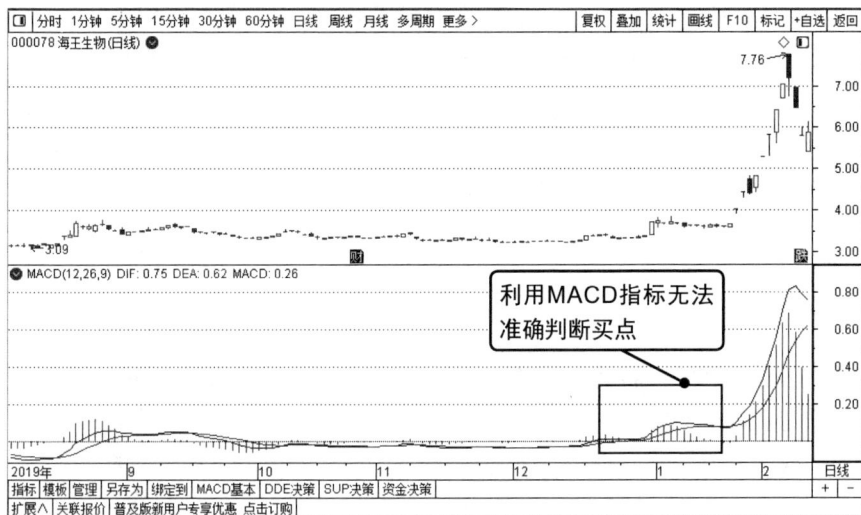

图 3-1　海王生物 2019 年 8 月至 2020 年 2 月的 K 线走势

从图中可以看出，该股在 2020 年 1 月初开始了一波上涨，此时观察 MACD 指标却是另外一番景象。MACD 指标的 DIF 线和 DEA 线并没有明确的交叉变化，红柱线虽然有放大但是放大的程度却不高。

如果说 3.4 元附近是一个局部买点，那么此时如果仅仅利用 MACD 指标是无法判断的，当然这和 MACD 固有的缺陷有关。

如果投资者认准了 3.4 元是一个可能买点，那么如何确定呢？

其实还可以通过观察盘面来大致判断，图 3-2 所示为海王生物 2019 年 12 月 31 日和 2020 年 1 月 2 日的分时图。

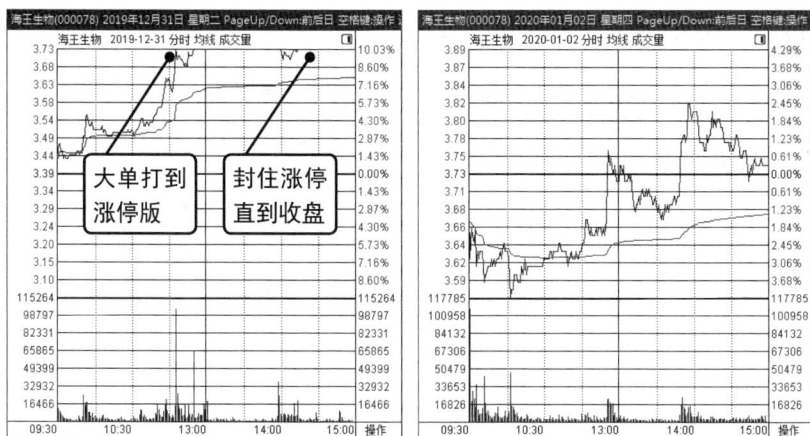

图 3-2　海王生物 2019 年 12 月 31 日和 2020 年 1 月 2 日的分时图

　　从图中可以看到，2019 年 12 月 31 日股价大单冲高被拉到涨停后短暂封住涨停后打开，但很快再次封住涨停直到收盘，说明有主力资金正在介入。下一个交易日，股价开盘后逐步向上稳定攀升，每一次的拉升都有成交量作为支撑，尾盘时主力刻意打压股价至当天开盘价附近，避免引起市场注意。说明该股市场内有主力资金介入做多，意向明确，后市看涨。

　　在这里还可以分析均价线的作用等，这些都是本章要介绍给投资者的内容，盘面是决定短线操作的关键因素，不可不察。

3.1　点睛分时图知识

　　任何一个短线投资高手，不管多么忙、多么辛苦，一定要对盘面知识了若指掌，而盘面知识细数起来那就相当繁杂，要想在短时间获利，则必须懂得归纳总结。因此，我们准备了分时图知识的点睛内容奉献给广大的投资者，希望能够利用这个平台把盘面消息一网打尽。

3.1.1 短线中分时图的盘口信息

打开炒股分析软件，点击任何一只个股出现的分时图都是一个界面，图 3-3 所示为深圳机场（000089）2019 年 12 月 18 日的分时图。

图 3-3 深圳机场 2019 年 12 月 18 日的分时图

这张图由两个部分构成，第一部分位于左侧，在图中用①表示，第二部分位于右侧，用②表示。

①表示的就是即时盘口信息，简称为盘口信息，包括图 3-4 所示的三个部分

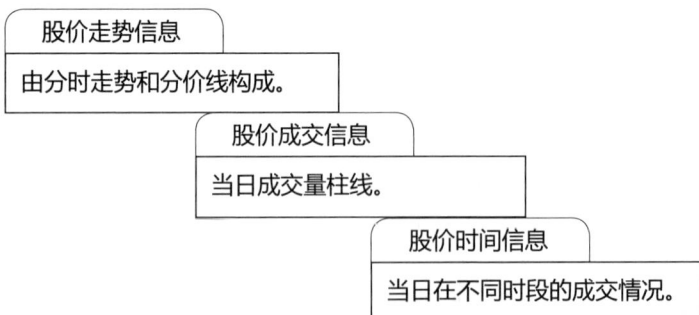

股价走势信息
由分时走势和分价线构成。

股价成交信息
当日成交量柱线。

股价时间信息
当日在不同时段的成交情况。

图 3-4 盘口信息

在实战中，盘口信息位置的分布如图 3-5 所示。

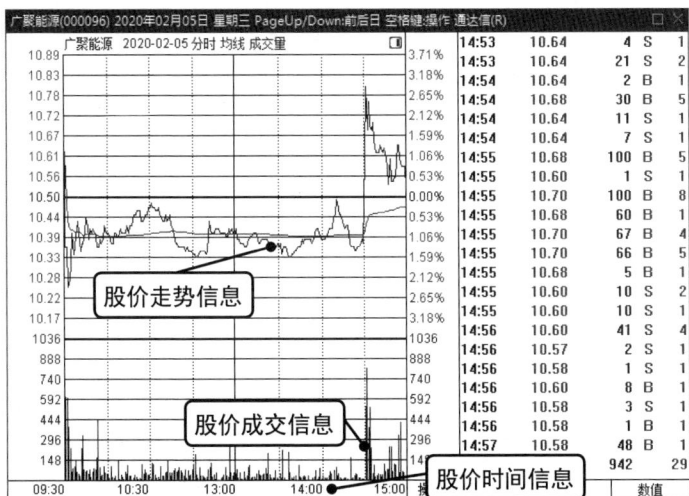

图 3-5　盘口信息位置分布

②表示的就是盘口语言，是解释一些盘口信息的重要数据，下面将进行重点介绍。

3.1.2　短线中分时图的盘口语言

在图 3-4 中的第二部分从上到下有许多数据，这些数据称为解读盘口信息的语言，因此被称为盘口语言。这些盘口语言意义丰富，解读起来需要大费周章，在此用一张表格列出来，如表 3-1 所示。

拓展知识　*看庄盘口口诀*

　　开盘语言精要：大单成交方向。收盘语言精要：大单成交速度。洗盘语言精要：大单挂而不交。出货语言精要：大单交而不挂。

表 3-1　盘口语言整理

分类	名称	重要提示
挂单分析语言	委比	委比 =（委买手数－委卖手数）/（委买手数＋委卖手数）×100%。注意：委比是一个不断变化的数据，每一分钟的委比都不同，表示买卖双方力量的变化
	委差	交易报价中委买委卖是最优的买卖盘的提示，现在大家能够看到的是队列的前五位，即买 1 至 5，卖 1 至 5 的差值，是投资者意愿的体现，在一定程度上反映了价格的发展方向
	委卖量	现在所有个股委托卖出上 5 档手数相加的总和，在盘面中以 5 个委托显示
	委买量	现在所有个股委托买入下 5 档手数相加的总和，在盘面中以 5 个委托显示
成交分析语言	现价	当前成交的价格，也是指导买入和卖出的市价
	今开	今天开盘的价格，在每个交易日的 9:25 确定出来，体现投资者对该股的基本态度
	涨跌、涨幅	和上一个交易日相比的涨跌程度，代表当日股票的基本表现
	最高、最低	当日成交中的最高成交价格和最低成交价格
	总量、内外盘	总量即是当日成交的数量（手表示），其计算公式为：总量 = 外盘 + 内盘，其中外盘是主动性买入成交的占比，内盘是主动性卖出成交的占比
	量比	量比是衡量相对成交量的指标，它是开市后每分钟的平均成交量与过去 5 个交易日每分钟平均成交量之比
	股本和换手	股本当前股票的总股本和流通股本，换手是当前成交量和流通股本的比

3.2　不同时间的盘面技巧分析

短线操作不仅在盘面的不同时间有一定的规律可循，而且在一些关键的技巧上也特别有章法可以摸索，下面内容将会给股民朋友进行一一展示。

3.2.1 不同开盘走势不同应对

每个交易日的开盘时间都是 9:30，但是开盘价却是在 9:25 确定的。开盘价的意义是和前一个交易日做比较确定的，不同的开盘走势有不同的对待方案，这是短线投资者必须要掌握的，如图 3-6 所示。

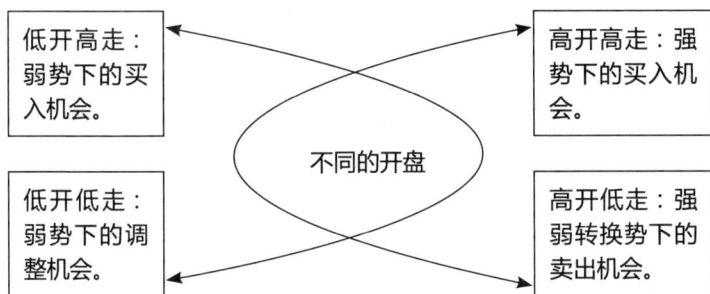

图 3-6　不同的开盘

在图 3-6 中的上面两种情况都是买入机会，而下面的两种情况都是卖出机会，图 3-7 和图 3-8 所示为 4 种开盘所处的位置和实战。

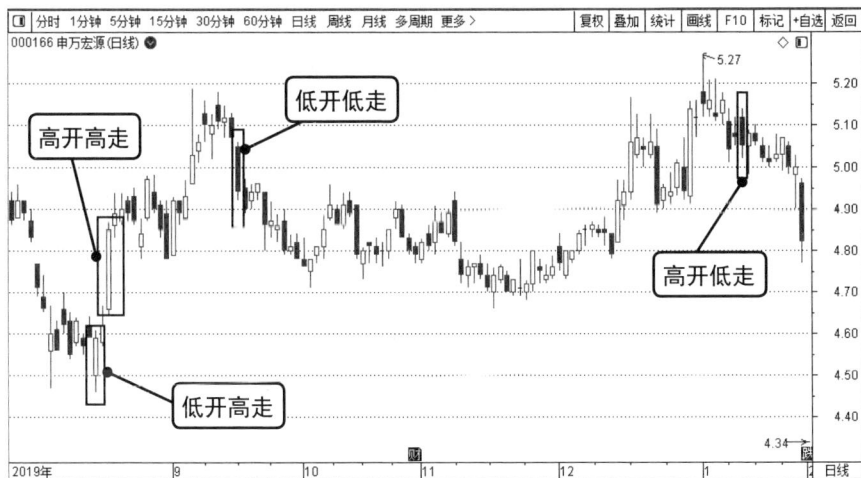

图 3-7　开盘的 4 种位置

图 3-8 开盘 4 种位置实战

1. 买入机会不可失：低开高走和高开高走

从盘面变化情况看，低开高走和高开高走都是短线买入的信号，低开高走意味着股价短线触底，随即展开上扬。而高开高走则代表股价趋势向好，主力拉升意愿强烈，甚至高走后就涨停，充分证明了其买入时机的来临。

实例分析

中兵红箭（000519）的低开高走和高开高走

图 3-9 所示为中兵红箭 2019 年 4 月至 8 月的 K 线走势。

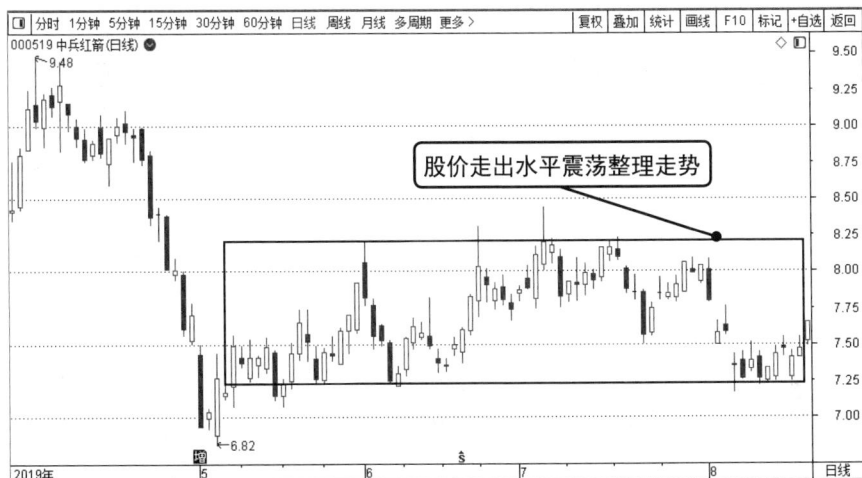

图 3-9　中兵红箭 2019 年 4 月至 8 月的 K 线走势

从图中可以看到，该股从 9.48 元附近开始下跌，跌至 6.82 元后止跌反弹，并在 7.25 元至 8.25 元范围内走出平台整理走势。随后股价在 8 月 15 日的走势能够有所突破则形成短期利好，如图 3-10 所示。

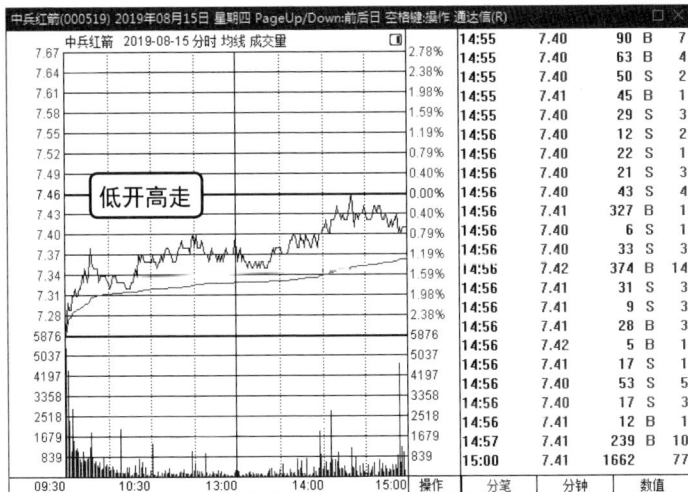

图 3-10　中兵红箭 2019 年 8 月 15 日的分时图

从图中可以看出，该股低开后跃起，股价呈现量价齐升的态势，之后该股走势如图 3-11 所示。

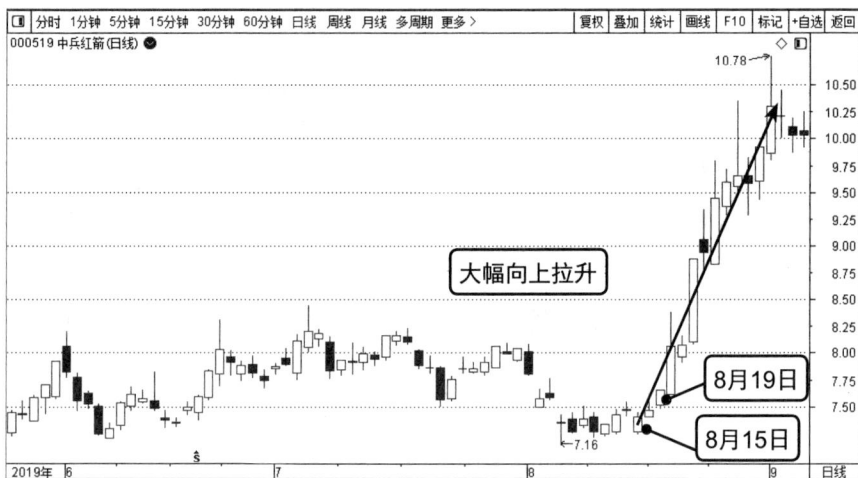

图 3-11 中兵红箭 2019 年 5 月至 9 月的 K 线走势

随后该股 K 线连续放出多根阳线，股价大幅拉升，半个月就上涨超过 40%，在连续上涨的这几天又出现，如图 3-12 所示的分时图。

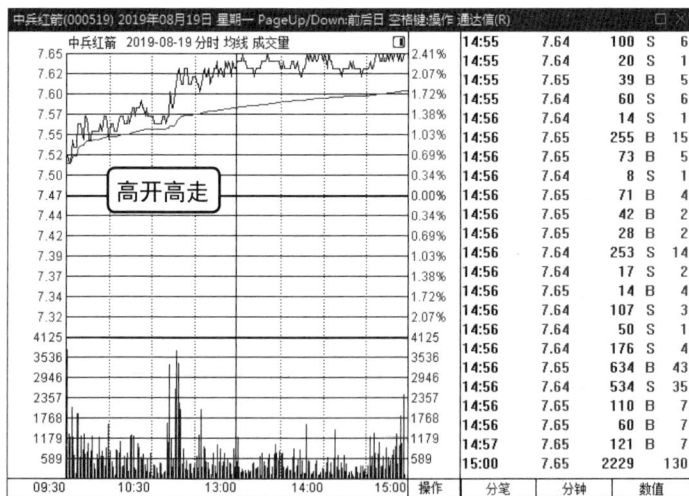

图 3-12 中兵红箭 2019 年 8 月 19 日的分时图

从图中可以看到，该股当日高开高走，涨势良好，如果投资者在 8 月
15 日未来得及买入，此时的高开高走就是一个良好的买入信号。

2. 卖出机会不可丢弃：低开低走和高开低走

低开后股价被打压，空方占据主导，此时卖出股票正是时候。如果是
高开后出现低走，则投资者必须引起高度警觉，一般而言这是多头丧失阵
地的前兆。

实例分析

粤电力 A（000539）的低开低走和高开低走

图 3-13 所示为粤电力 A 在 2018 年 10 月至 2019 年 4 月的 K 线走势。

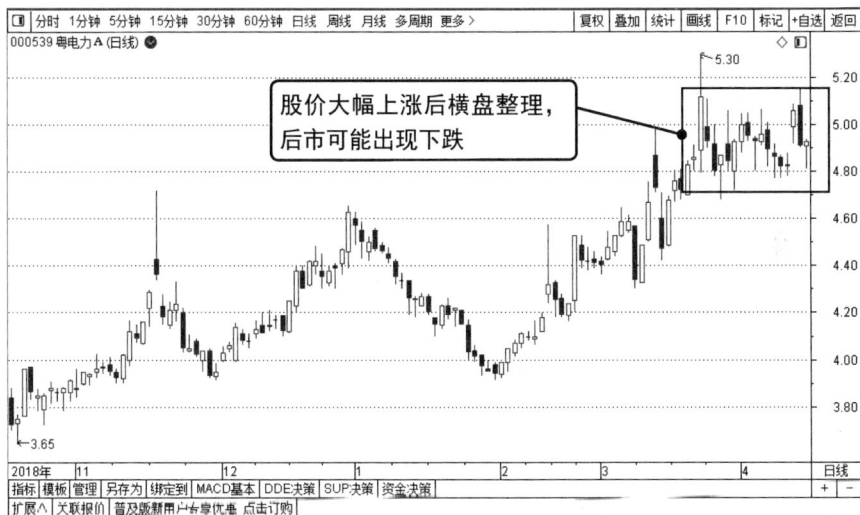

图 3-13　粤电力 A 在 2018 年 10 月至 2019 年 4 月的 K 线走势

从图中可以看出，该股表现为震荡向上的走势。股价从 3.65 元附近涨到
5.0 元附近，涨幅达到 36%。此时，股价开始横盘调整，股民心中开始彷徨。

但是投资者只要注意观察 4 月 15 日的盘面就能立刻知道该怎么办，
图 3-14 所示为粤电力 A 在 4 月 15 日的分时图。

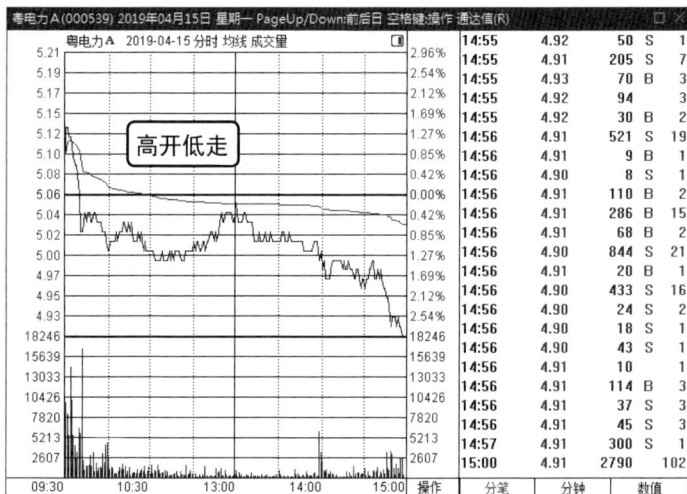

图 3-14　粤电力 A 在 4 月 15 日的分时图

从图中可以看出，股价高开后迅速被打压，此时抛售盘大量涌现，股价滑落进入无底洞，说明未来有一大波下跌，如图 3-15 所示。

图 3-15　粤电力 A 在 2019 年 3 月至 8 月的 K 线走势

从图中可以看出，股价在 5 元价位线上横盘调整但并未守住，在 4 月底跌破平台后不断下跌，到 8 月时下跌幅度已经达到 27%。在下跌过程中于 5 月至 6 月这段时间出现小平台整理情况，图 3-16 所示为小平台的某个交易日的分时图。

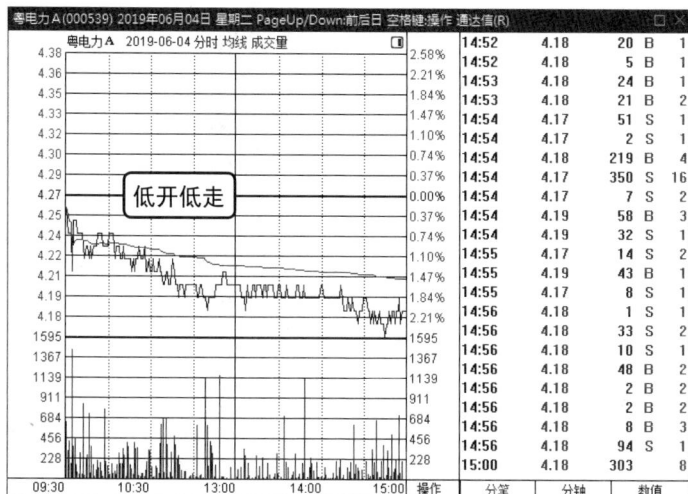

图3-16　粤电力A在6月4日的分时图

从图中可看出，该股在低开之后，迅速低走，全天表现出弱势。但是这种弱势整理的走势并不是反弹前的形态，投资者注意不要误入被套了。

3.2.2　盘中直线拉升和瞬间砸盘分析

在盘中情况的分析中最值得注意的就是直线拉升和瞬间砸盘，这是两个极端形式，通过对比两者出现的结果来判断是否具备短线机会。

1. 直线拉升

直线拉升顾名思义就是在盘中突然受到巨大买盘的推动，股价快速上涨的盘面形态。

实例分析

神州信息（000555）的直线拉升

图3-17所示为神州信息2019年12月26日的分时图。

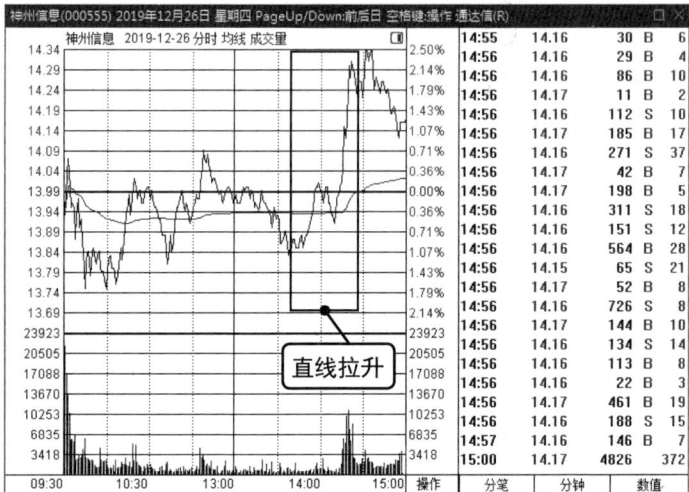

图 3-17　神州信息 2019 年 12 月 26 日的分时图

从图中可以看出，该股在开盘后一直表现震荡水平波动的走势，进入午盘后，在 13:30 左右便直线上升，走势凌厉，一举摆脱下跌危机，成功实现咸鱼翻生。

当出现这样大的直线拉升的时候，短线机会是否来临呢？在随后的几个交易日，该股接连出现上涨，从 14 元左右一路飙升到 17 元附近，涨幅超过 21%，如图 3-18 所示。

图 3-18　神州信息 2019 年 10 月至 2020 年 1 月的 K 线走势

2. 瞬间砸盘

瞬间砸盘的含义也十分清楚，在盘中股价突然被打压迅速走向了大跌深渊，这个时候如果短线投资者不及时洞悉，则很有可能损失过大。

实例分析

莱茵体育（000558）的瞬间砸盘

如图 3-19 所示为莱茵体育 2019 年 9 月 18 日的分时图。

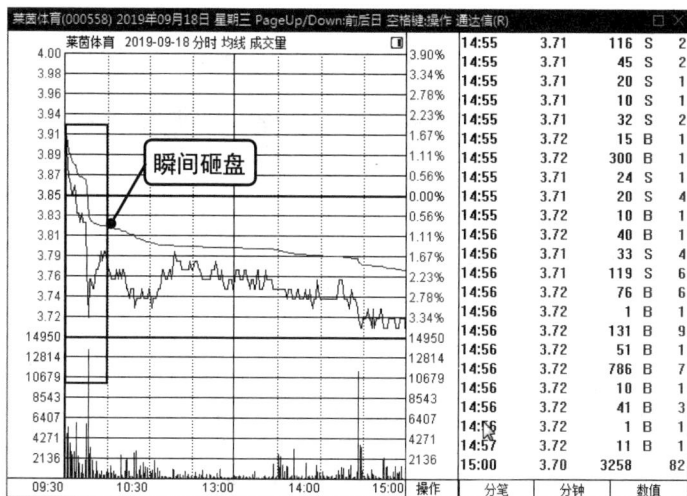

图 3-19　莱茵体育 2019 年 9 月 18 日的分时图

从图中可看出，该股开盘之后股价迅速遭遇大单砸盘，直线下跌的股价让投资者措手不及，而之后的走势更是让人特别揪心，如图 3-20 所示为莱茵体育 2019 年 8 月至 2020 年 1 月的 K 线走势。

从图中可以看出，该股在走出砸盘行情后股价迅速走出了一波下跌，股价从 3.8 元附近一直跌落到 3.1 元附近，下跌超 18%。

从短线上来看，如果此时不对自己持有的个股做调整，不放弃云内动力，就可能让自己深套其中。

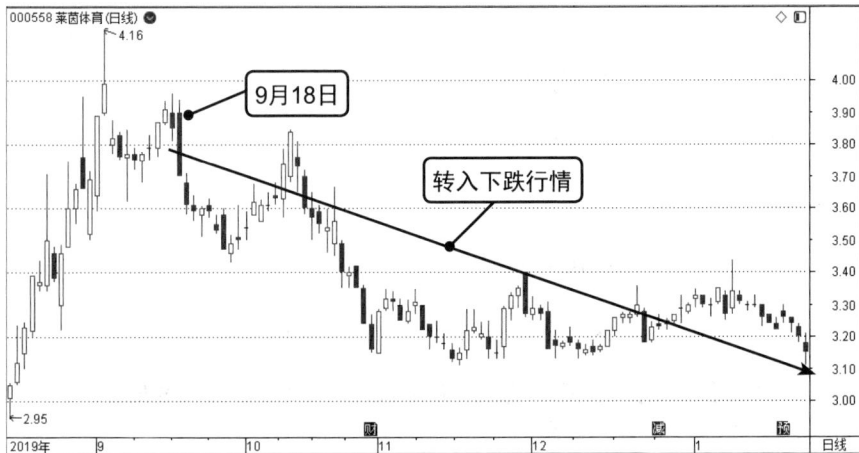

图 3-20 莱茵体育 2019 年 8 月至 2020 年 1 月的 K 线走势

3. 技法辨析

那么，在短线中我们应该如何判断直线拉升和瞬间砸盘的后期走势呢？结合分时均线就有参考了。若拉升后继续上涨，其股价一定处于分时均线上方，并保持强势；而砸盘后出现下跌，其股价一定处于分时均线下方，并保持弱势，否则只要上涨没有突破分时均线，下跌却突破了分时均线，则表明具有可能的其他短线机会，如图 3-21 所示。

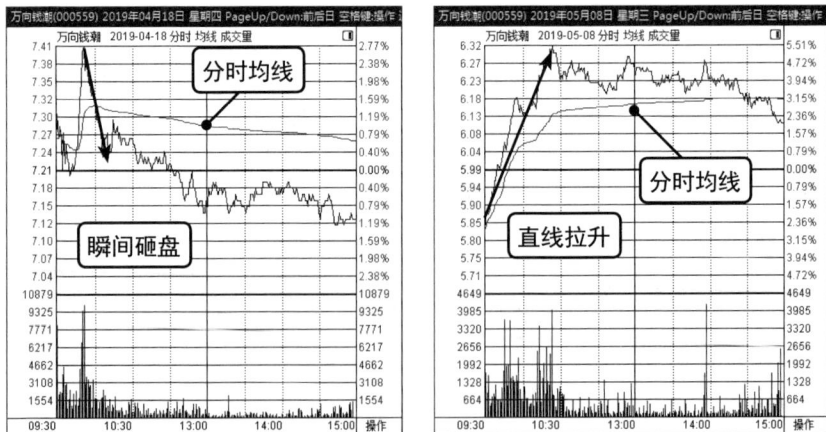

图 3-21 万向钱潮 2019 年 4 月 18 日和 5 月 8 日的分时图

从图中可以看出，4 月 18 日出现了瞬间砸盘，股价随后在分时均线下方运行，成为阶段顶部，如图 3-22 所示。5 月 8 日直线拉升后，股价在分时均线上方运行，说明出现短线买入机会。

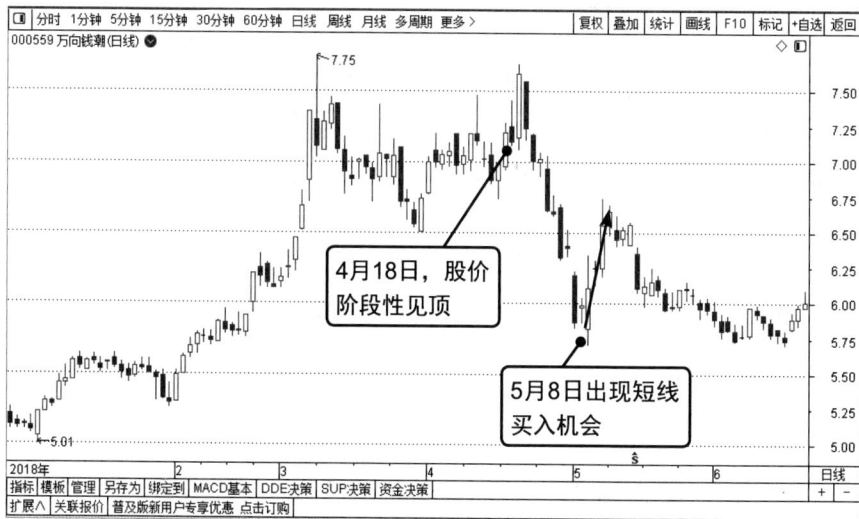

图 3-22　万向钱潮 2018 年 12 月至 2019 年 6 月的 K 线走势

3.2.3　常见的尾盘走势现象分析

分析了开盘和盘中后，最让投资者迷惑的就是尾盘了。尾盘是多空双方最后一搏，尾盘的一些信息将会透露出主力的企图，因此尾盘的两种走势值得投资者关注，如图 3-23 所示。

拓展知识　*涨停盘口口诀*

今天能否拉涨停，大单挂单是眼睛；夹板大单是洗盘，拦截大单护亦出。压迫大单是发令，蜂窝大单要起飞。脉冲涨停初起步，阶梯涨停多主升。震荡涨停洗又拉，斜刺涨停最稳健。

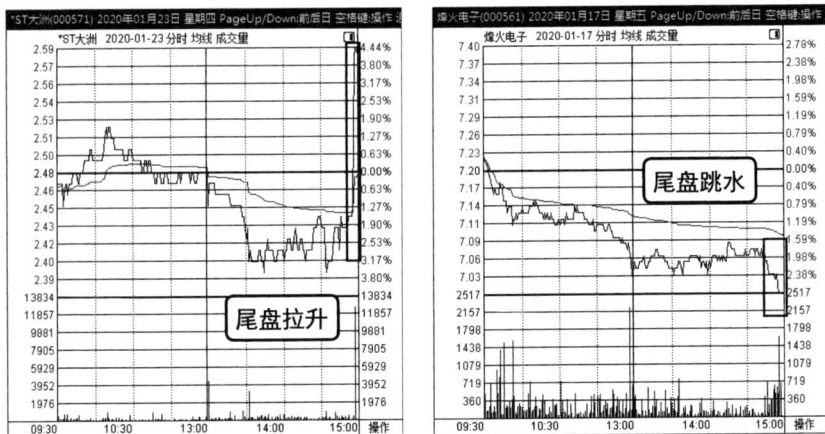

图 3-23　尾盘走势实战

很显然这是两种不同的尾盘情况，有时候也会出现盘中跳水后尾盘拉升如图 3-24 所示。

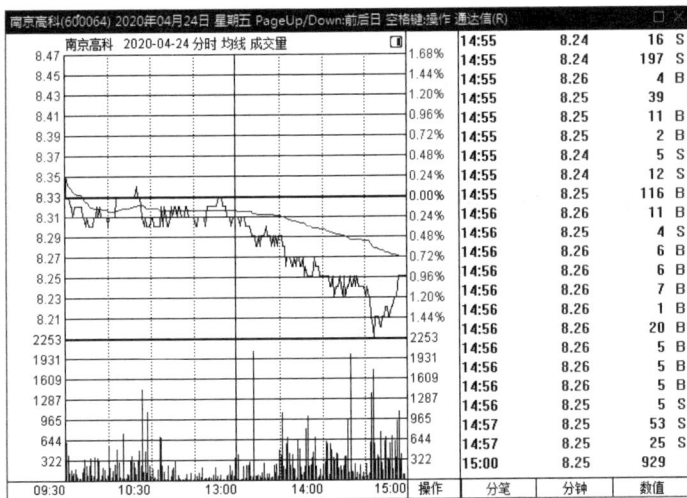

图 3-24　尾盘走势的另一种实战

1. 强势拉升

强势拉升就是在尾盘受到买盘推动，股价快速上涨。一般情况下，这种拉升如果前期股价平整，则表明积极做多资金进入，后市看涨。

实例分析

浩物股份（000757）的强势拉升

图 3-25 所示为浩物股份 2019 年 4 月至 8 月的 K 线走势。

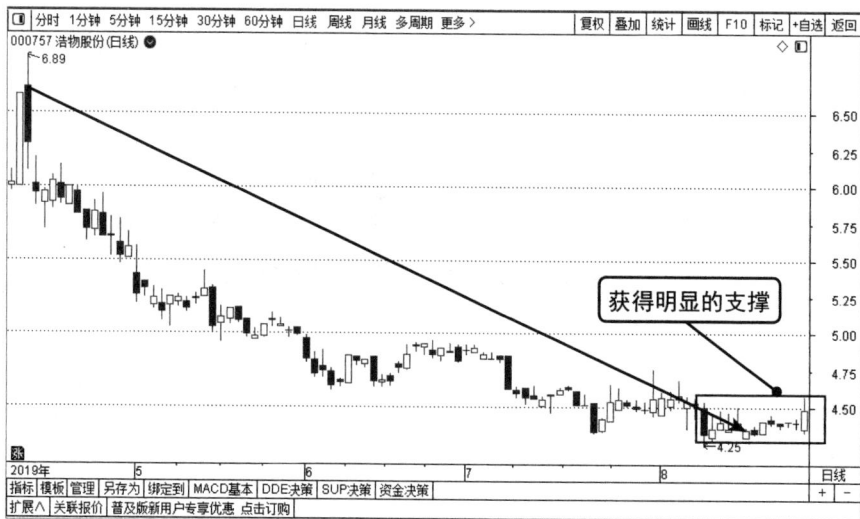

图 3-25　浩物股份 2019 年 4 月至 8 月的 K 线走势

从图中可以看出，该股经过大幅度下跌后在 4.3 元附近获得明显的支撑，股价止跌横盘调整。此时在 8 月 23 日出现一个十字星，说明变盘在即（十字星的作用将在第 4 章介绍）。

随后该股 8 月 27 日的分时走势如图 3-26 所示。

从图中可以看到，该股全天表现波动走势，股价在 4.4 至 4.52 的区间范围内波动调整。随后该股在尾盘迅速被拉升，这种信号告诉投资者应该具备短线机会了，后市股价可能被拉升。

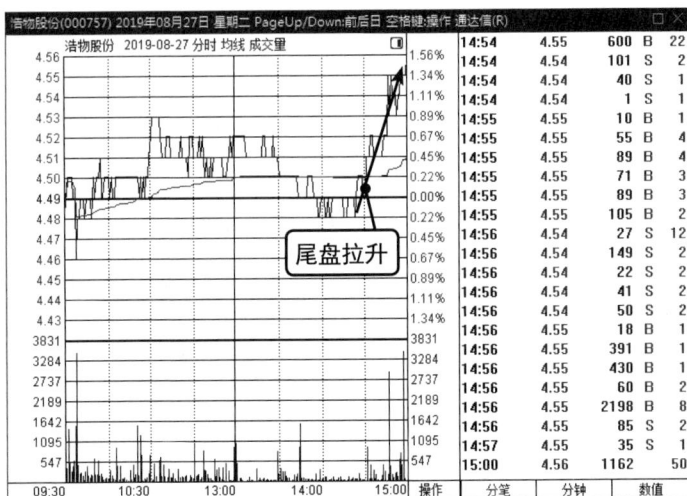

图 3-26　浩物股份 8 月 27 日的分时走势

图 3-27 所示为浩物股份 2019 年 8 月至 10 月的 K 线走势。

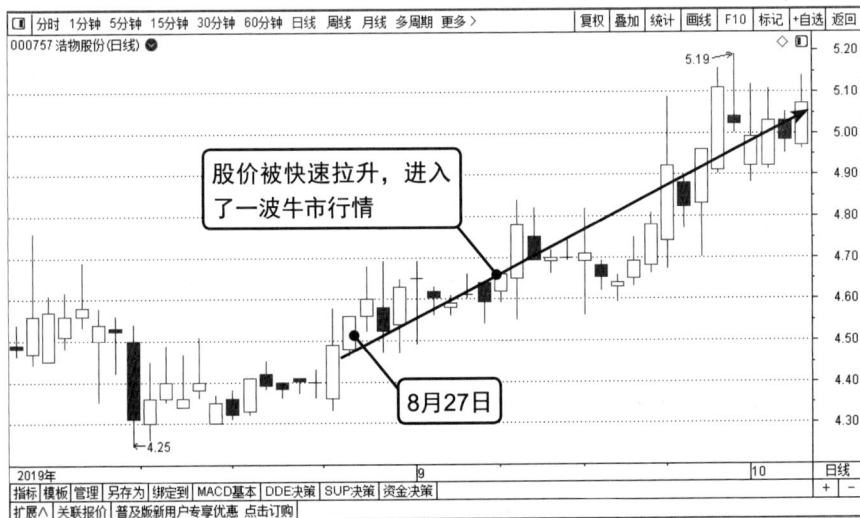

图 3-27　浩物股份 2019 年 8 月至 10 月的 K 线走势

　　从图中可以看到，尾盘拉升走势出现之后股价果然出现了一波强势拉升行情，股价被快速拉升。

需要注意的是，如果是强势拉升后继续上涨的交易日一定是在前面多个交易日的累积，单一强势拉升的交易日并不可相信。

2. 快速跳水

拉升是一种情况，另外一种情况便是跳水。跳水是比较可怕的，它表明多头在最后关头失手，这样给空头打压做好了准备。

实例分析

丽江旅游（002033）的快速跳水

图 3-28 所示为丽江旅游 2018 年 10 月至 2019 年 4 月的 K 线走势。

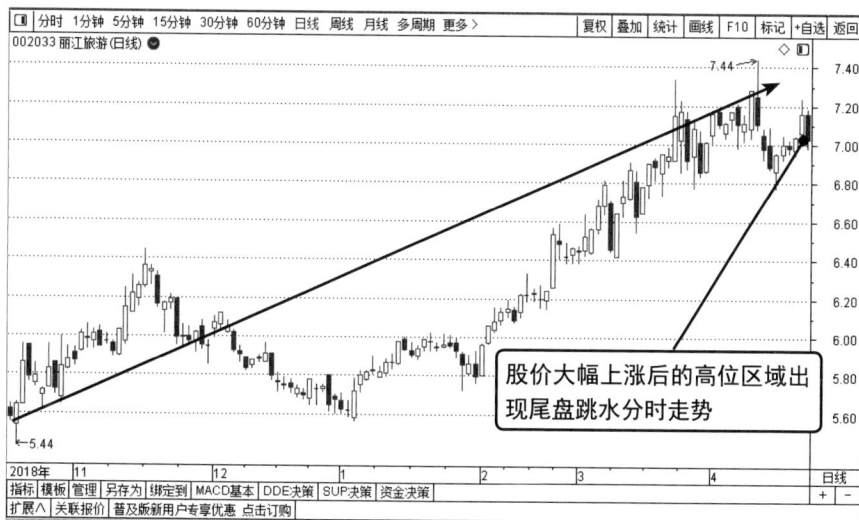

> 股价大幅上涨后的高位区域出现尾盘跳水分时走势

图 3-28 丽江旅游 2018 年 10 月至 2019 年 4 月的 K 线走势

从图中可以看到，在 7 元价位线附近止涨横盘调整，不知道后市的走势情况是调整结束后继续上涨，还是见顶下跌，此时可以借助分时图进行判断。

图 3-29 所示为丽江旅游 2019 年 4 月 23 日的分时图。

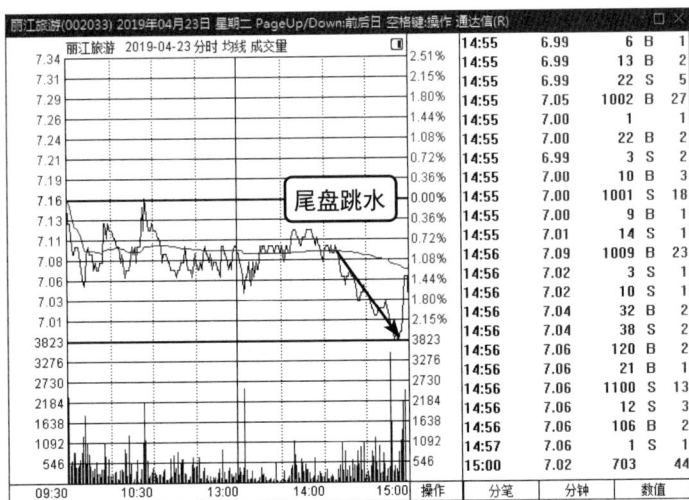

图 3-29　丽江旅游 2019 年 4 月 23 日的分时图

从图中可以看出，当天开盘之后，股价全天震荡调整，股价涨跌幅度变化不大，说明多空双方处于博弈状态。但在尾盘时股价快速跳水，这种情况表明空方彻底掌握局面，多方出局，该股上攻乏力后市将会转为下跌，如图 3-30 所示。

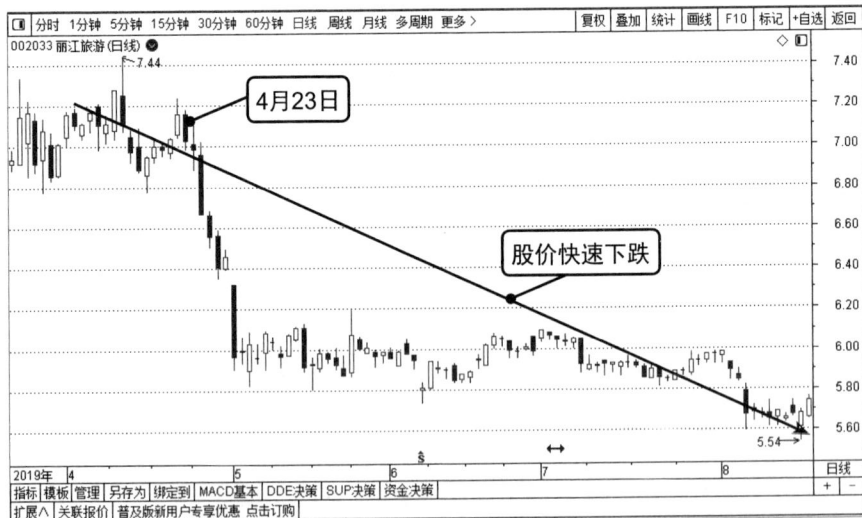

图 3-30　丽江旅游 2019 年 3 月至 8 月的 K 线走势

从图中可以看到，该股后市转入下跌行情中，跌势明显。股价从 7.2 元附近跌至 5.6 元左右，跌幅达到 22%。

3.2.4　利用多日分时走势做 T+0

T+0 是期货中最常见的短线操盘方式，是证券交割方式的一种。

◆ **当日交割也称 T+0 制度**：交易双方成交后，当天即可办理交割。通过电脑处理，这种交割在瞬间完成。它有利于证券投机者进行短期操作，投资者在得知自己委托成交后，即可进行反向委托操作，使资金在一日中频繁来回数次，发挥几笔资金作用。

◆ **次日交割也称为隔日交割**：投资者成交后，须在下一个交易日内完成交割手续，遇休息日则顺延。这种 T+1 制度使投资者当日买入成交后，不能再反向卖出，必须等到下一个交易日。

◆ **例行交割**：即在规定的若干天期限内完成交割。美国的证券交易所至今仍实行 T+3 制度，这是因为他们仍实行有纸交易。我国 B 股交易因涉及境内外以及托管方多方面，所以也采用 T+3 制度。

借鉴这种 T+0，将股价多日走势看成是一个交易日周期的走势，能够发现一些规律，找到短线机会。

3.3　利用盘口语言完整把握短线机会

经过前面的介绍，投资者对盘口语言应该了然于胸，现在缺的就是实战操作，下面将介绍一些实战操作技法。

3.3.1 从换手率看股价走势

换手率是最重要的盘口语言，换手率的高低影响了股民情绪，股民情绪直接导致股价的起伏，一只受到青睐的个股肯定换手率会凸出，这表明场外资金积极进场；同时受到抛售的个股其换手率也会变化。

换手率与股价的关系一般来说可以按几个区间来判断股票的活跃度：1%以下，绝对地量；1%～2%，成交低迷；2%～3%，成交温和；3%～7%，成交活跃；7%～10%，高度活跃，筹码在急剧换手；10%～20%，非常活跃；20%以上，过于活跃。

实例分析

虹软科技（688088）的换手率买入机会

图3-31所示为虹软科技2019年8月至11月的K线走势。

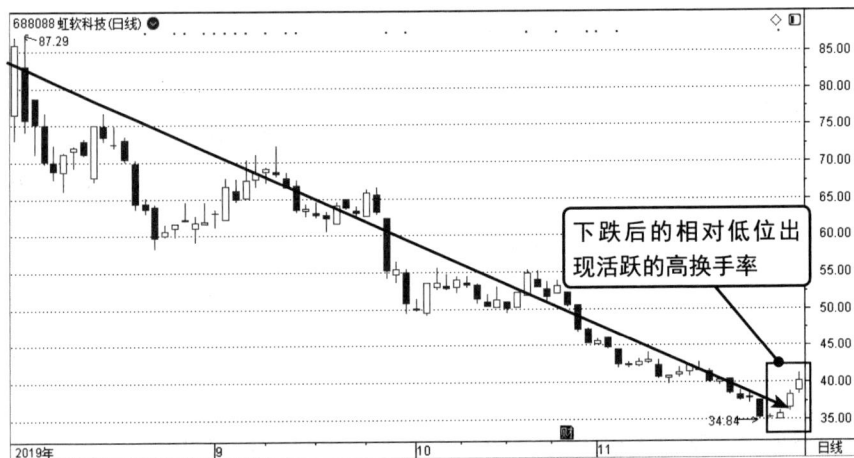

图3-31　虹软科技2019年8月至11月的K线走势

从图中可以看到，该股经历了一轮下跌行情，股价跌至35元价位线的相对低位区域后止跌，K线连续收出3根阳线拉升股价。此时是否意味着股价触底成功，后市回升拉高股价呢？我们来看看此时的换手率表现。

表 3-2 所示为 11 月 21 日至 29 日的换手率。

表 3-2　11 月 21 日至 29 日的换手率

时间	换手率
2019 年 11 月 21 日	5.27%
2019 年 11 月 22 日	4.12%
2019 年 11 月 25 日	7.87%
2019 年 11 月 26 日	3.22%
2019 年 11 月 27 日	5.06%
2019 年 11 月 28 日	11.17%
2019 年 11 月 29 日	12.32%

从表格内容可以看出，换手率随着股价的下跌而下跌，又随着股价的上涨而上涨，并且出现非常活跃的 11.17% 和 12.32% 的换手率。在下跌过后的相对低位区域，换手率不断升高，且出现非常活跃的高换手率，说明有主力在低位吸货，屯积筹码，筹码正在由分散持有的散户手中向主力仓集中，后市将有一波上涨行情。该股后市走势如图 3-32 所示。

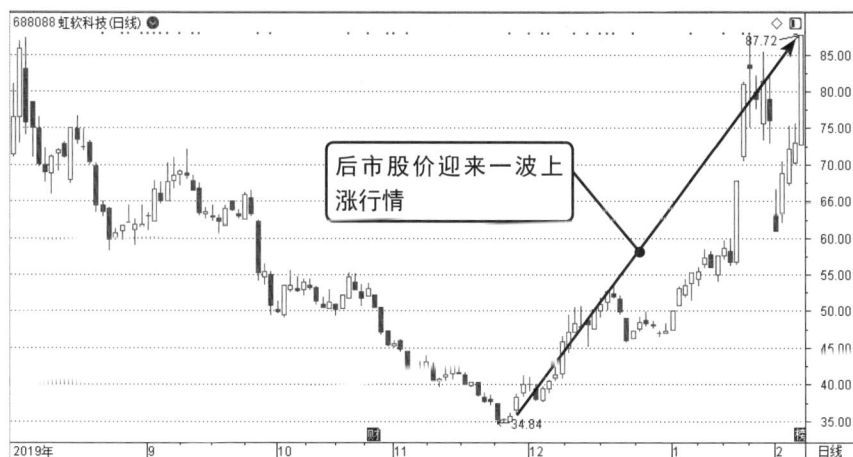

图 3-32　虹软科技 2019 年 8 月至 2020 年 2 月的 K 线走势

从图中可以看到，该股后市迎来了一波上涨行情，股价从 35 元附近上涨至最高的 87.72 元，涨幅达到 150%。

与低位区高换手率相对的是高位区高换手率。高位区高换手率表明有主力在对倒放量，吸引散户跟进，在高位派发高价筹码，筹码正由主力集中持有的仓库流向散户的小口袋里分散持有，后市下跌的可能性比较大。

3.3.2　从内外盘做短线分析

内盘和外盘数据对于未来走势也有一定借鉴意义，但大部分短线投资者容易忽略。内盘与外盘的意义如下所示。

- ◆ **内盘**：在成交量中以主动性叫卖价格成交的数量为内盘。所谓主动性叫卖，即是在实盘买卖中，卖方主动以低于或等于当前买一的价格挂单卖出股票时成交的数量，显示空方的总体实力。

- ◆ **外盘**：在成交量中以主动性叫买价格成交的数量为外盘。所谓主动性叫买，即是在实盘买卖中，买方主动以高于或等于当前卖一的价格挂单买入股票时成交的数量，显示多方的总体实力。

委托以卖方价格成交的纳入"外盘"；委托以买方价格成交的纳入"内盘"，"外盘"和"内盘"相加成为成交量。

在分析的过程中，由于卖方成交的委托纳入"外盘"，对应的，如"外盘"很大，则意味着多数卖的价位都有人来接，表示买方强劲；而以买方成交的纳入"内盘"，如"内盘"过大，则意味着大多数的买入价都有人愿意卖，显示卖方力量较大；如内外盘大体相当，则买卖方力量相当。在实际的股市投资中，短线操作主要以内外盘的数量比较作为判断关键点，具体内容如下所示。

- ◆ 股价经过了较长时间的数浪下跌后，股价处于相对低价位区域，成交量极度萎缩。随后，成交量温和放量，当日外盘数量增加，大于内盘数量,后市股价可能出现一波上涨行情,此种情况较可靠。

◆ 在股价经过了一段较长时间的数浪上涨后，股价处于较高价位区域，成交量巨大，并不能再继续增加，当日内盘数量放大，大于外盘数量，股价将可能出现下跌。

3.3.3 盘中上压单和下托单

在盘中有些突出的大单在股价下跌的时候托起，又在股价上涨的时候抛出，这个时候表明一些个股要么受到了有力支撑，要么短期存在调整。

这种现象也就是股票术语中常见的"上压单"和"下托单"。上压单是指大量的委托卖盘挂单，而下托单则是指大量的委托买盘挂单。无论是上压单还是下托单，都是庄家为了能够更好地操控股价所使用的伎俩，最终目的就是引诱投资者跟风。

实例分析

杰瑞股份（002353）的压单和托单

图 3-33 所示为杰瑞股份 2019 年 3 月至 10 月的 K 线走势。

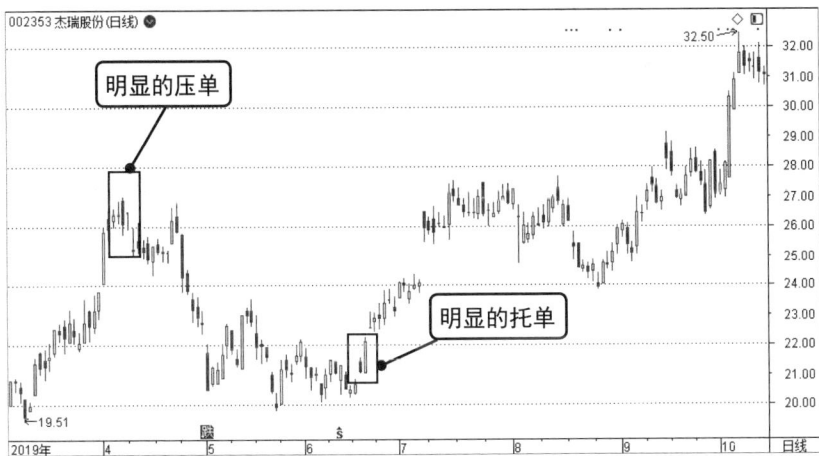

图 3-33 杰瑞股份 2019 年 3 月至 10 月的 K 线走势

从图中可以看出，股价上涨至4月初K线收出大阴线止涨回调，此时我们查看该阶段的分时统计可以发现明显的主力压单迹象，如3-34左图所示。

随后股价回调至6月末K线收出一根大阳线向上拉升股价，此时查看该阶段的分时统计可以发现主力明显的托单，说明回调结束，如3-34右图所示。

图3-34　4月8日和6月20日的分时统计

从图中可以看出，在上涨末期，则大单表现为卖出，越是下跌卖出的大单就越来越涌现，压制股价上涨的意图明显，有上涨就会空方打压。

反观下跌的结束，主买大单总会出现，而且是在股价不断上涨的时候出现，表明主力积极做多，而且就算当日走势出现下跌，也会有大单托住。

第 **4** 章

施肥得力：运用蜡烛线分析短线

将盘面的单日K线集合在一起就形成了一个整体走势的蜡烛线图，利用蜡烛线图来分析短线是短线赚钱中主要的一个方式，本章将从单日K线开始逐一剖析它们的短线机会。

图 4-1 所示为永新股份（002014）2019 年 8 月至 2020 年 2 月的 K 线
走势。

图 4-1　永新股份 2019 年 8 月至 2020 年 2 月的 K 线走势

图中标注的 A、B、C 这 3 个位置的 K 线代表着不同的 K 线形态，这
就是 K 线关键的 "3"。A 位置代表的是阳线，B 位置代表的是阴线，而
C 位置代表的是十字星。

从盘面整体走势看，阳线、阴线和十字星有相同的 "4" 个核心内容，
这就是 K 线关键的 "4"，它代表了任何一根 K 线都由 4 个基本部分组成，
图 4-2 所示为 3 种 K 线形态的图示分解。

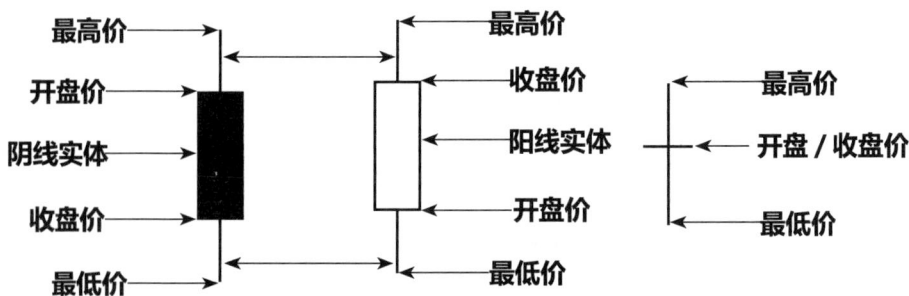

图 4-2　3 种 K 线形态的图示分解

从图中可以看出，K 线形态区分的实质在开盘价和收盘价的关系，这就是 K 线关键的"2"。"2"意味着开盘价和收盘价决定了 K 线形态。

◆ 当收盘价高于开盘价，股价收出阳线形态。

◆ 当收盘价低于开盘价，股价收出阴线形态。

◆ 当收盘价和开盘价相同，股价收出十字星形态。

为了更好地展现该"2"的决定性，图 4-3 所示为盘面实战中的 K 线形态。

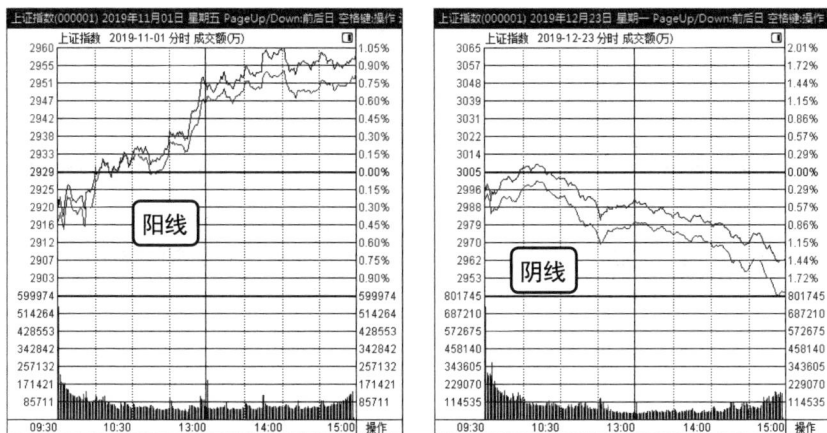

图 4-3　盘面实战中的 K 线分时走势形态

从图中可以很明显地看出，左图形成的是阳线形态，而右图形成的是阴线形态。

"2"的另外一层含义在于一种 K 线形态由实体和影线组成，实体大小和影线长短决定了一种 K 线形态的不同分类，图 4-4 所示为阳线的不同分类。

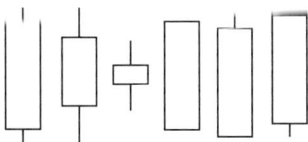

图 4-4　阳线的不同分类

细心的读者会发现，上图中的排列方式是以实体和影线变化做出的。实体大小的本质是涨跌幅度，从阳线来说就是涨幅。

◆ 阳线实体大于 5% 为大阳线。

◆ 阳线实体小于 5% 大于 2% 是中阳线。

◆ 阳线实体小于 2% 是小阳线。

如果以影线长短来看，又有如下分类：

◆ 没有影线的阳线叫光头光脚阳线。

◆ 只有上影线的阳线叫带上影线的阳线。

◆ 只有下影线的阳线叫带下影线的阳线。

拓展知识 *举一反三*

这里虽然只介绍了阳线，其实阴线也一样，我们知道阳线和阴线的区别只有开盘价和收盘价的位置，其他的性质都一样。短线投资者只要掌握阳线如何划分就能很快掌握阴线如何划分。

4.1 短线赢在单日 K 线

单日 K 线的含义已经十分明确了，在当日 K 线中对短线有很大意义的是光头光脚大阳线、带影线的大阴线和十字星及其相关变化 K 线。

4.1.1 带上影线的阳线

带上影线的阳线是比较特殊的阳线形态，这表明多方势力正在急速拉升该股但似乎不顺利，而至于投资者是否应该介入要看阳线的大致位置。

◆ 如果该位置在上涨初期，表明主力有意制造一些迷雾弹，让散户以为该股上涨乏力无法继续，于是纷纷抛出筹码。

◆ 如果该位置在上涨末期，表明主力意图十分清晰，无法进一步拉升该股，导致股价滑落，又勉强让其不被击溃，加速地出货。

实例分析

天奇股份（002009）带长上影线的阳线分析

图 4-5 所示为天奇股份 2018 年 10 月至 2019 年 3 月的 K 线走势。

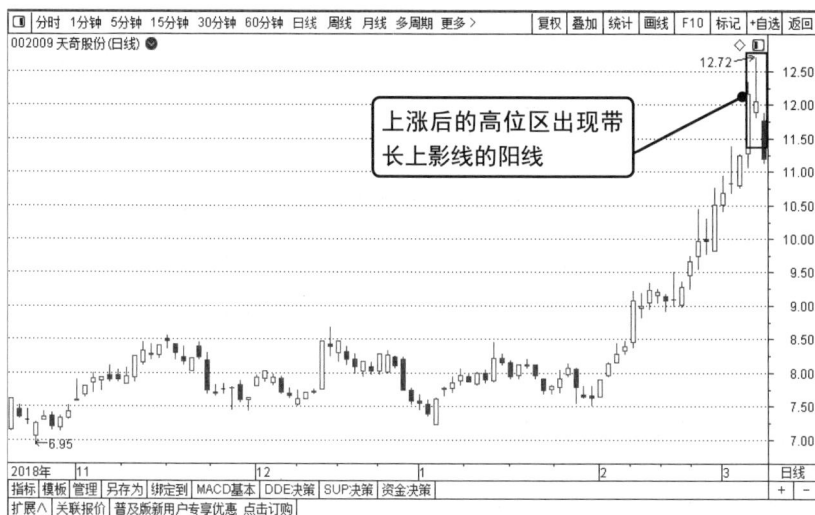

图 4-5　天奇股份 2018 年 10 月至 2019 年 3 月的 K 线走势

从图中可以看到，该股经历了一波上涨行情，股价从 7 元价位线附近上涨至 12.5 元左右的相对高位区后，K 线收出一根带长上影线的阳线。这根长上影线阳线的影线较长，并创出了 12.72 元的新高。

在上涨后的相对高位区域出现带长上影线的阳线，且长上影线越长，说明上档的卖压越强，也就意味着股价上升会遇到较大的抛压，后市转跌的可能性较大。

图 4-6 所示为天奇股份 2019 年 3 月至 8 月的 K 线走势。

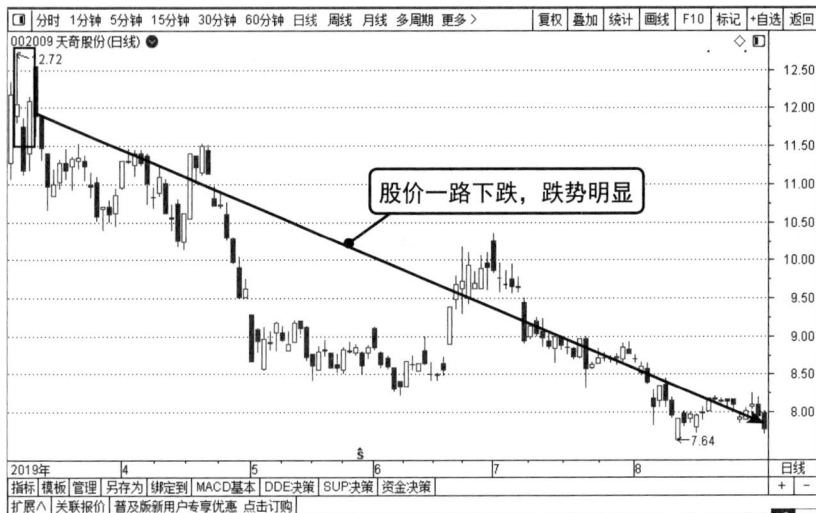

图 4-6　天奇股份 2019 年 3 月至 8 月的 K 线走势

从图中可以看到，该股在高位区域出现带长上影线的阳线后，后市果然出现了一波下跌行情，股价从 12.5 元附近下跌至 8 元左右，跌幅达到 36%。

4.1.2　带下影线的阴线

对于阴线而言，其下阴线长短决定了其可能存在的变数，这是阴线最直接的一种判断。

◆　如果是在下跌初期出现的带下影线的阴线，则表明股价进一步下跌将会持续，因为这个影线是一种试探。

◆　如果在下跌末期出现的带下影线的阴线，则表明股价探底成功，可能将会一跃而起。

实例分析

云南能投（002053）带下影线的阴线分析

图 4-7 所示为云南能投 2018 年 7 月至 2019 年 2 月的 K 线走势。

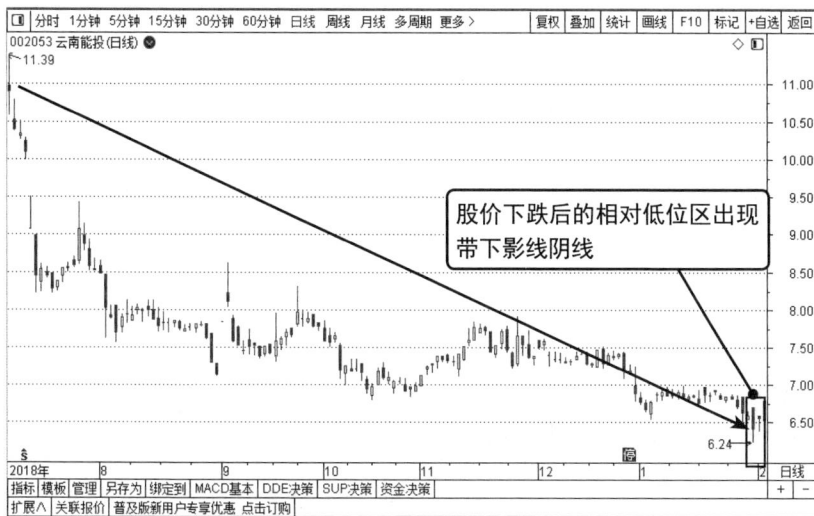

图 4-7　云南能投 2018 年 7 月至 2019 年 2 月的 K 线走势

从图中可以看到，该股处于下跌行情，股价从 11 元附近开始下跌，跌至 6.5 元左右的相对低位区域 K 线收出两根带下影线的阴线。说明下档的承接力较强，有主力在接盘，后市可能上涨。图 4-8 所示为该股后市走势。

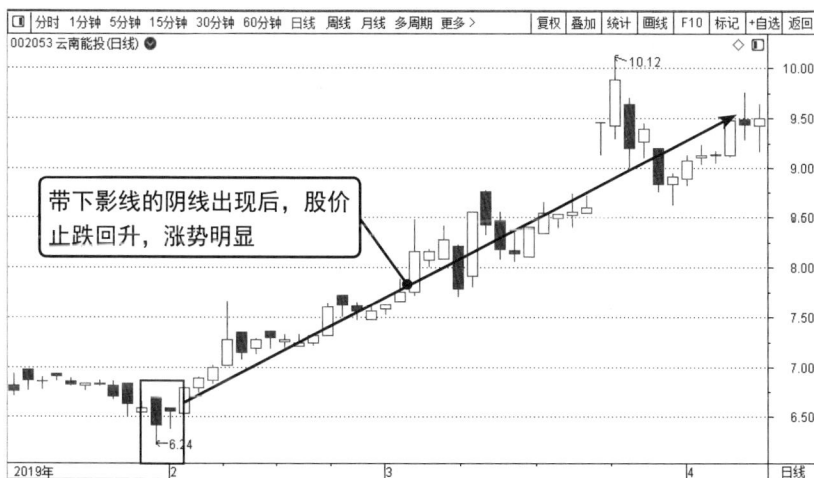

图 4-8　云南能投 2019 年 1 月至 4 月的 K 线走势

从图中可以看到，该股在下跌后的低位区出现两根带下影线的阴线后，股价止跌回升，涨势明显，说明带下影线的阴线为可靠的买入信号。

4.1.3　选择方向的十字星

十字星具有选择方向的作用，正是因为其多空双方博弈的不明朗，因此其判断的作用就特别明显，要么是由弱转强的标志，要么是由强转弱的标志。

实例分析

协鑫能科（002015）的十字星分析

图 4-9 所示为协鑫能科 2019 年 9 月至 2020 年 2 月的 K 线走势。

图 4-9　协鑫能科 2019 年 9 月至 2020 年 2 月的 K 线走势

从图中可以看到，在 A、B 位置都出现了十字星，但是各自代表的含义却不一样，A 位置的十字星是下跌信号，而 B 位置的十字星是上涨信号。

十字星的判断固然与其当日走势有密切关系，这将会在第7章作详细介绍，同时也和其他K线有关系。

> **拓展知识** *T字线和倒T字线*
>
> T字线的形态特征：开盘价、收盘价、最高价相同，K线上只留下影线；如果有上影线也是很短，而T字线转势信号强弱又与下影线成正比，下影线越长，则信号越强。倒T字线的形态特征：开盘价、收盘价、最低价粘连在一起，成为"一"字，但最高价与之有相当距离，因而在K线上留下一根上影线，构成倒T字状图形。

4.1.4 蛟龙出海 VS 断头铡刀

蛟龙出海和断头铡刀指的是一根阳线或者阴线对均线系统的突破，如果一根阳线连续超过3根均线，则表明的是蛟龙出海。如果一根阴线连续切断3根均线，则表明的是断头铡刀，如图4-10所示。

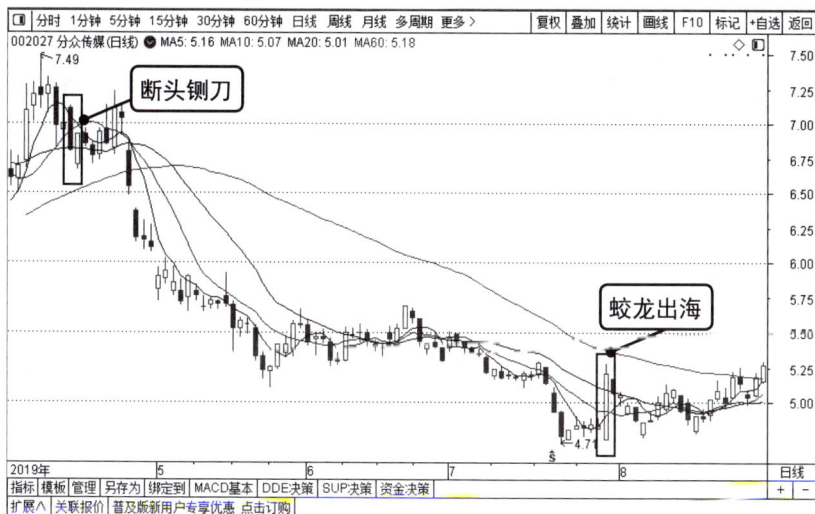

图 4-10　蛟龙出海 VS 断头铡刀

实例分析

兔宝宝（002043）的蛟龙出海

图4-11所示为兔宝宝2019年4月至10月的K线走势。

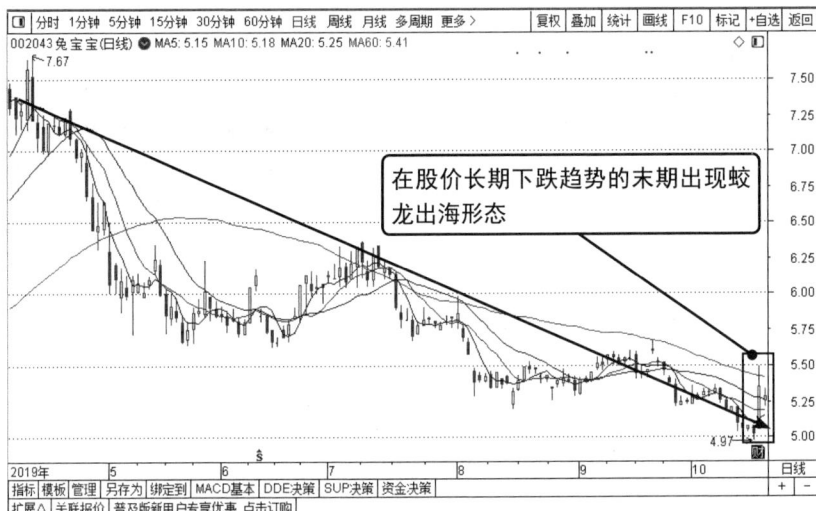

图4-11　兔宝宝2019年4月至10月的K线走势

从图中可以看到，在股价长期下降趋势的末期，各个周期的均线逐渐收敛黏合，此时一根大阳线拔地而起，向上突破3根均线，收盘价收在各均线之上，形成蛟龙出海形态。蛟龙出海是强烈的反转信号，预示后市股价反转拉升。

图4-12所示为兔宝宝2019年10月至2020年1月的K线走势。

从图中可以看到，该股出现蛟龙出海形态后，股价转入向上拉升的牛市行情中，股价从5元附近上涨至8.5元左右，涨幅达到70%。

由此可以得出，蛟龙出海为可靠的底部反转信号，投资者在股价下跌的末期发现该形态可积极介入。

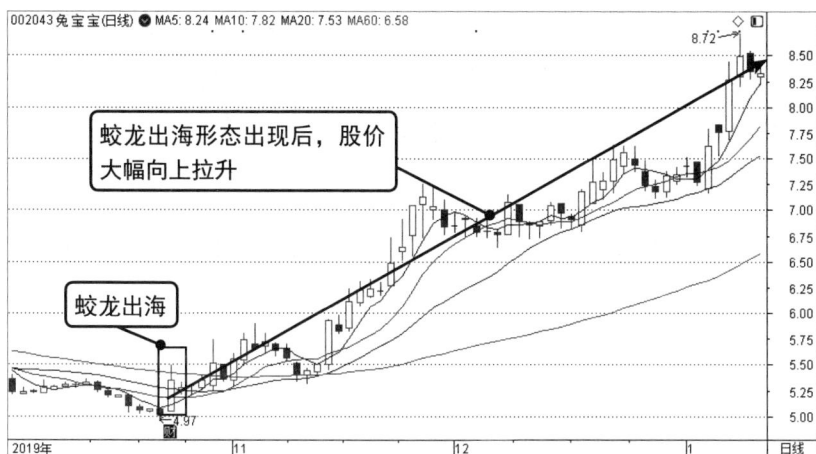

图 4-12　兔宝宝 2019 年 10 月至 2020 年 1 月的 K 线走势

4.2　短线胜在常见 K 线组合

　　K 线不是单独存在的，总是通过几根 K 线一起构成一个 K 线组合，方能在短线操作中克敌制胜。

4.2.1　希望之星组合

　　希望之星也叫早晨之星，其 K 线组合示意图如图 4-13 所示。

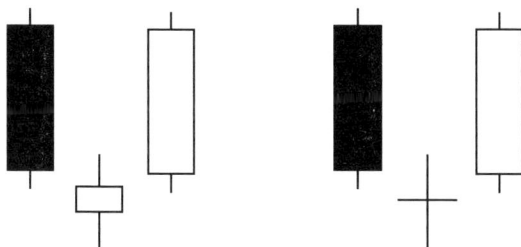

图 4-13　希望之星的 K 线组合

图中的左侧为希望之星的标准形态，右侧是希望十字星，是希望之星的一种特殊形态，我们可以看出它们二者的区别在于希望十字星的第二根K线是十字线，而希望之星的第二根K线是小阴线或者小阳线（图中只显示了小阳线）。

希望之星（希望十字星）的K线技术含义是见底信号，后市看涨。

实例分析

科伦药业（002422）的希望之星

图4-14所示为科伦药业2019年4月至6月的K线走势。

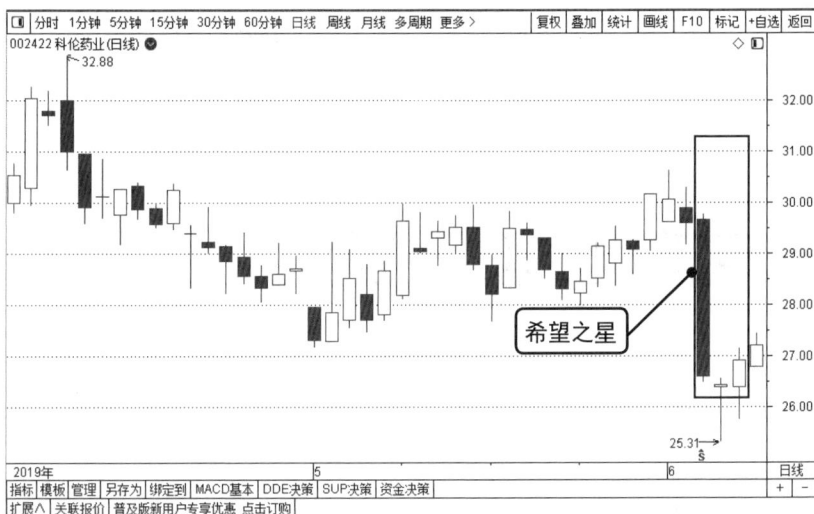

图4-14　科伦药业2019年4月至6月的K线走势

从图中可以看到，该股经过缓慢下跌后，在2019年6月5日、6月6日和6月10日出现了希望之星K线组合。当希望之星出现在股价的相对低位时，发出的是股价见底的信号，投资者可以根据该信号做抄底操作。

图4-15所示为科伦药业2019年6月至8月的K线走势。

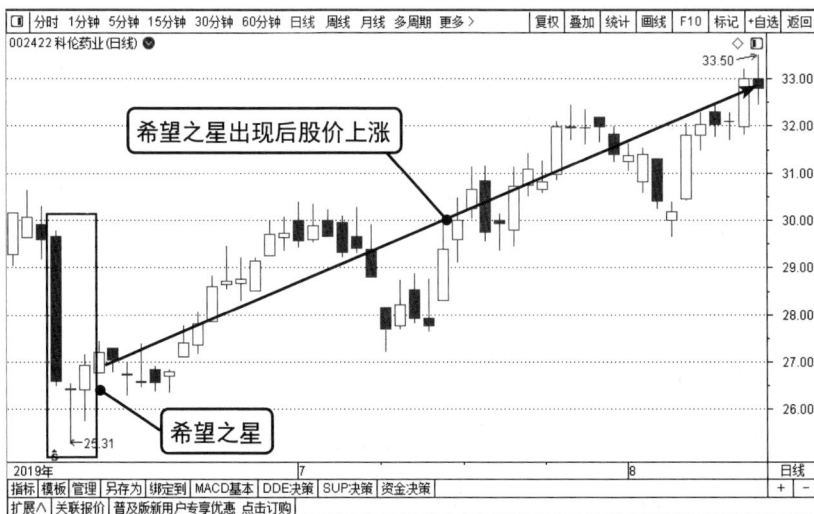

图 4-15　科伦药业 2019 年 6 月至 8 月的 K 线走势

从图中可以看到，希望之星出现后，股价迎来了一轮上涨行情，短线投资是有利的。通常情况下出现了希望之星后可以根据短线操作方法进行入场，要么在盘中确定是希望之星后顺势买入，要么是第二天继续保持上扬势头时买入，当然这两种情况下的风险是不同的。

4.2.2　黄昏之星组合

黄昏之星 K 线组合的示意图如图 4-16 所示。

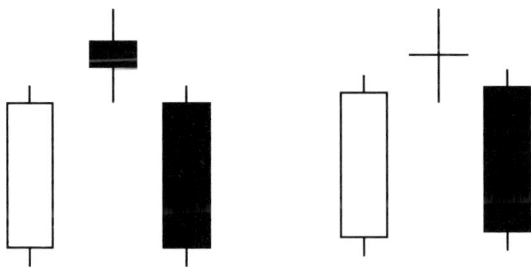

图 4-16　黄昏之星的 K 线形态

图中的左侧为黄昏之星的标准形态，右侧是黄昏十字星，是黄昏之星的一种特殊形态，它们二者的区别在于黄昏十字星的第二根K线是十字线，而黄昏之星的第二根K线是小阴线或者小阳线（图中只显示了小阴线）。

黄昏之星（黄昏十字星）的K线技术含义是股价见顶回落，预示市场趋势已经见顶，卖出的时机已经来临。

实例分析

道道全（002852）的黄昏之星

图4-17所示为道道全2018年10月至2019年4月的K线走势。

图4-17 道道全2018年10月至2019年4月的K线走势

从图中可以看到，该股经历一轮上涨行情后，将股价拉升至17元附近的相对高位区域。此时，K线在2019年4月4日、4月8日和4月9日收出的K线形态形成黄昏之星。

黄昏之星出现在上涨之后的相对高位区域，是一个可信的见顶信号，往往也是牛市与熊市的分界点，所以投资者在发现该形态出现后应及时卖出股票。

图 4-18 所示为道道全 2019 年 4 月至 10 月的 K 线走势。

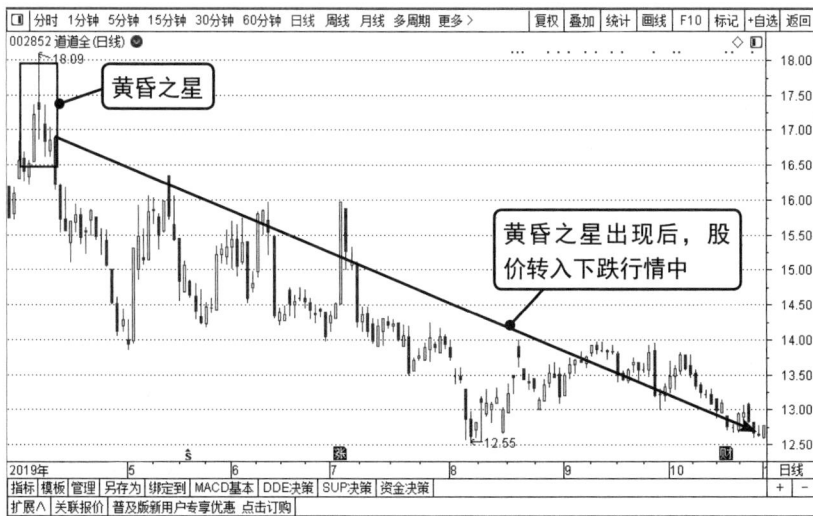

图 4-18　道道全 2019 年 4 月至 10 月的 K 线走势

从图中可以看到，黄昏之星出现后，股价转入熊市行情中，跌幅较深，说明黄昏之星是一个可靠的行情反转信号。

4.2.3　孕线组合

所谓"孕育"就是新生命的意思，如果发生在上升趋势，则表示行情会产生继续向上；如果发生在下跌趋势，则表示行情会产生继续向下。孕线组合的示意图如图 4-19 所示。

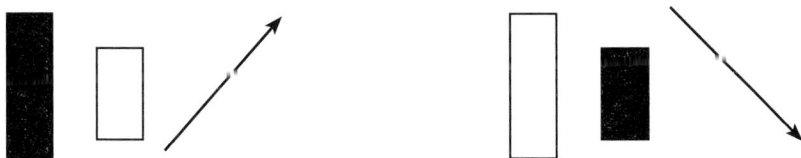

图 4-19　孕线形态

图中左侧为阳孕线，右侧为阴孕线，其市场含义已经十分明显了。处在双底走势的右底低点处的阳孕线是强烈的买入信号，短线投资者可以建仓做多。如果高位出现阴孕线则是明显的见顶信号。

需要注意的是，这里的阴阳区分是指的是第二根线的形态，而第一根线到底是阳还是阴并不重要，因为怀着的阳线表明的才是市场做多，怀着的阴线表明的是市场做空。除此外还有十字孕线这种特殊形态，如图4-20所示。

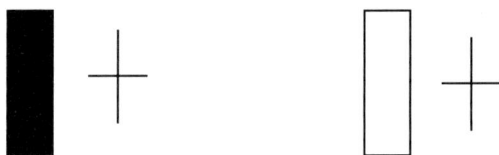

图4-20　十字孕线

通常而言，怀孕母体是阴线股价将会上涨，怀孕母体是阳线股价将会下跌。

实例分析

中新赛克（002912）的孕线组合

图4-21所示为中新赛克2019年3月至6月的K线走势。

图4-21　中新赛克2019年3月至6月的K线走势

从图中可以看出，在 2019 年 6 月初出现了一组阳孕线，此时短线投资的机会来临了，从整个 K 线形态看这是常常说的 V 形底（这个内容将会在后面介绍），往后看其后市后势，如图 4-22 所示。

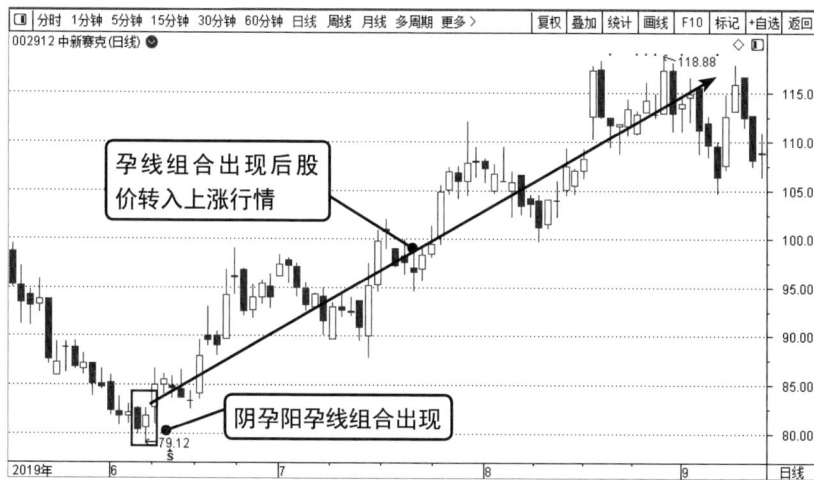

图 4-22　中新赛克 2019 年 5 月至 9 月的 K 线走势

从图中可以看到，阴孕阳孕线组合出现后，股价开启了上涨行情。所以短线投资者在发现阴孕阳孕线组合时，可以建仓做多。

4.2.4　抱线组合

抱线也叫吞没线，看上去犹如"怀抱其中"，是常见的反转信号之一，很多个股的底部或者顶部反转都是从这种形态开始的。抱线的形态和孕线的形态正好是相反的，其示意图如图 4-23 所示。

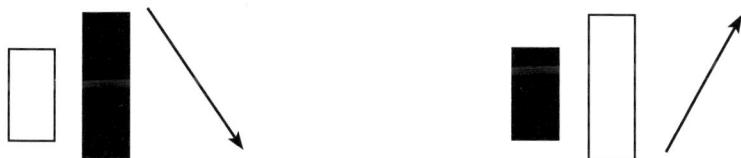

图 4-23　抱线形态

它也是由两根 K 线组成，其右边的 K 线完全包住了左边的 K 线（严格意义上的包括影线）。图中左侧为阴抱阳线，右侧为阳抱阴线，其普遍的市场含义已经十分明显了。

◆ 抱线由大小阴阳 K 线组成，且大 K 线的最低价低于小 K 线的最低价，大 K 线的最高价高于小 K 线的最高价。

◆ 大 K 线为阳线，则抱线为阳抱阴抱线；大 K 线为阴线，则抱线为阴抱阳抱线。

在股价运行的低位区域或者是股价的上涨途中出现抱线，则显示的是可信的买入信号，投资者可以根据这样的信号买入股票。

实例分析

葵花药业（002737）的抱线组合

图 4-24 所示为葵花药业 2018 年 7 月至 2019 年 1 月的 K 线走势。

图 4-24　葵花药业 2018 年 7 月至 2019 年 1 月的 K 线走势

从图中可以看到，该股股价表现下跌走势行情。K 线在 1 月 3 日收出一根长下影线阴线探底，随后在 1 月 4 日 K 线又收出一根中阳线，二者形成阳抱阴抱线。

阳抱阴抱线出现在股价下跌的低位区域，在创下12.97元新低的同时也构筑了股价此轮下跌的底部，并发出了强烈的见底信号，后市股价看涨。短线投资者可以趁机抄底买入。图4-25所示为该股后市的走势。

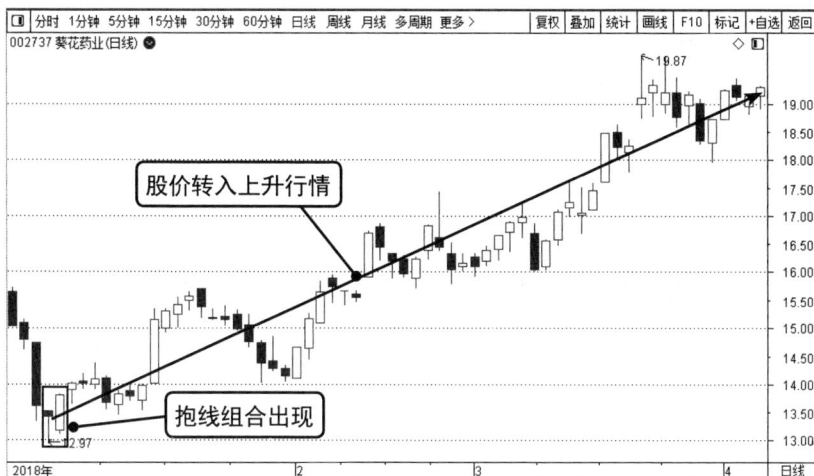

图4-25 葵花药业 2018 年 12 月至 2019 年 4 月的 K 线走势

从图中可以看出，抱线成功显示出了股价的底部，随后股价表现上升行情，股价从13.00元附近上升至19.00元左右，涨幅达到46%左右。

4.2.5 二阳夹一阴组合

二阳夹一阴组合也是十分常见的 K 线组合，其示意图如图 4-26 所示。

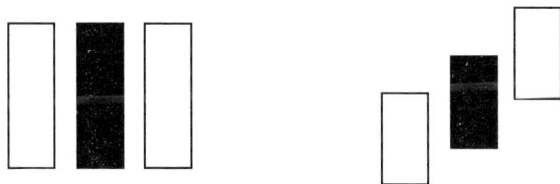

图 4-26 二阳夹一阴

图中左侧是标准的二阳夹一阴组合，其3根K线的顶端是水平的，底端也是水平的。右侧是变化后的，如果3根K线呈现上升趋势，阳线的顶部越来越高，阳线实体又小，走势会更加强劲。

二阳夹一阴的出现有深刻的市场意义，因为股价在整理后出现第一根阳线，是主力资金大力建仓的结果，由于长期的下跌或整理，使市场散户出现逢高抛出筹码的行为，因此第二天收出阴线，主力资金也顺势洗盘，第三天主力再次大力建仓，再收阳线。

实例分析

华数传媒（000156）的二阳夹一阴

图4-27所示为华数传媒2018年11月至2019年2月的K线走势。

图4-27　华数传媒2018年11月至2019年2月的K线走势

从图中可以看到，该股表现下跌行情，随后止跌企稳，开始在8.5元表现横盘走势，并在8.5元附近形成二阳夹一阴组合，且最后一根阳线是高于前面两根K线，说明后市看涨。该股后市走势如图4-28所示。

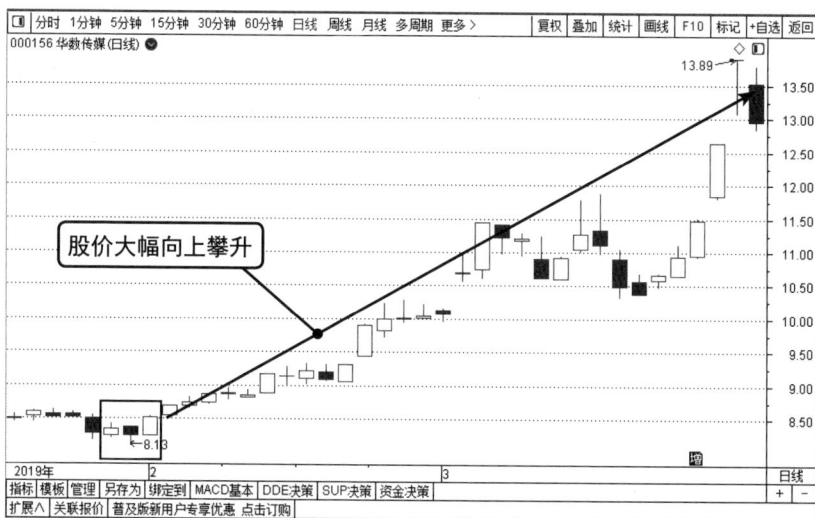

图 4-28　华数传媒 2019 年 1 月至 3 月的 K 线走势

从图中可以看到，二阳夹一阴组合出现后，股价一改之前的沉闷走势，开启了大幅上涨的走势，股价从8.5元价位线附近上涨至13元附近，涨幅近52%。说明二阳夹一阴组合为有效的看涨信号。

4.2.6　二阴夹一阳组合

二阴夹一阳组合也是十分常见的K线组合，其示意图如图4-29所示。

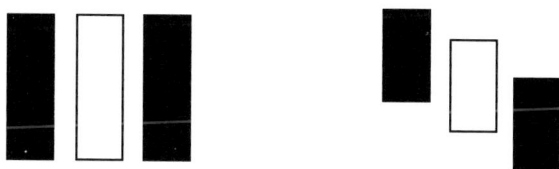

图 4-29　两阴夹一阳

图中左侧是标准的二阴夹一阳组合，其3根K线的顶端是水平的，底端也是水平的。右侧是变化后的，如果3根K线呈现下降趋势，阴线的顶部尽量低，阳线的实体又小，走势会更加突出。

二阴夹一阳的出现有深刻的市场意义，长期上涨之后股价开始在高位出现滞涨，上档压力较重，此时应怀疑股价随时可能会下跌。当出现第一根放量阴线向下跌破后，第二天往往反弹乏力走出冲高回落的阳线，但成交量已明显不足，第三天空头继续派发筹码，股价继续下跌，有时甚至收出光头光脚的阴线。

实例分析

哈三联（002900）的二阴夹一阳

图 4-30 所示为哈三联 2019 年 1 月至 4 月的 K 线走势。

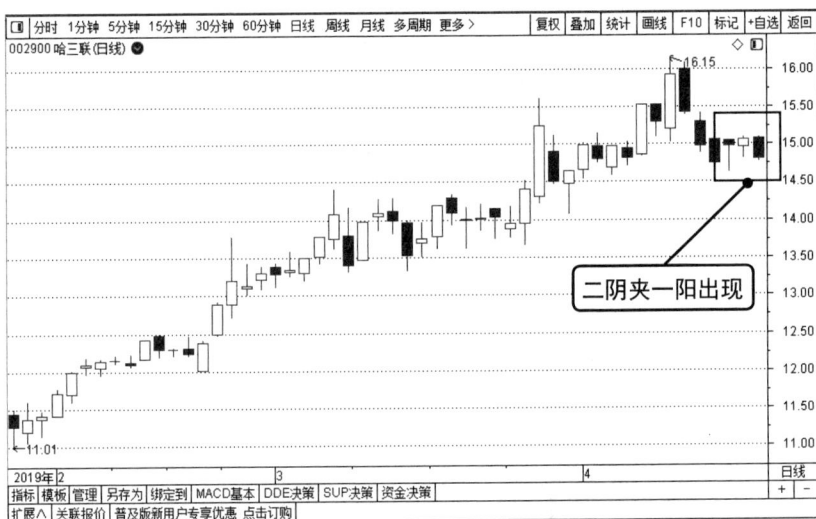

图 4-30　哈三联 2019 年 1 月至 4 月的 K 线走势

从图中可以看到，在股价经历一轮上涨后的相对高位处出现了二阴夹一阳组合，此时投资者应该谨慎起来。此 K 线组合的出现说明了该股后市继续走低，投资者应该赶紧出逃。

图 4-31 所示为哈三联 2019 年 4 月至 8 月的 K 线走势。

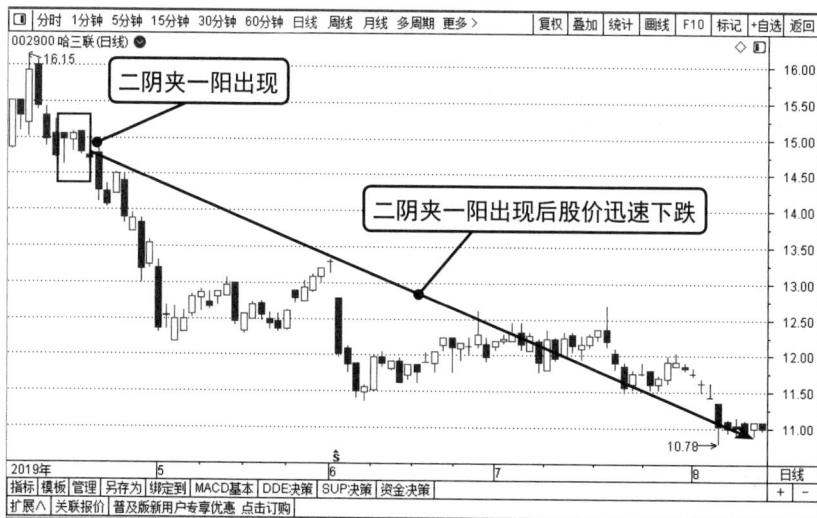

图 4-31 哈三联 2019 年 4 月至 8 月的 K 线走势

从图中可以看到，该股下跌十分迅速，根本不会给投资者留下太多机会，那种盼望在平台整理的不切实际的想法早被这一波下跌打垮了。

4.2.7 红三兵和黑三兵组合

红三兵和黑三兵是相对的两个 K 线组合，其示意图如图 4-32 所示。

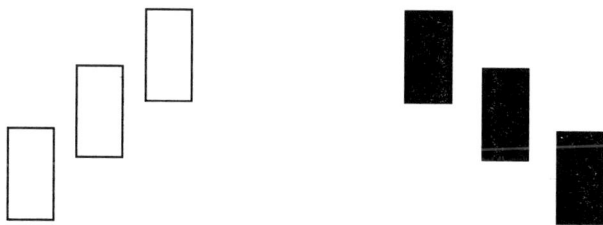

图 4-32 红三兵（左）和黑三兵（右）

红三兵的准确判断需要以下几个方面的特征同时出现。

◆ 在形态上确实出现了连续的 3 根阳线，并且阳线实体顶部不断增长，即收盘价不断拉高，这表明市场做多的力量在不断增强。

◆ 成交量而言，则是稳步温和放大的，这表明上涨得到了量能的有效配合，是有资金推动的。

◆ 一般出现在行情持续下跌的尾市，而大盘成交也处于相对低迷的情况下。

而黑三兵的判断则要根据黑三兵出现时的位置决定不同投资策略。

◆ 黑三兵在行情上升时，尤其是股价有了较大升幅之后出现，暗示行情要转为跌势，投资者可考虑短线卖出股票。

◆ 如果在下跌行情后期，当股价已有一段较大跌幅或连续急跌后出现，暗示探底行情短期内即将结束，并有可能转为一轮升势，投资者可考虑短线买入股票。

实例分析

张裕A（000869）的红三兵组合

图4-33所示为张裕A在2018年6月至2019年2月的K线走势。

图4-33　张裕A在2018年6月至2019年2月的K线走势

从图中可以看到，该股处于下跌行情中，股价跌至26元附近后止跌横盘。随后K线在底部低价区域连续收出3根上涨阳线，且阳线的收盘价一天比一天高，形成典型的底部红三兵线，这是强烈的底部买入信号，说明后市看涨。

图4-34所示为张裕A在2019年1月至4月的K线走势。

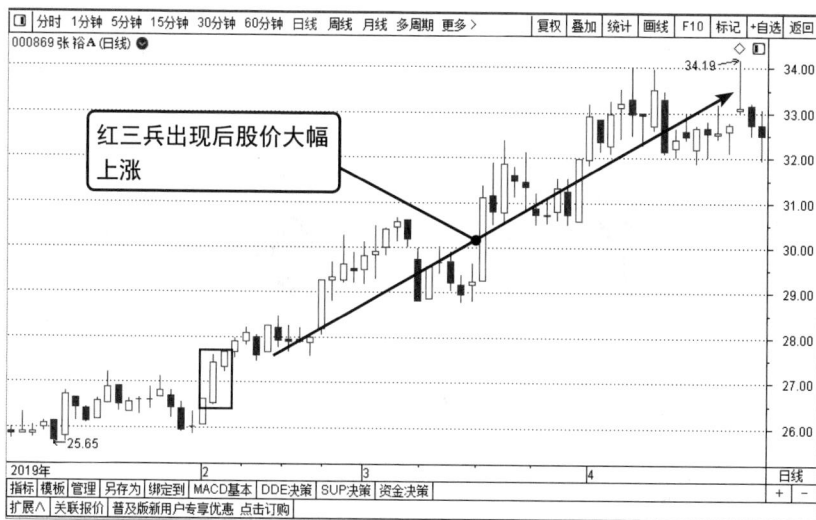

图4-34　张裕A在2019年1月至4月的K线走势

从上图可以看到，底部区域出现红三兵线后，股价开始大幅向上攀升，而前期的红三兵起到了很好地支撑作用。因此，当发现这样的底部区域的红三兵线时，投资者应该果断行动起来，积极抓住短线买入的机会。

4.2.8　曙光初现和乌云盖顶组合

曙光初现和乌云盖顶是相对的K线组合，它们是插入线和覆盖线中最特殊的一类。

首先来看看插入线，它是由一根大阴线和随后的一根小阳线组成，其示意图如图4-35所示。

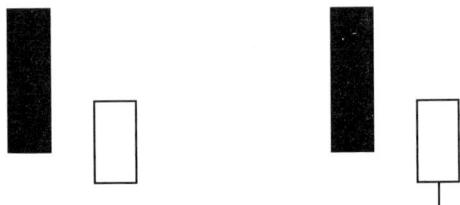

图 4-35　插入线组合

而曙光初现呢？它是第二根阳线从下向上进入第一根阴线实体部分超过了一半，其示意图如图 4-36 所示。

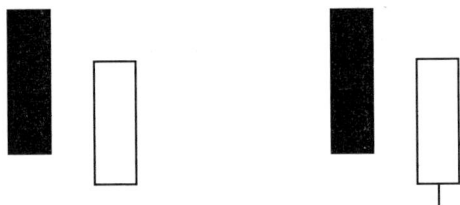

图 4-36　曙光初现

再来看看乌云盖顶组合，它是第二根阴线从上向下进入第一根阳线实体部分超过了一半，其示意图如图 4-37 所示。

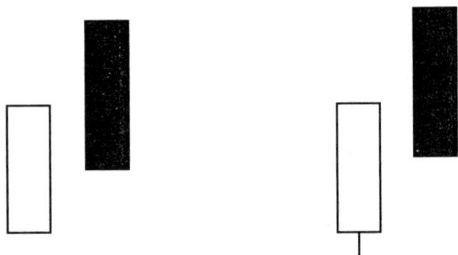

图 4-37　乌云盖顶

实例分析

深大通（000038）的曙光初现组合

图 4-38 所示为深大通 2019 年 4 月至 8 月的 K 线走势。

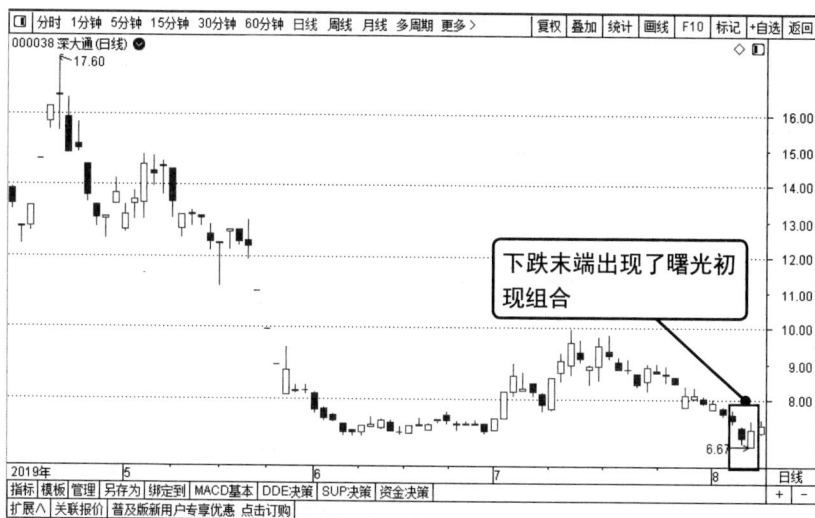

图 4-38 深大通 2019 年 4 月至 8 月的 K 线走势

从图中可以看到，股价经过大幅度下跌后，在末端出现了曙光初现组合，很明显曙光初现是最明确的看涨信号，随后股价走势如图 4-39 所示。

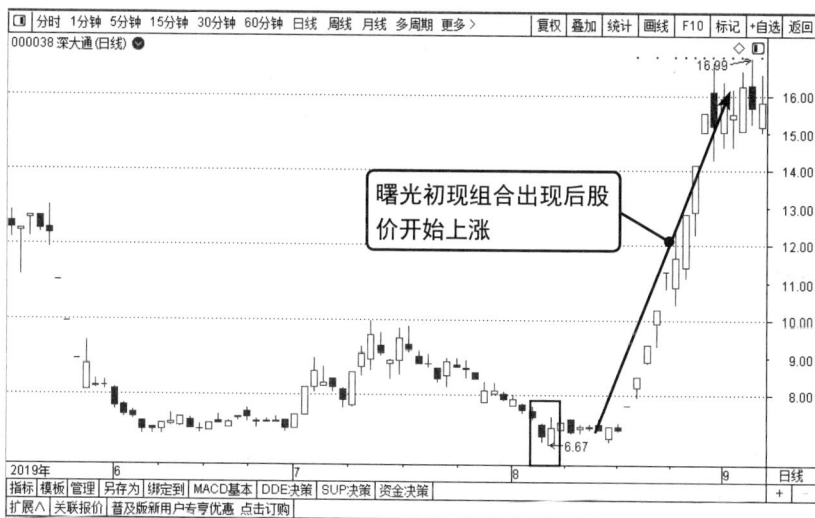

图 4-39 深大通 2019 年 5 月至 9 月的 K 线走势

从图中可以看出，曙光初现组合出现后股价开始逐渐走出上涨态势，

K 线连续收出阳线，更加坚定了做多的信心。

实例分析

建投能源（000600）的乌云盖顶组合

图 4-40 所示为建投能源 2018 年 10 月至 2019 年 5 月的 K 线走势。

图 4-40　建投能源 2018 年 10 月至 2019 年 5 月的 K 线走势

从图中可以看到，该股经过一个平台后企稳的平台，实际上并不是这么简单的，K 线连续收出多根阴线下跌股价,随后虽然放出一根大阳线回补，但紧跟着收出一根中阴线，形成乌云盖顶组合。如果结合前面高点的走势，说明其上攻已经无法持续，调整不可避免。

图 4-41 所示为建投能源 2019 年 4 月至 10 月的 K 线走势。

从图中可以看出，该股随后转入大跌行情中，股价从 8.13 元跌至 5.28元，跌幅超过 35%。说明乌云盖顶是一个可靠的股价见顶信号，投资者应该引起重视。

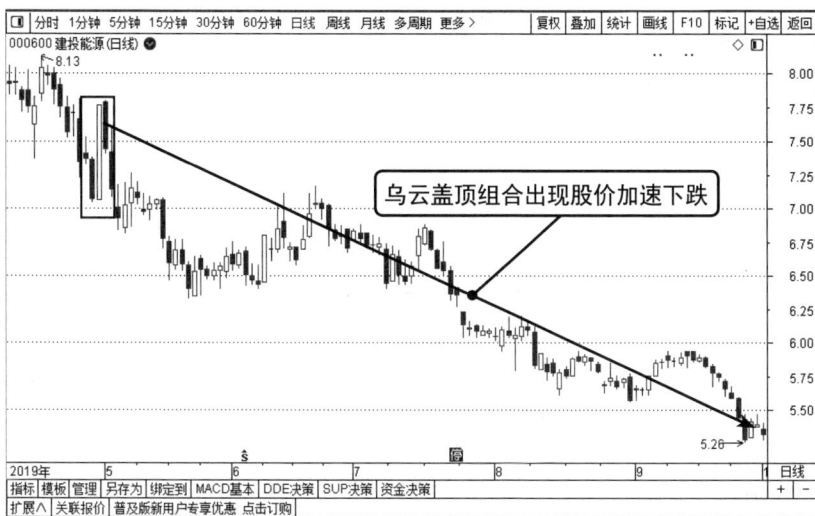

图 4-41　建投能源 2019 年 4 月至 10 月的 K 线走势

4.3　寻觅短线更在常见 K 线形态

　　K 线组合有利于我们判断短线的来临，如果能掌握一些 K 线形态就更加便于投资者发现短线机会。

4.3.1　圆弧底与圆弧顶形态

　　圆弧底和圆弧顶的走势很平稳，形态酷似圆弧状，分别出现在股价大幅下跌的低位和大幅上涨的高位，发出股价见底和见顶的信号，其示意图分别如图 4-42 和图 4-43 所示。

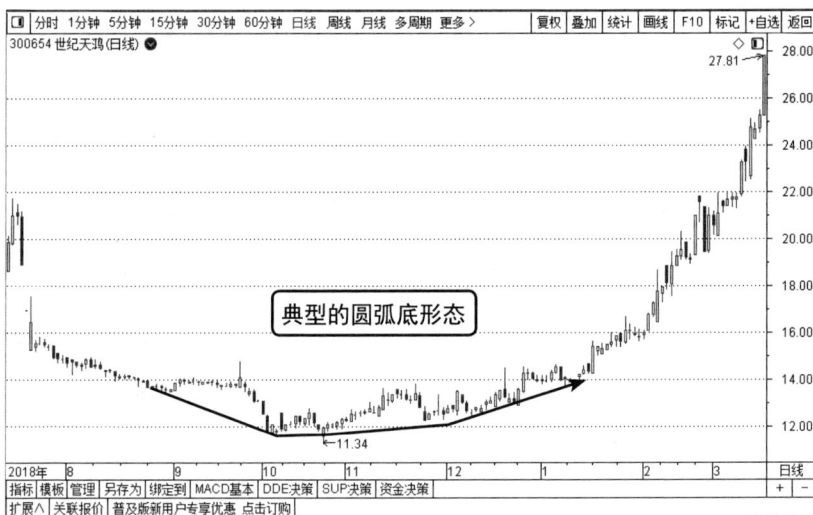

图 4-42 圆弧底形态

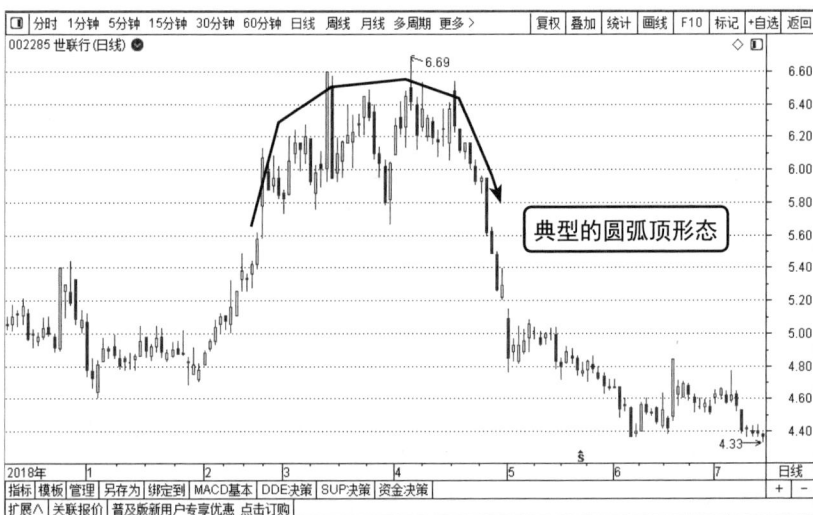

图 4-43 圆弧顶形态

实例分析

双塔食品（002481）的圆弧底形态

图 4-44 所示为双塔食品 2017 年 10 月至 2019 年 3 月的 K 线走势。

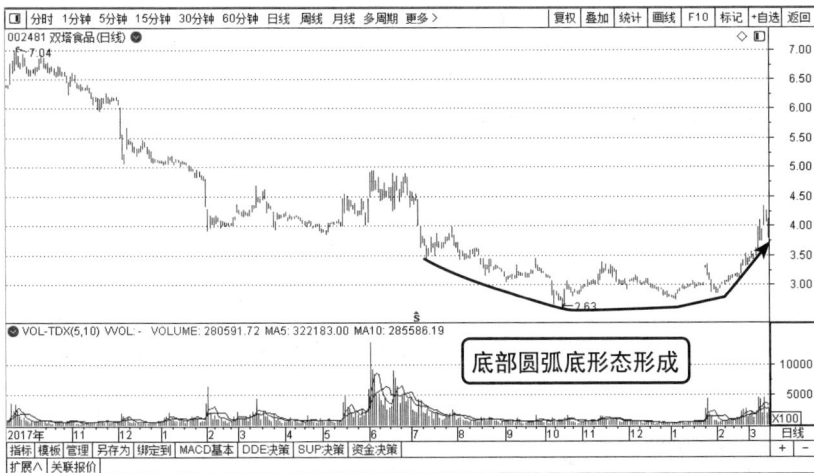

图 4-44 双塔食品 2017 年 10 月至 2019 年 3 月的 K 线走势

从图中可以看到，该股表现为下跌行情，股价从 7 元附近开始快速下跌至 3.5 元价位线后跌势渐缓，成交量表现为缩量，K 线逐渐形成圆弧底形态。圆弧底形态表示当前股价见底，后市看涨，图 4-45 所示为该股后市走向。

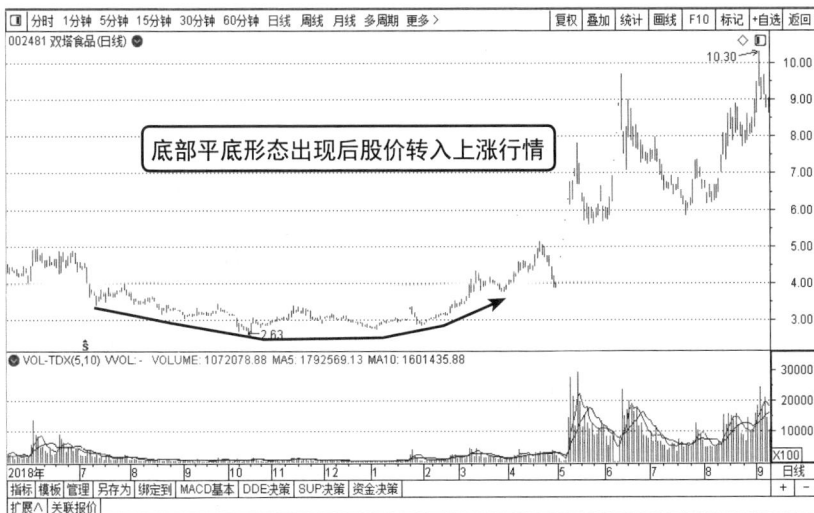

图 4-45 双塔食品 2018 年 6 月至 2019 年 9 月的 K 线走势

从图中可以看出，股价在相对低价区域逐渐形成了一个标准的圆弧底形态，由此使得股价筑底成功，为之后的上涨打下基础。圆弧底形成后，股价突破颈线，向上攀升时为投资者的买入机会，投资者此时应该积极买入建仓。

当然判断圆弧顶和圆弧底需要一个时间认识，从短线上看，趋势一旦存在，则必然会反映在股价上，一种明显趋势产生，则可以为短线投资者提供判断后市的依据，这也是为什么要介绍常见 K 线形态的原因。

4.3.2 双底与双顶形态

双底和双顶也叫 W 底和 W 顶，因为酷似英文字母"W"，因此而得名，是非常重要的 K 线形态。

图 4-46 所示为双底形态。

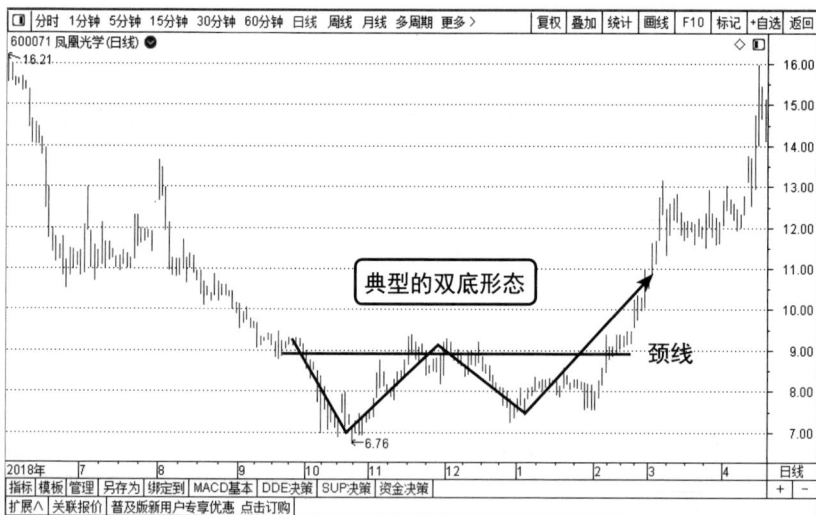

图 4-46 双底形态

图 4-47 所示为双顶形态。

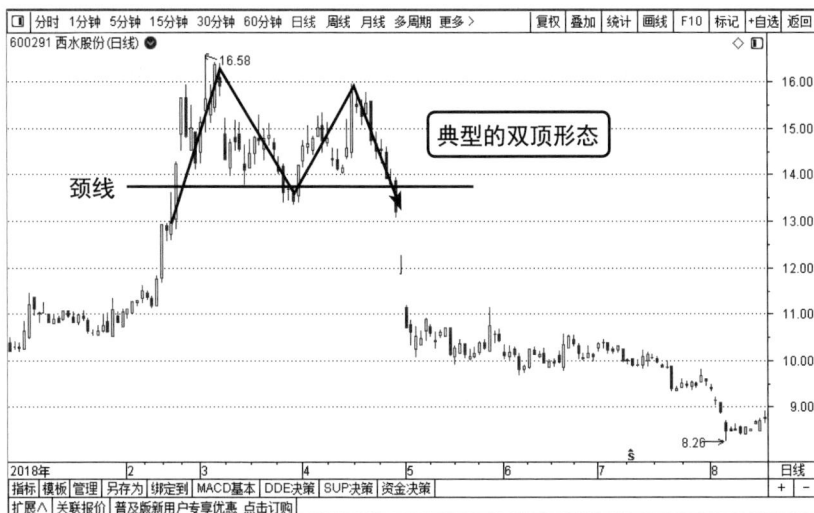

图 4-47　双顶形态

实例分析

北新建材（000786）的双底形态

图 4-48 所示为北新建材 2018 年 8 月至 2019 年 2 月的 K 线走势。

图 4-48　北新建材 2018 年 8 月至 2019 年 2 月的 K 线走势

从图可以看到，该股处于下跌走势，股价从22.0元附近开始下跌，跌至13.12元，创下新低后止跌回升，形成一个低点。股价上涨至16.0元附近后扭头向下，在13.26元附近止跌，形成第二个低点。两个出现在股价下跌低位区域的低点形成了标准的双底形态，预示后市股价将反转上升。

图4-49所示为北新建材2018年9月至2019年4月的K线走势。

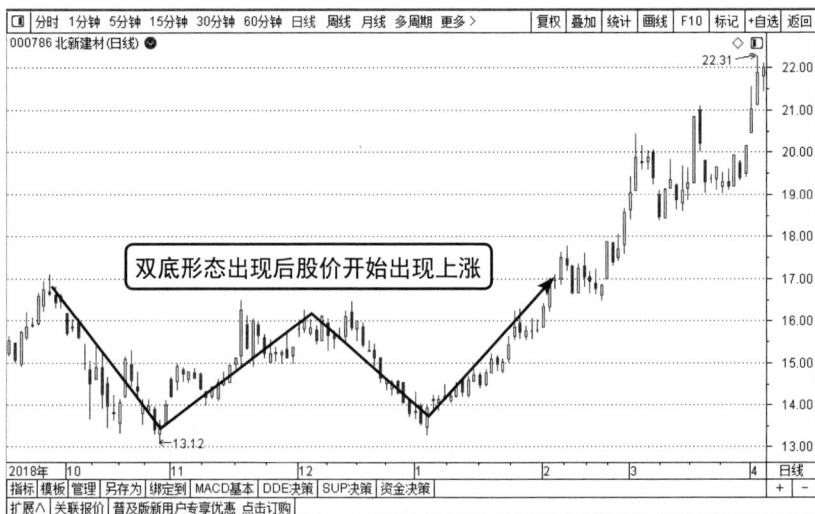

图4-49 北新建材2018年9月至2019年4月的K线走势

从图中可以看出，股价在双底形成之后出现了大幅度的上涨，从14.0元上涨到了22.0元附近，涨幅达57%。

双底的筑底，形成了两次较好的买入机会，即是第二个低位区域和股价上涨突破颈线的位置，抓住这两处位置进行布局，投资者可以抓住这次短线获利的机会。

4.3.3 尖底与尖顶形态

尖意味着不平滑，也不是两个谷或者峰，形态酷似英文字母"V"，如图4-50和图4-51所示。

图 4-50　尖底形态

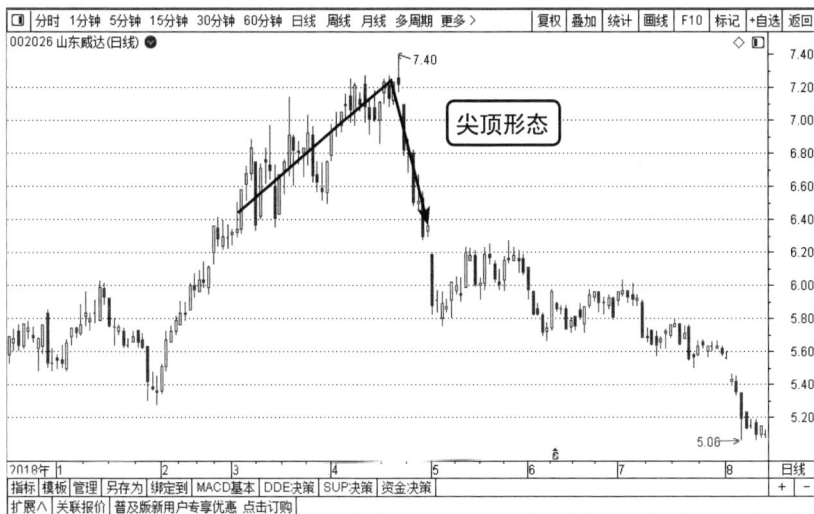

图 4-51　尖顶形态

实例分析

中原高速（600020）的尖底形态

图 4-52 所示为中原高速 2018 年 5 月至 11 月的 K 线走势。

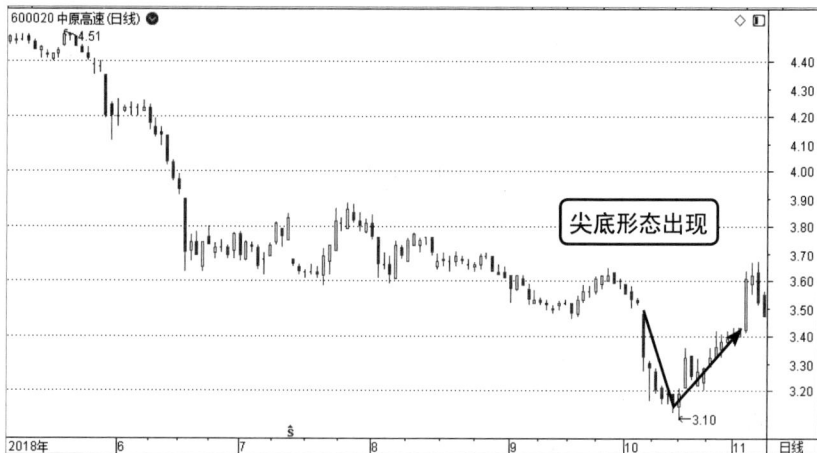

图 4-52　中原高速 2018 年 5 月至 11 月的 K 线走势

从图中可以看到，该股处于下跌行中，股价跌至 3.6 元价位线附近时跌势渐缓，横盘整理。10 月初，K 线突然连续放出十多根阴线，将股价拉低至 3.2 元附近，随后 K 线连续收出多根阳线拉升股价。这一急跌急涨的走势，使 K 线形成了典型的尖底形态，说明场内多方力量积聚，后市将表现强势上涨走势。该股后市走势如图 4-53 所示。

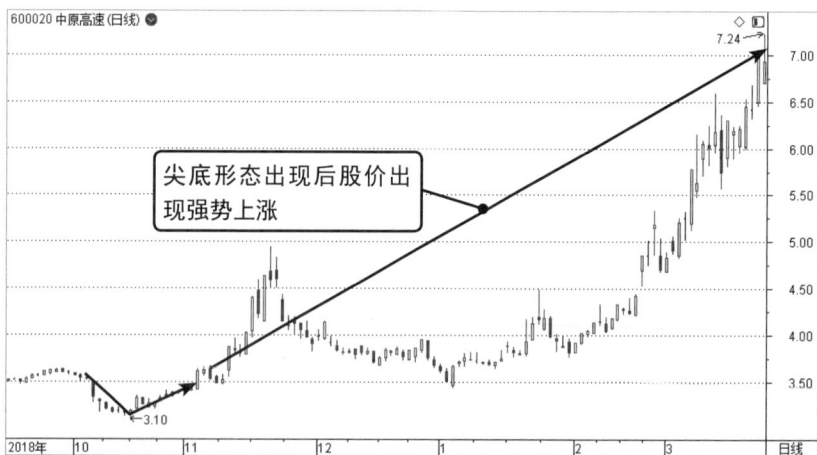

图 4-53　中原高速 2018 年 9 月至 2019 年 3 月的 K 线走势

从图中可以看到，尖底形态出现后，后市出现了强势拉升，股价从3.5元左右上涨至7元附近，涨幅达到100%。需要注意的是，在实战操作中，尖底和尖顶形态形成的时间比较短，因为由急涨急跌形成，所以短线投资者要把握时机，及时操作。

4.4 缺口中的短线

在蜡烛图中经常会有缺口产生，缺口反映的是多空两种力量的大转换，具有相当的短线参考价值。

4.4.1 缺口分类

一般将缺口分为4种类型：普通缺口、突破缺口、连续缺口和竭尽缺口。

◆ 普通缺口是一般在短期内会被补上的缺口，普遍出现在整理特别是盘整形态里面。

◆ 突破缺口通常发生在整理到位之后，使得股价正式突破阻力位或支撑位。在上涨行情中，如果可以确认这个突破是一个有效的突破，则为短线强烈的买进信号。

◆ 连续缺口主要出现在发生快速的涨势或跌势之中，确保了主升段的上涨或者下跌的持续走势。

◆ 竭尽缺口代表一个走势的末端，多空力量的一方出现衰竭象征。

介绍了这么多缺口，实际上对短线投资者而言就是上跳缺门和下跳缺口如何运用的问题。

4.4.2　短线上跳缺口

上跳缺口如图 4-54 所示。

图 4-54　上跳缺口

从图中可以发现，上跳缺口都出现在涨势中，这是因为多方力量占绝对优势，股价跳空高开，留下了向上无成交的空白区，并保持到收盘。

拓展知识　*举一反三*

当然，向上跳空缺口不会只有一个，完整上跳缺口一般不超过 3 个，依次为向上突破缺口、向上持续缺口、向上竭尽缺口。也就是说，向下跳空缺口也应该不超过 3 个，依次为向下突破缺口、向下持续缺口、向下竭尽缺口。

实例分析

海信视像（600060）的上跳缺口

图 4-55 所示为海信视像 2019 年 8 月至 2020 年 1 月的 K 线走势。

图 4-55　海信视像 2019 年 8 月至 2020 年 1 月的 K 线走势

从图中可以看到，在 A、B 两个位置可以短线买入，这说明对于股价上攻留下向上突破缺口后，可跟进做多，往后出现向上跳空的持续缺口可追加筹码，一旦发现回补完缺口，离场观望。

4.4.3　短线下跳缺口

下跳缺口如图 4-56 所示。

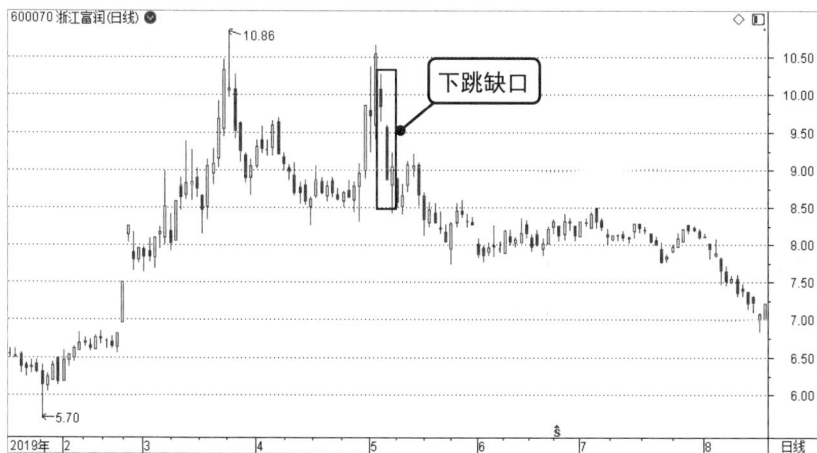

图 4-56　下跳缺口

下跳空缺口的出现，说明市况已发生逆转，原来的上涨已经结束，接下来的就是一轮下跌，而这个下跌才刚刚开始，未来下跌的空间还很大

实例分析

海联金汇（002537）的下跳缺口

图 4-57 所示为海联金汇 2019 年 7 月至 2020 年 4 月的 K 线走势。

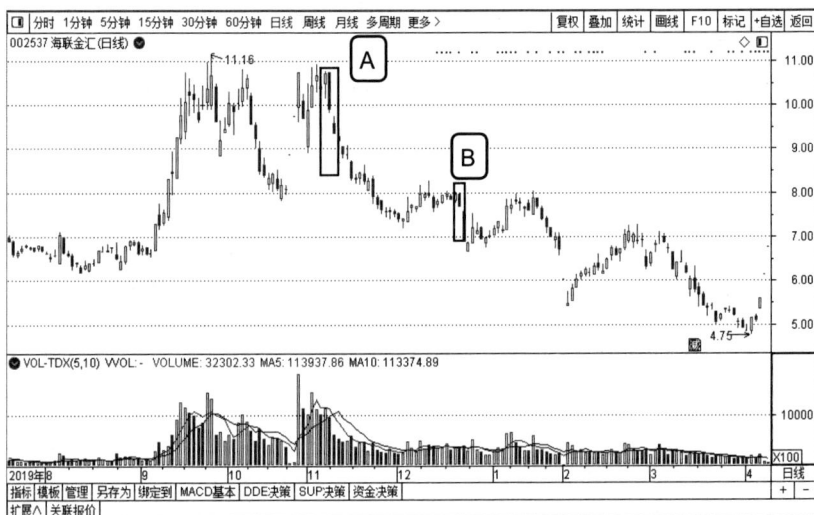

图 4-57 海联金汇 2019 年 7 月至 2020 年 4 月的 K 线走势

图中下跳空缺口有两个，第一个缺口出现在上涨过后的高位区域，这时投资者应以退出观望为宜。第二个缺口是最后的出逃机会，投资者要尽快脱逃。

拓展知识 *除权除息造成的缺口*

除了股价波动之外，除权除息也会形成缺口。此时进行前复权处理就可以消除这样的缺口了。

第 5 章

修枝剪叶：移动平均线的短线分析

有时候利用移动平均线可以更加精准地把握短线机会，这好比是给即将盛开的花朵在结出丰硕果实前的一次修枝剪叶，将扰乱短线操作的杂念统统清除，留下更加清晰的短线操作理由。

前面已经谈及了如何利用股票技术来分析判断短线机会，股价技术是十分有效的判断方式，为了克服技术分析的不足，也强调了要重视盘面和K线，一些短线可能的机会可以利用K线清晰地判断，也可能无法利用K线来做出理性判断。

图5-1所示为国星光电2019年4月至9月的K线走势。

图 5-1 国星光电 2019 年 4 月至 9 月的 K 线走势

从图中可以看到，该股表现下跌走势，股价从 15.5 元附近开始下跌，跌至 10.5 元价位线后止跌反弹，但反弹幅度较小很快再次下跌。第二次下跌也在 10.5 元价位线后止跌反弹。两次反弹的两个低点位置基本相同，形成典型的双底形态。并且第二次反弹后股价上涨，突破了双底形态的颈线。

通过上一章的学习，我们知道双底形态说明股价触底，后市将出现上涨行情，那事实是否是这样呢？

图5-2所示为国星光电2019年4月至11月的K线走势。

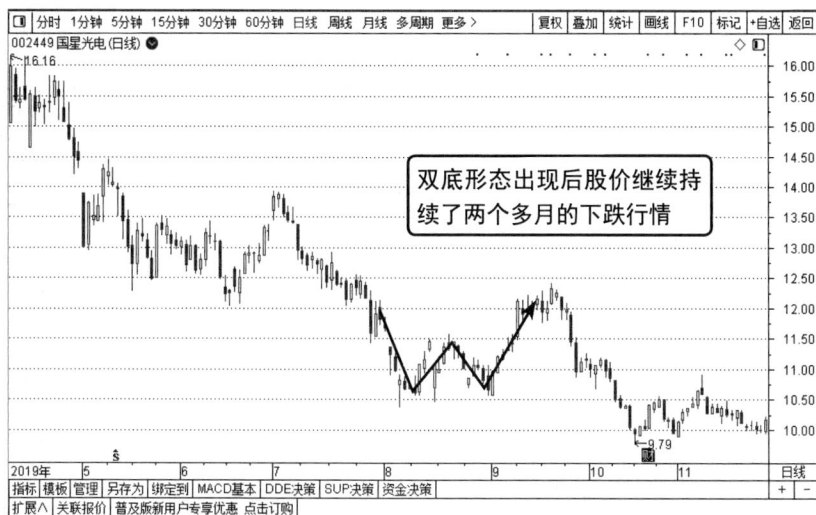

图 5-2　国星光电 2019 年 4 月至 11 月的 K 线走势

从图中可以看到，双底形态出现后并没有出现预期的后市上涨行情，反而继续下跌，持续了两个多月的下跌行情。这种情况下，判断短线机会要依靠盘面完全是不可能的，如果用技术指标 WR 呢？如图 5-3 所示。

图 5-3　增加 WR 指标后的国星光电 2019 年 4 月至 11 月的 K 线走势

从图中可以看到，WR 指标发挥的效用并不大，反映出依靠技术指标的相对困难，此时投资者要判断这一形态特征出现后的状况，显然不能简单根据之前的经验。

如果看看移动平均线是否有新发现呢？如图 5-4 所示。

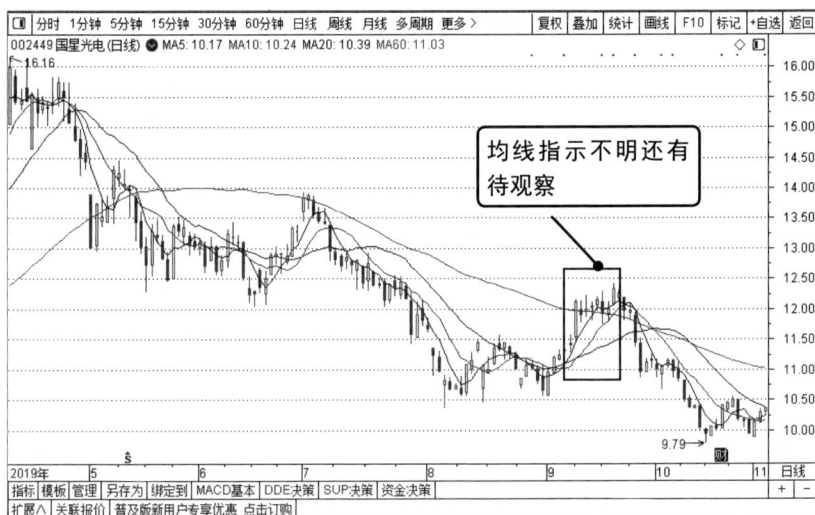

图 5-4　增加均线后的国星光电 2019 年 4 月至 11 月的 K 线走势

从图中可以看到，双底形态出现时，虽然短期和中期均线改变了运行方向向上运行，但长期均线仍然跌势明显，没有改变迹象，说明此时的上涨还有待观察。

通过上面的分析我们可以发现，利用移动平均线可以判断和加深对短线操作的认识，从实战来看需要把握如下 3 个方面的内容。

◆　**均线交叉**：金叉和死叉决定生死。

◆　**均线形态**：山谷不同操作更不同。

◆　**均线排列**：短线获利的持续保障。

5.1 均线交叉：胜利就在眼前

均线交叉是最容易判断短线机会的。在交叉情况下表明股价将会朝某一个方向转变，此时不管是准备入手的投资者还是持有该股的投资者都应该打起精神，一方面关注交叉后其技术特征变化，另一方面看盘面变化。

5.1.1 金叉：短线买入浮出水面

金叉一般而言是指短期均线向上穿插中期均线，形成短线买入的机会，如图 5-5 所示。

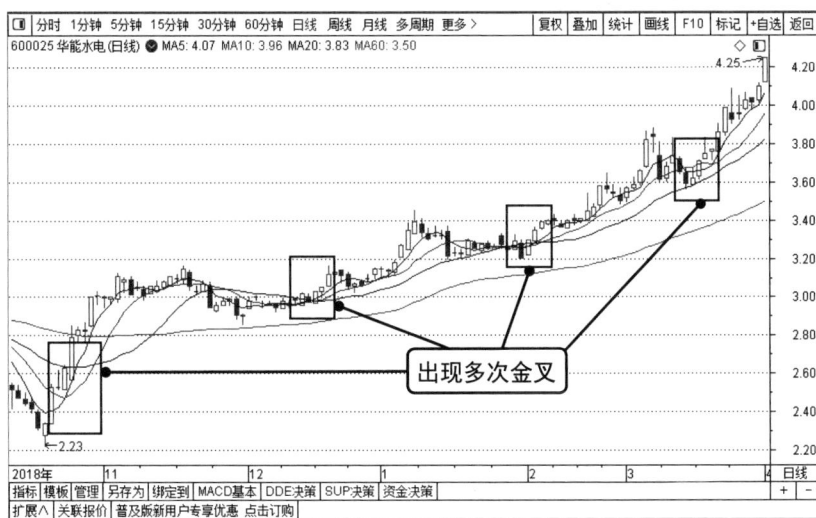

图 5-5 金叉实战

图中多处出现了金叉，比如有的地方是 5 日均线上穿 10 日均线，或者是 10 日均线上穿 20 日均线。

图中金叉十分明显，带来了股价不断上涨，5 日、10 日均线构成的是短期均线系统，20 日、60 日均线构成的是中期均线系统，前面对金叉的定义是短期均线上穿中期均线，这里的短期是相对于它上穿均线而言，比如 5 日均线和 10 日均线都属于短期均线，但是 5 日均线也可以上穿 10 日均线形成金叉。

因此投资者可以依据金叉位置相继介入，利用短暂拔高机会获利。均线技术就提供了这么一点重要判断。

实例分析

三一重工（600031）的 5 日均线和 10 日均线金叉

图 5-6 所示为三一重工 2018 年 7 月至 2019 年 3 月的 K 线走势。

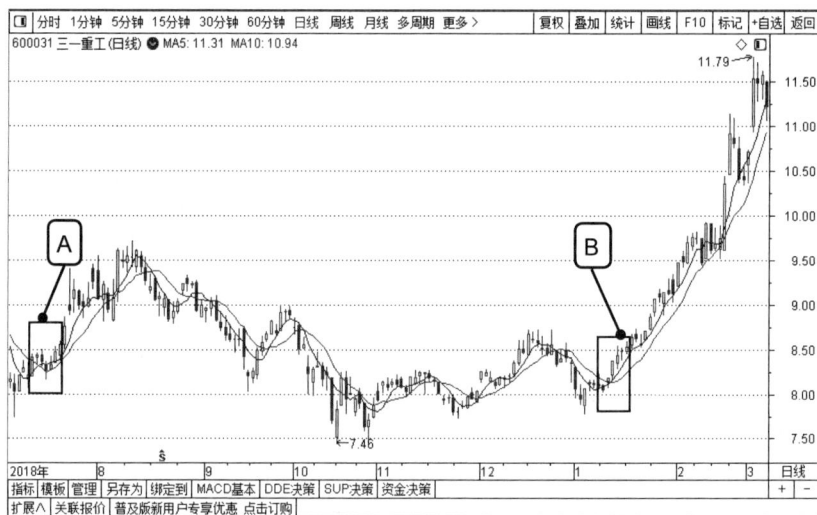

图 5-6　三一重工 2018 年 7 月至 2019 年 3 月的 K 线走势

从图中可以看到，该股在 A 位置和 B 位置都出现了金叉，而且每一次金叉后该股都出现了大幅度上涨，从金叉后的 K 线看一般以阳线为主，这样表示该股强势将会继续，这是其一。

其二，金叉后，股价沿着 5 日均线的上方运行，表明受到了 5 日均线的支撑，这样的涨幅才能持续。

其三，金叉后，5日均线和10日均线的运行方式是朝上运行，在4个交易日内不会迅速拐头，这样才能有效判断金叉后有短线机会。

有了这3点认识，对于判断5日均线和10日均线形成的金叉就有比较大的帮助了，如图5-7所示。

图 5-7　三一重工 2019 年 4 月至 11 月的 K 线走势

从图中可以看到，在A位置出现了短暂的金叉，出现金叉后第4个交易日两条均线拐头，从K线形态看，阴线连续破坏阳线建立的走势，此时短线机会不强，不宜立刻介入。

第2个位置也出现了金叉，4个交易日股价也没有出现大的变化，从资金利用率看，这种等待过长的金叉不是短线投资者追求的，虽然最后该股突然爆发，但金叉发挥的作用并不大。

也就是说，金叉之后的K线形态不如预期，则短线有获利机会就应该尽快出手。我们再来回顾一下判断5日均线和10日均线金叉机会的步骤，如图5-8所示。

① 金叉之后是否阳线居多。

② 5 日均线和 10 日均线在金叉后是否朝上运行。

③ 一般而言以 4 个交易日为一个周期，快进快出为妙。

图 5-8　5 日均线和 10 日均线金叉判断方法

实例分析

保利地产（600048）的 10 日均线和 30 日均线金叉

图 5-9 所示为保利地产 2018 年 10 月至 2019 年 7 月的 K 线走势。

图 5-9　保利地产 2018 年 10 月至 2019 年 7 月的 K 线走势

　　图中的 A、B 两个位置分别出现了 10 日均线和 30 日均线形成的金叉，这和 5 日、10 日均线形成的金叉虽然看似一样，实际上其准确性更强。通常而言，出现了 10 日和 30 日均线的金叉，是一段时间走势向好的标志。为什么 10 日和 30 日均线的金叉更能反映出走势呢？

这是因为 10 日均线代表短期均线，30 日均线代表中期均线，短期均线和中期均线的金叉意味着未来很长时间股价将有利投资者，这个时间至少是 10 天。

在图中 A 位置金叉开始大致是 11.8 元，10 个交易日后达到 12.5 元附近。B 位置是 12 元，10 个交易日后是 13 元附近。

也就是说，只要 10 日均线和 30 日均线出现金叉后，其向上走势不发生变化，则表明股价将会有一波上涨，一般以 10 个交易日为判断是否短线获利的关键点，如图 5-10 所示。

图 5-10　保利地产 2019 年 6 月至 2020 年 2 月的 K 线走势

在图中，2019 年 8 月下旬出现了一次金叉，金叉后股价在 14 元买入的投资者可以按照上面的方法等待 10 个交易日。

观察这段时间该股的发展可以看出，并不具备短线有利机会，因为 10 日和 30 日均线并没有预期向上，而是转头向下，说明均线交叉具有迷惑性，应该果断卖出保住利润。

拓展知识 *摘录均线口诀*

年线下变平,准备捕老熊。年线往上拐,回踩坚决买。

年线往下行,一定要搞清。如等半年线,暂作壁上观。

深跌破年线,老熊活年半。价稳年线上,千里马亮相。

半年线上拐,坚决果断买。季线如下穿,后市不乐观。

季线往上走,长期做多头。月线不下穿,光明就在前。

股价踩季线,入市做波段。季线如被破,眼前就有祸。

5.1.2 死叉：短线卖出悄悄来临

死叉是和金叉相对而言的,也就是短期均线向下穿过中期均线,均线取值越大,穿过后对股价的影响越大,如图 5-11 所示。

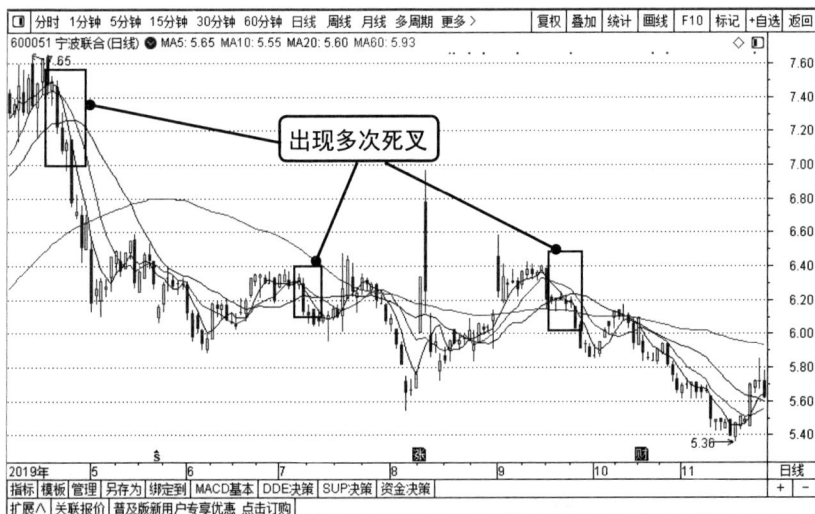

图 5-11 死叉实战

图中，有 5 日均线下穿 10 日均线，也有 10 日均线下穿过 20 日均线，其实战效果是不同的，如图 5-12 所示。

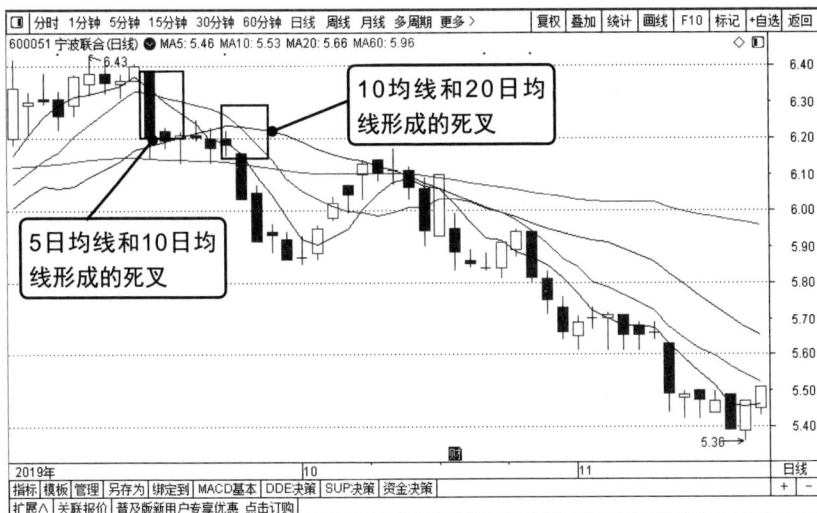

图 5-12 死叉实战放大

图中，如果只是 5 日均线下穿 10 日均线，股价将出现下跌；如果 10 日均线进一步下穿过 30 日均线，则下跌幅度会更大。

实例分析

厦门象屿（600057）的 5 日均线和 10 日均线死叉

图 5-13 所示为厦门象屿 2018 年 11 月至 2019 年 2 月的 K 线走势。

从图中可以看出，在 2018 年 11 月下旬，5 日均线调头向下，下穿 10 日均线，产生了死叉。

死叉的出现预示着股价将会下跌调整，所以此时投资者不能盲目慌乱入场。

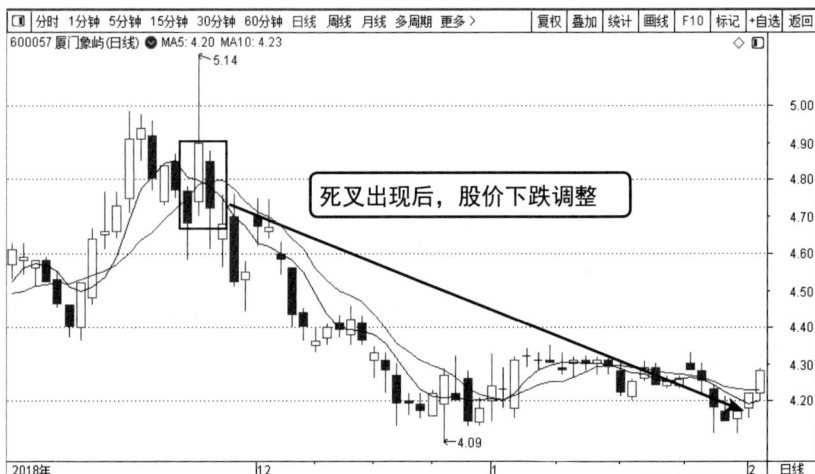

图 5-13　厦门象屿 2018 年 11 月至 2019 年 2 月的 K 线走势

图 5-14 所示为厦门象屿 2019 年 1 月至 4 月的 K 线走势。

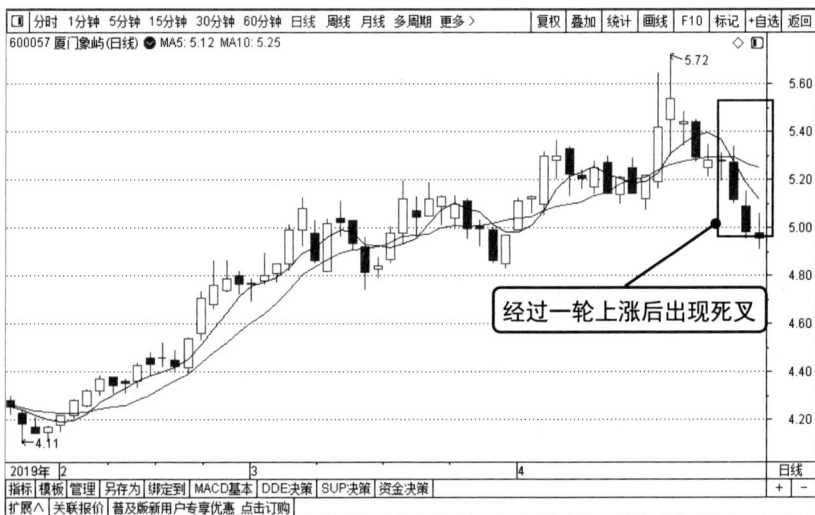

图 5-14　厦门象屿 2019 年 1 月至 4 月的 K 线走势

从图中可以看出，该股经过一段时间上涨后，在 4 月下旬出现了死叉，此时投资者不介入是第一反应，此时对在前期任何阶段已经有获利的投资者如何操作呢？

此时最容易迷失自我，因为看见死叉后就会有恐慌心理，实际上一旦股价脱离均线过度就会在随后 7 个交易日来一个修正，也就是说出现了 5 日均线和 10 日均线死叉后，可以等待 7 个交易日来逃离，如图 5-15 所示。

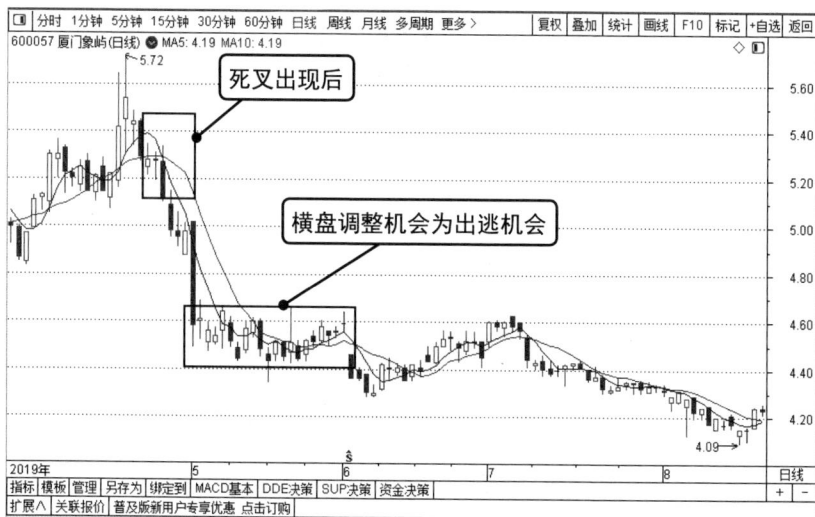

图 5-15　厦门象屿 2019 年 4 月至 8 月的 K 线走势

图中死叉后在 7 个交易日该股股价止跌横盘调整，这个时候正是短线投资者逃离的绝佳机会。

通过上面的案例，我们可以归纳出对 5 日均线和 10 日均线产生的死叉的判断方法，如图 5-16 所示。

①死叉之后均线拐头是确定标准。

②确定之后需要观察 7 个交易日的股价变化。

③一旦股价再次上扬表明短线逃离机会已经来临。

图 5-16　5 日均线和 10 日均线死叉判断方法

实例分析

皖维高新（600063）的 10 日均线和 30 日均线死叉

图 5-17 所示为皖维高新 2019 年 4 月至 11 月的 K 线走势。

图 5-17　皖维高新 2019 年 4 月至 11 月的 K 线走势

从图中可以看到，该股 A、B 两个位置都出现了死叉，但是两个死叉出现后却对股价造成了不同程度的下跌。那么如何来判断死叉对股价的走势影响呢？

其实十分简单，关键就是看 10 日和 30 日均线交叉后的走向，如果两者死叉后走向一致朝下，则表明中期该股会出现大跌不止。如果两者死叉后，反而纠缠在一起，表明短线仍然有机会逃跑。

5.1.3　交叉延后性的解决方案

有时候尽管出现了金叉和死叉也很难判断短线走势，股价甚至出现延后性发展，此时需要投资者借鉴前面章节提出的技术指标和盘面变化来综合考虑。

1. 利用技术指标有效判断金叉含量

利用技术指标的关键是将两种有互补功能的技术结合起来，利用技术的印证特性来判断短线机会的长短。在前面提出的 4 个交易日、10 个交易日都不是科学的方法，经验能够被技术指标验证是最好的。

实例分析

永鼎股份（600105）利用技术指标判断金叉

图 5-18 所示为永鼎股份 2018 年 10 月至 2019 年 4 月的 K 线走势。

图 5-18　永鼎股份 2018 年 10 月至 2019 年 4 月的 K 线走势

从图中可以看到，该股在 2018 年 11 月初出现 5 日均线和 10 日均线的金叉，以及 10 日均线和 30 日均线的金叉。按照前面的经验操作法，我们需要等待 10 个交易日来验证金叉的有效性，那么我们买进的位置应该在 3.5元左右。

这样一来，我们获得的利润比较有限。尤其是在短线操作中，如果等待 10 个交易日会大大降低资金的利用率，还可能错过短线操作的最佳时机。

为了避免这一情况，我们可以加入技术指标来验证金叉的有效性。

图 5-19 所示为增加了 MACD 指标之后的永鼎股份 2018 年 10 月至 2019 年 4 月的 K 线走势。

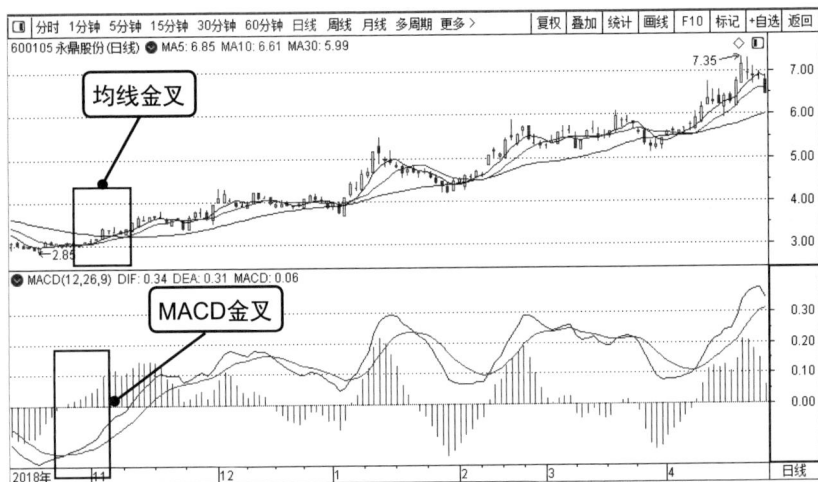

图 5-19　增加了 MACD 之后的永鼎股份 2018 年 10 月至 2019 年 4 月的 K 线走势

从图中可以看到，当 5 日均线和 10 日均线出现金叉时，MACD 指标的 DEA 线和 DIF 线在 0 轴下方形成金叉，向上运行，此时红柱线不断放大，说明股价将表现上涨，印证了均线金叉的有效性。

2. 利用盘面变化有效判断死叉结果

死叉的判断不是简单靠 7 个交易日的经验，也不是直观认为两条均线是否分道扬镳或者是纠缠不清的经验，而是利用交叉后盘面情况可以准确预知它们接下来可能发生的变化。

有读者肯定好奇，盘面有那么神奇的预知功能吗？在第 3 章已经给大家介绍了盘面的一些知识，实际上未来如何演绎和盘面变化有莫大关系，只要认真分析盘面就可以找到蛛丝马迹。

实例分析

永鼎股份（600105）利用盘面变化判断死叉

图 5-20 所示为永鼎股份 2019 年 4 月至 11 月的 K 线走势。

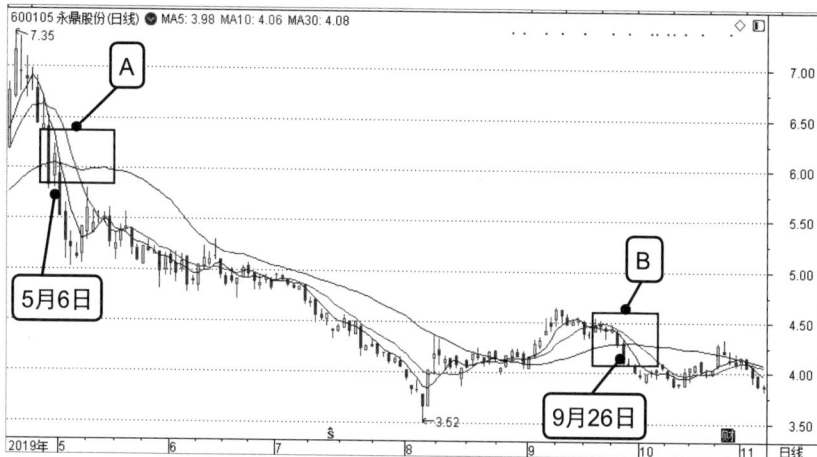

图 5-20　永鼎股份 2019 年 4 月至 11 月的 K 线走势

从图中可以看出，A、B 位置均出现了死叉，但这两处死叉造成的股价下跌力度并不相同，调整的时间和空间也不同。学会区分这些死叉的不同有利于短线投资者快进快出或者逃跑。

图 5-21 所示为 A 位置后 5 月 6 日的分时图。

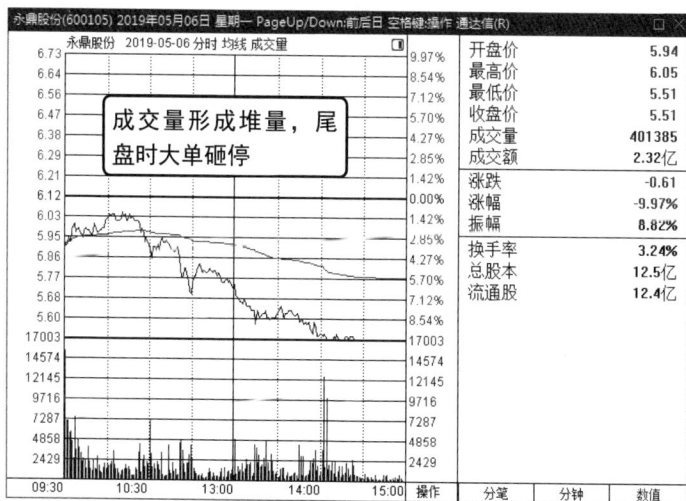

图 5-21　永鼎股份 2019 年 5 月 6 日的分时图

从图中可以看到，当天低开短暂上升后进入单边大幅下跌中，成交量形成堆量，尾盘时突然大单砸停。说明主力出货意图明显，后市将出现大跌。

图 5-22 所示为 B 位置后 9 月 26 日的分时图。

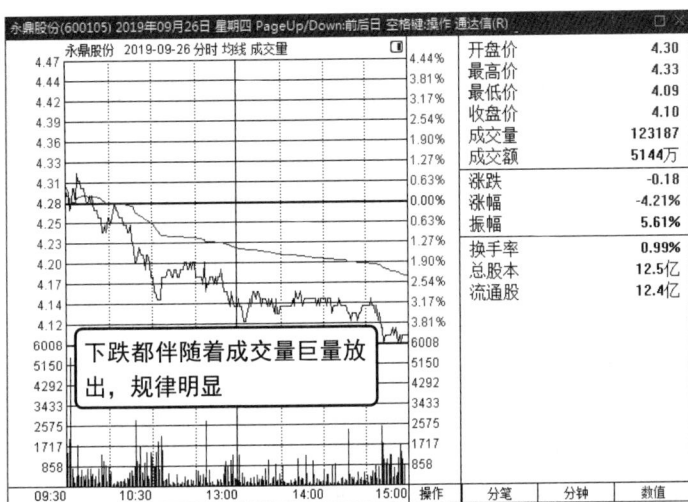

图 5-22　永鼎股份 2019 年 9 月 26 日的分时图

从图中可以看到，股价全天单边下跌，且每一次的下跌都伴随着成交量巨量放出，规律明显。说明前期盘内主力出货未尽，此时在借助反弹机会再次出货。

5.2　均线形态

市场的复杂性决定了一个金叉和一个死叉都不是独立存在的，往往通过多个金叉和多个死叉形成一个均线形态。从均线形态来判断短线走势更加具有说服力，下面将对均线形态进行介绍。

5.2.1 银山谷

听名字就知道，银山谷是一种利润的化身，也就是说，如果出现了图 5-23 所示的这种形态，其未来通过一系列操作会有所收获。

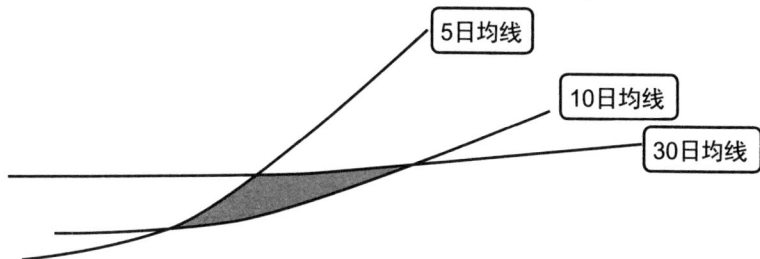

图 5-23 银山谷示意图

在上涨初期，5 日均线上穿 10 日均线和 30 日均线，同时 10 日均线又上穿 30 日均线，这样交汇形成的一个尖头向上的不规则三角形，表明股价触底，这种三角形酷似山谷，因此称为银山谷，图 5-24 所示是银山谷的实战。

图 5-24 银山谷

5.2.2 金山谷

有银就不会错失金，金银从来都是在一起的，银山谷的定义如此清晰，那么金山谷呢？其示意图如图 5-25 所示。

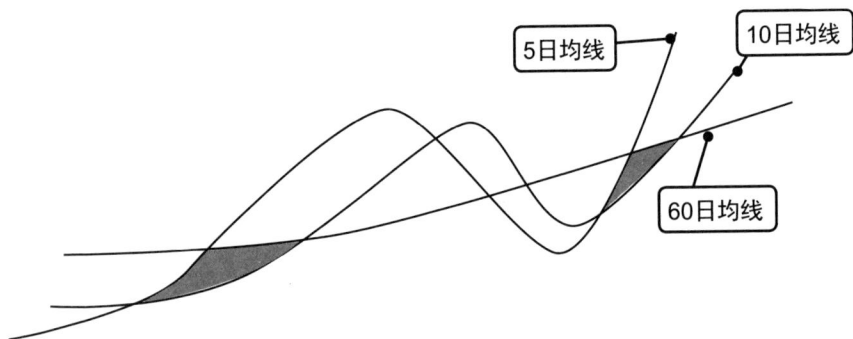

图 5-25　金山谷示意图

尖头朝上的不规则三角形出现后，股价经过调整，多方已积累了相当大的上攻能量，再次形成一个尖头朝上的不规则三角形，也就是说，再次出现一个银山谷，此时把这个银山谷称之为金山谷，这是一个比较典型的买进信号，如图 5-26 所示。

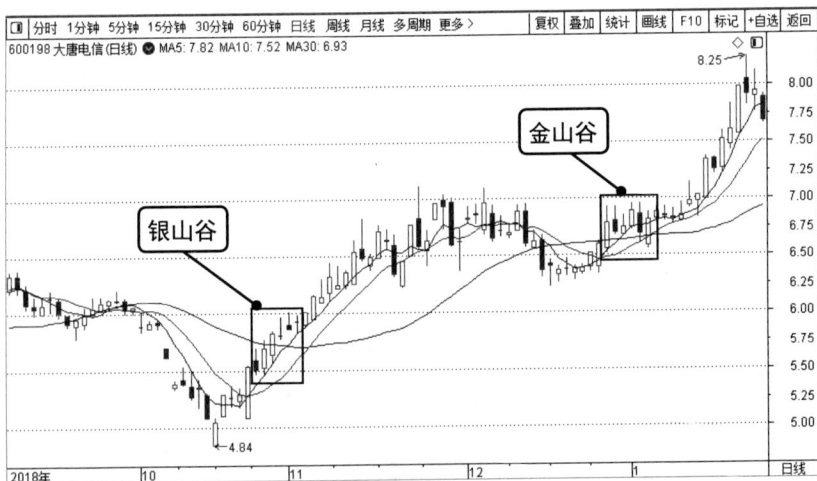

图 5-26　金山谷实战

实例分析

春兴精工（002547）的金银山谷

图 5-27 所示为春兴精工 2018 年 7 月至 11 月的 K 线走势。

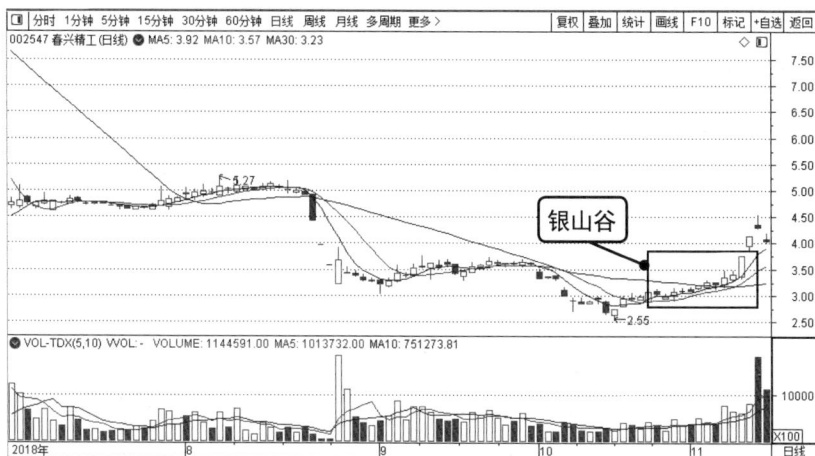

图 5-27 春兴精工 2018 年 7 月至 11 月的 K 线走势

从图中可以看到，在 2018 年 11 月初出现了一个银山谷，股价攀爬向上，形成短线操作机会，此时如果只看到一个银山谷就认为该股短线不过如此，那就大错特错了，随后该股的发展如图 5-28 所示。

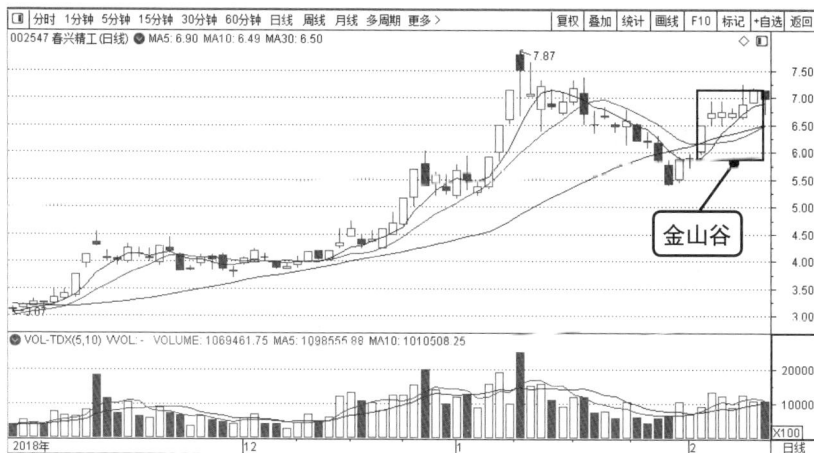

图 5-28 春兴精工 2018 年 11 月至 2019 年 2 月的 K 线走势

从图中可以看出，股价经过调整在 2019 年 2 月又出现了一个银山谷，此时的银山谷已经变成了金山谷，股价即将迎来加速上涨，如图 5-29 所示。

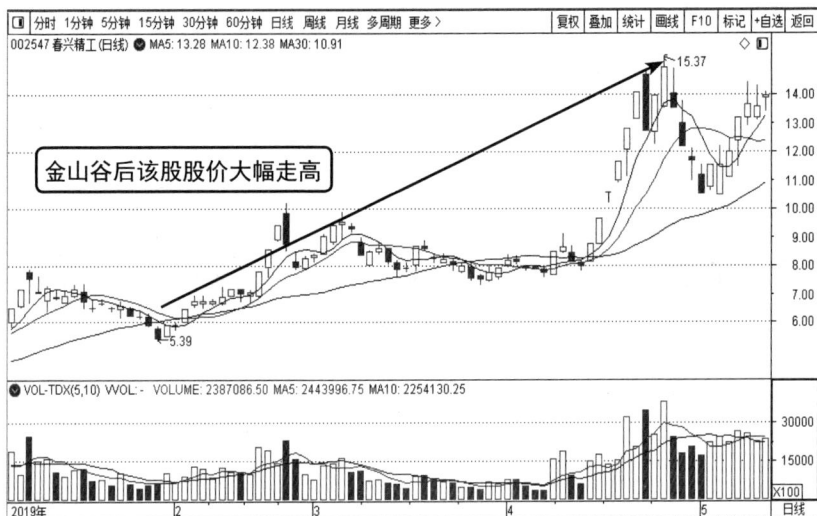

图 5-29 春兴精工 2019 年 1 月至 5 月的 K 线走势

图中很明显在金山谷后该股继续大幅走高。表明在金山谷的作用下，该股能够带给投资者不少收益。

拓展知识 *银山谷和金山谷的区别*

图形上来说它们的区别不大，第一个不同是出现时间有先有后。我们把均线上先出现的尖头朝上的不规则三角形称为"银山谷"，后出现的尖头朝上的不规则三角形称为"金山谷"。一般情况下"金山谷"的位置要高于"银山谷"，但有时也略低于"银山谷"。从时间上来说它们相隔时间越长，"金山谷"含金量就越高。

第二个从技术上而言，"金山谷"买进信号的可靠性要比"银山谷"强，其原因是"金山谷"的出现既是对"银山谷"做多信号的再一次确认，又说明多方在有了前一次上攻准备后，这次准备得更加充分。

5.2.3 死亡谷

和金银山谷相反，死亡谷是短期均线下穿中期、长期均线，中期均线下穿长期均线，从而形成了一个尖头朝下的不规则三角形。

具体而言就是 5 日均线下穿 10 日均线和 30 日均线，同时 10 日均线又下穿 30 日均线，这种情况的出现表明空方已积聚了相当大的杀跌能量，这是个典型的卖出信号，如图 5-30 所示。

图 5-30 死亡谷实战

死亡谷出现后，股价将会经历一波下跌，而这种下跌持续多久需要利用其他技术指标加以判断。

实例分析

维维股份（600300）的死亡谷

图 5-31 所示为维维股份 2019 年 4 月至 11 月的 K 线走势。

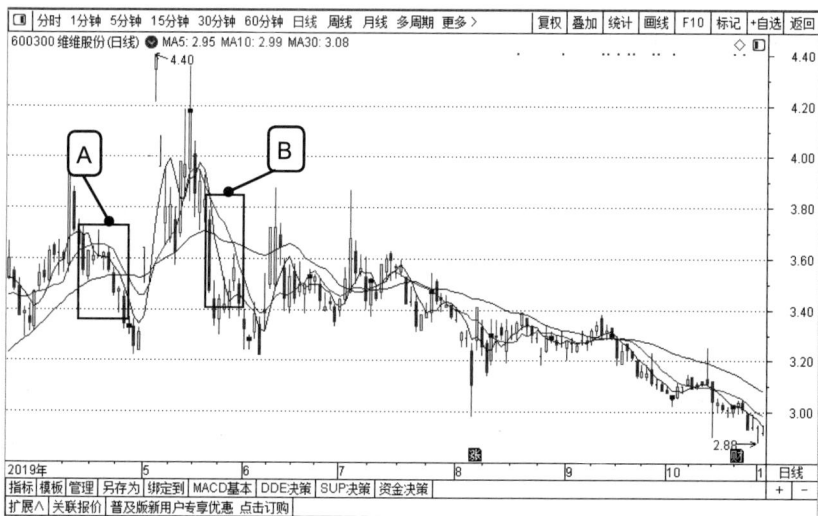

图 5-31　维维股份 2019 年 4 月至 11 月的 K 线走势

图中在 A、B 两个位置出现了死亡谷，但是死亡谷的效果却不一样，A 位置的死亡谷虽然对股价打压得厉害，但随后有逃命机会，甚至有短线买入机会，而 B 位置的死亡谷则是一路下跌，空方力量强大。

如果细心的股民朋友可以发现，如果是短暂死亡谷则交叉的时间一般会在几个交易日内完成，这样空方集中释放能量；而如果是长期死亡谷则交叉时间会漫长，形成绵绵不断地杀跌。

5.3　均线排列

均线排列的状况是整个均线运用中极其简单的判断短线机会的技术，这种技术的优势在于能够迅速找到股价运行或者波动的区间，而不利在于如果走势过于着急，则不容易判断其买卖点，如果此时借助葛兰维尔法则就可以很好地解决这个问题。

5.3.1 多头排列

多头排列是指在市场整体回暖的情况下，5日、10日、30日和60日均线同时向上发散，如图5-32所示。

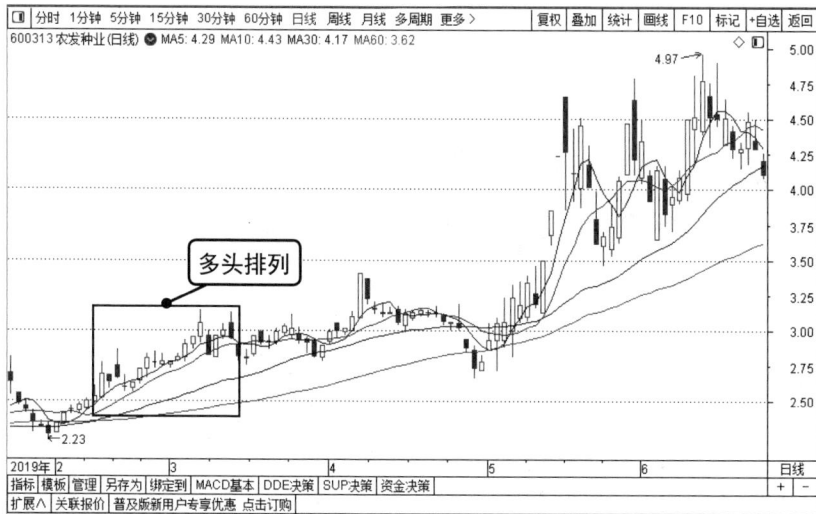

图 5-32 多头排列实战

一旦确立了多头排列，要在多头排列中获得短线机会，就不得不介绍葛兰维尔法则。

在多头排列中可以运用以下3条法则：

◆ 移动平均线从下降逐渐走平并且有向上方抬头的迹象，而股价从移动平均线下方向上方突破。

◆ 股价位于移动平均线之上运行，回调时并未跌破移动平均线，而后又再度上升。

◆ 股价位于移动平均线之上运行，回调时跌破移动平均线，但短期移动平均线继续呈上升趋势。

实例分析

ST 正源（600321）的多头排列运用葛兰维尔法则

图 5-33 所示为 ST 正源 2018 年 10 月至 2019 年 3 月的 K 线走势。

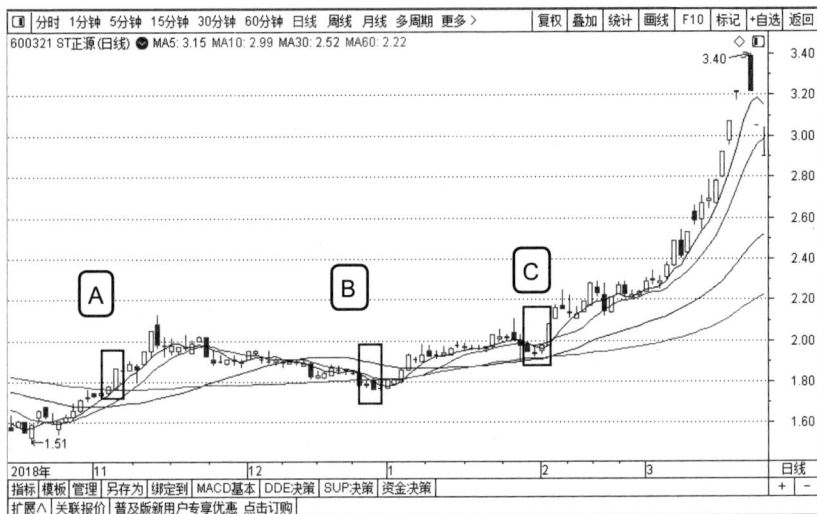

图 5-33　ST 正源 2018 年 10 月至 2019 年 3 月的 K 线走势

从图中可以看到，在 A、B、C 三个位置刚刚好体现了葛兰维尔法则，A 位置股价突破均线，此时买点出现；在 B 位置股价跌破均线，但均线运行方向并没有发生改变，仍然向上运行；在 C 位置股价未跌破均线，均线呈多头排列趋势不变，买点再次出现。

5.3.2　空头排列

空头排列也叫空头聚集，是 5 日、10 日、30 日和 60 日均线依次排开向下运动。此时空头占据了主动，投资者应该加以防范可能的不利因素，如图 5-34 所示。

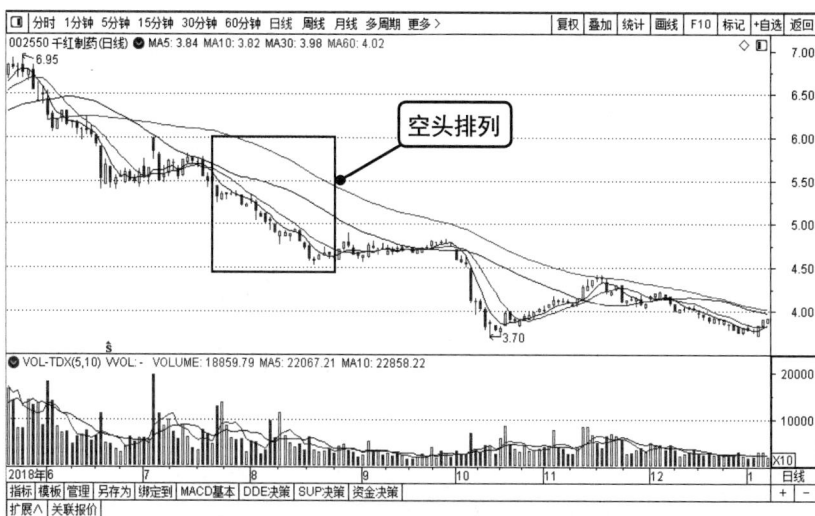

图 5-34　空头排列

空头排列建立后依然可以利用葛兰维尔法则的其他部分加以判断卖点。

◆ 移动平均线从上升逐渐走平，而股价从移动平均线上方向下跌破移动平均线。

◆ 股价位于移动平均线下方运行，反弹时未突破移动平均线，并且移动平均线跌势减弱，趋于水平后又出现下跌趋势。

◆ 股价反弹后在移动平均线上方徘徊，而移动平均线却继续出现下跌。

实例分析

科力远（600478）的空头排列运用葛兰维尔法则

图 5-35 所示为科力远 2019 年 6 月至 12 月的 K 线走势。

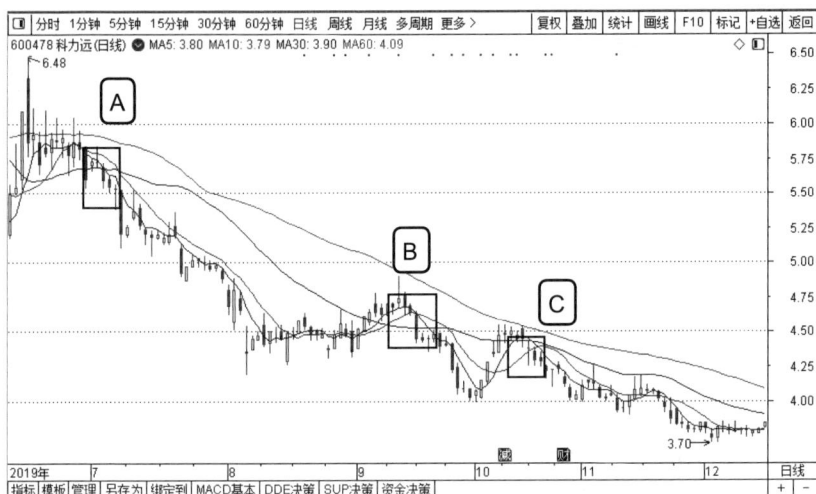

图 5-35　科力远 2019 年 6 月至 12 月的 K 线走势

　　图中该股一路下跌，空头排列明显，在 A、B、C 三个位置诠释了葛兰维尔法则，也是逃命的机会所在。

　　A 位置是大跌开始，此时均线刚刚形成空头排列，投资者应该马上逃离；B、C 位置虽然反弹但受制于均线压制，反弹无效，如果有不慎介入的投资者应该迅速撤离。

第 **6** 章

准备收获：赢在趋势和量价面

一切准备就绪后，投资者要做的就是等待成熟的果实。而要准备收获需要有一定的技巧，这个技巧蕴藏在趋势和量价面中。趋势告诉投资者什么时候能够持续赚钱，而量价面则明确赚钱的时候可以持续多久。

6.1 点拨趋势三大理论

经过前人的不断积累，在趋势上形成了三大重要理论，它们分别是道氏理论、江恩理论以及艾略特波浪理论，其中以道氏理论为基础，江恩理论和艾略特波浪理论为发散，从不同角度和侧面揭示了趋势胜利的条件和方法。

6.1.1 道氏理论：所有趋势理论的鼻祖

道氏理论是技术趋势分析的基础，该理论的创始人是美国人查尔斯·亨利·道。他与爱德华·琼斯创立了著名的道琼斯平均指数的同时又在《华尔街日报》上发表有关股市的文章，经后人整理后，成为今天所熟悉的道氏理论。

道氏理论的基本原则如下：

◆ 市场价格指数可以解释和反映市场的大部分行为。

◆ 市场的波动最终可以分为3种趋势，即主要趋势、次要趋势和短暂趋势。

◆ 成交量提供的信息可以帮助投资者理解一些令人困惑的市场行为。

◆ 收盘价是最重要的价格。

◆ 各种平均指数必须相互印证。

在整个道氏理论中起到了决定性作用的是趋势划分和相互印证原则。从趋势的主要趋势划分大致有两个趋势。

1. 牛市是基本上升趋势，通常划分为3个阶段

第一阶段是建仓（或积累），在这一阶段，有远见的投资者知道尽管现在市场萧条，但形势即将扭转，因而就在此时购入了那些勇气和运气都

不够的卖方所抛出的股票，并逐渐抬高其出价以刺激抛售。

第二阶段是一轮稳定的上涨，成交量随着公司业务的景气不断增加，同时公司的盈利开始受到关注。也正是在这一阶段，技巧娴熟的交易者往往会得到最大收益。

最后，随着公众蜂拥而上的市场高峰的出现，第三阶段来临，所有信息都令人乐观，价格惊人的上扬并不断创造"崭新的一页"，新股不断大量上市。现在到了该问卖掉哪种股票的时候了，在这一阶段的最后一个时期，成交量惊人地增长，甚至垃圾股也卷入交易（即低价格且不具投资价值的股票），但越来越多的高质量股票此时拒绝追从。

实例分析

中广天择（603721）牛市机会

图 6-1 所示为中广天择 2018 年 10 月至 2019 年 4 月的 K 线走势。

图 6-1　中广天择 2018 年 10 月至 2019 年 4 月的 K 线走势

从图中可以看出，该股有明显的 3 个阶段，在图中的 A、B、C 位置标识出来了。A 位置是该股牛市的开始，一波上涨，迎来了无数投资者跟风，接着在 B 位置又是一波大涨，此时从 15 元左右开始涨至 26 元附近，涨幅已经达到了 73%，继续上涨的动力不足，最后 C 位置冲高到 28 元附近就戛然而止了。

如果短线投资者能够明白大趋势，就可以在这个 3 个位置分别介入，迅速找到买点和卖点。

2. 熊市是基本下跌趋势，通常也有 3 个阶段

第一阶段是出仓，有远见的投资者感到交易的利润已达到一个反常的高度，因而在涨势中抛出所持股票。尽管弹升逐渐减弱，交易量仍居高不下，公众仍很活跃。但由于预期利润的逐渐消失，行情开始显弱。

第二阶段称之为恐慌阶段。此阶段买方少起来而卖方就变得更为急躁，价格跌势徒然加速，当成交量达到最高值时，价格也几乎是直线落至最低点。恐慌阶段通常与当时的市场条件相差甚远。在这一阶段之后，可能存在一个相当长的次等回调或一个整理过程，然后开始第三阶段。

那些在大恐慌阶段坚持过来的投资者此时或因信心不足而抛出所持股票。随着第三阶段推进，跌势不是很快，但持续着，这是由于某些投资者因其他需要，不得不筹集现金而越来越多地抛出其所持股票。

当坏消息被证实，而且预计行情还会继续看跌，这一轮熊市就结束了，而且常常是在所有的坏消息"出来"之前就已经结束了。

实例分析

紫天科技（300280）熊市机会

图 6-2 所示为紫天科技 2019 年 3 月至 8 月的 K 线走势。

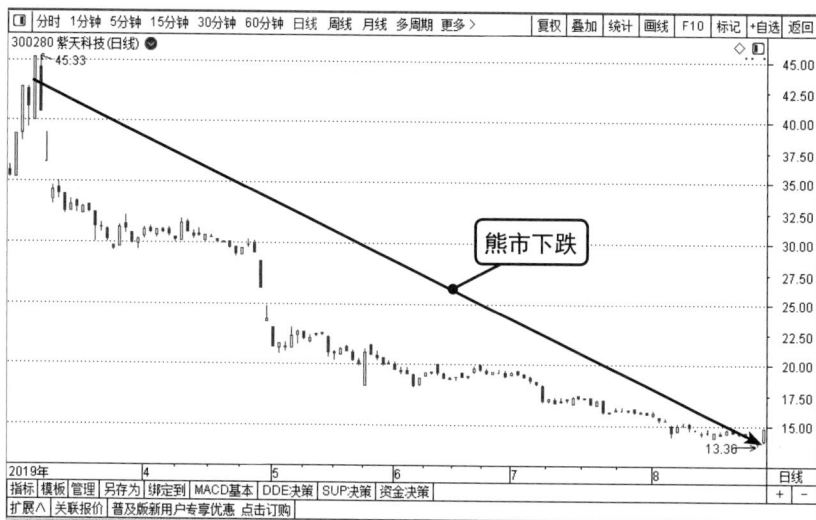

图 6-2　紫天科技 2019 年 3 月至 8 月的 K 线走势

从图中可以看出，该股从 45 元附近一路下跌到 15 元左右，基本上是一个过山车行情，实际上在 45 元就有投资者懂得获利出局，这是熊市第一阶段，接着大跌在 30 元企稳成为第二阶段，而跌破到了前期开始上涨的股价属于第三阶段，未来该股有反弹要求，又可以构成牛市。

无论如何，我们应时刻牢记基本趋势的典型特征。假如投资者知道牛市的最后一个阶段一般会出现哪些征兆，就不至为市场出现看涨的假象所迷惑。

从相互印证看，主要体现在如下几点：

◆　**两种指数必须相互验证**：这是道氏原则中最有争议也是最难以统一的地方，然而它已经受了时间的考验。任何仔细研究过市场记录的人士都不会忽视这一原则所起到的"作用"，而那些在实际操作中将这一原则弃之不顾的交易者总归是要后悔的。这就意味着，市场趋势中不是一种指数就可以单独产生有效信号。

◆　**成交量跟随趋势**：这一口头表达形式的意思就是主要趋势中价格

上涨，那么交易活动也就随之活跃。一轮牛市中，当价格上涨时成交量随之增长。而在一轮熊市中，价格跌落，当其反弹时，成交量也增长。

◆ **只有当反转信号明确显示出来，才意味着一轮趋势的结束：** 对于过分急躁的交易者，这无疑是一个警告，告诫交易者不要过快地改变立场而撞到枪口上。当然这并不是说当趋势改变的信号已出现时还要做不必要的拖延，而是说明了一种经验，就是与那些过早买入（或卖出）的交易者相比，机会总是站在更有耐心的交易者一边。

实例分析

观察上证指数（000001）和沪深300（399300）

图 6-3 所示为上证指数 2018 年 12 月至 2019 年 4 月的 K 线走势。

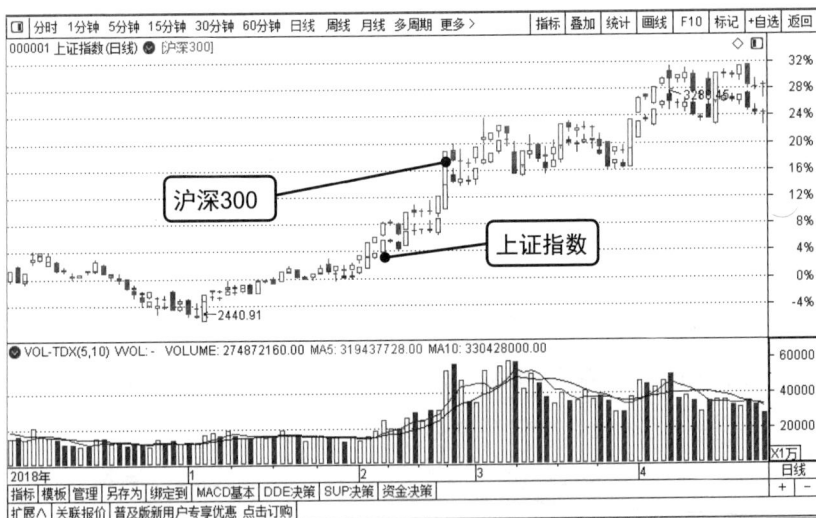

图 6-3　上证指数 2018 年 12 月至 2019 年 4 月的 K 线走势

从图中可以看出，沪深 300 和上证指数都必须同时上涨才意味着牛市到来。牛市两个阶段上涨，成交量都是随着价增而不断增加，同时孕育牛市阶段的 K 线也是经过了充分酝酿，这在前面几章已经提及了判断买点。

上面构成了道氏理论的精髓，远远低于其他的技术指标那种公式判断，这种简单的理论让其在辨别大牛市和大熊市两者时非常有效，但是也难逃批评。从短线而言，因为道氏理论的确认信号来得过晚，似乎有马后炮的嫌疑，但准确预测也是有效的，一旦机会来临，则短线收获势不可挡。

6.1.2　江恩理论

江恩理论是以研究测市为主的，江恩通过数学、几何学、宗教、天文学的综合运用，建立起自己独特的分析方法和测市理论。由于它的分析方法具有非常高的准确性，有时达到令人不可思议的程度，因此很多江恩理论的研究者非常注重江恩的测市系统。但在测市系统之外，江恩还建立了一整套操作系统，当测市系统发生失误时，操作系统将及时地对其进行补救。江恩理论之所以可以达到非常高的准确性，就是将测市系统和操作系统一同使用，相得益彰。

江恩在 72 岁高龄披露了纵横市场数十年的取胜之道。其中江恩 12 条买卖规则是江恩操作系统的重要组成部分，江恩在操作中还制定了江恩 21 条买卖守则，江恩严格地按照 12 条买卖规则和 21 条买卖守则进行操作。

江恩认为，进行交易必须根据一套既定的交易规则去操作，而不能随意地买卖，盲目地猜测市场的发展情况。随着时间的转变，市场的条件也会跟随转变，投资者必须学会跟随市场的转变而转变，不能认死理。

江恩告诫投资者：在投资之前请先细心研究市场，因为你可能会作出与市场完全相反的错误买卖决定，同时必须学会如何去处理这些错误。一个成功的投资者并不是不犯错误，因为在证券市场中面对千变万化、捉摸不定的市场，任何一个人都可能犯错误，甚至是严重的错误。但成败的关键是成功者懂得如何去处理错误，不使其继续扩大；而失败者因犹豫不决、优柔寡断任错误发展，并造成更大的损失。

下面我们重点看看，江恩的 21 条买卖守则和 12 条买卖规则。

1. 江恩的 21 条股票操作买卖守则

江恩经过几十年的努力成功总结出了自己的买卖守则，同时也对投资者有所启示。

- ◆ 每次入市买、卖，损失不应超过资金的 1/10。
- ◆ 永远都设立止损位，减少买卖出错时可能造成的损失，永不过量买卖。
- ◆ 永不让所持仓位转盈为亏。
- ◆ 永不逆市而为，市场趋势不明显时，宁可在场外观望。
- ◆ 有怀疑，即平仓离场，入市时要坚决，犹豫不决时不要入市。
- ◆ 只在活跃的市场买卖，买卖清淡时不宜操作。
- ◆ 永不设定目标价位出入市，避免限价出入市，而只服从市场走势。
- ◆ 如无适当理由，不将所持仓平盘，可用止赚位保障所得利润。
- ◆ 在市场连战皆捷后，可将部分利润提取，以备急时之需。
- ◆ 买股票切忌只望分红收息（赚市场差价第一）。
- ◆ 买卖遭损失时，切忌赌徒式加码，以谋求摊低成本。
- ◆ 不要因为不耐烦而入市，也不要因为不耐烦而平仓。
- ◆ 肯输不肯赢，切忌。
- ◆ 赔多赚少的买卖不要做。
- ◆ 入市时落下的止损位，不宜胡乱取消。
- ◆ 做多错多，入市要等候机会，不宜买卖太密。
- ◆ 做多做空自如，不应只做单边。

◆ 不要因为价位太低而吸纳，也不要因为价位太高而沽空。

◆ 永不对冲。

◆ 尽量避免在不适当时搞金字塔加码。

◆ 如无适当理由，避免胡乱更改所持股票的买卖策略。

2. 江恩的 12 条买卖规则

江恩总结 45 年在华尔街投资买卖的经验，写成 12 条买卖规则，重要性不言而喻。

◆ 确定趋势

江恩认为，对于所有市场，决定其趋势是最为重要的一点，至于如何决定其趋势，学问便在里面。他认为，对于股票而言，其平均综合指数最为重要，以决定大市的趋势。此外，分类指数对于市场的趋势亦有相当的启示性。所选择的股票，应以根据大市的趋势为主。

◆ 在单底、双底和三重底买入

江恩第二条买卖规则十分简单，当市场接近从前的底部，顶部或重要阻力水平时，根据单底、双底或三底形式入市买卖。

这个规则的意思是，市场从前的底部是重要的支持位，可入市吸纳。此外，当从前的顶部上破时，则阻力成为支持，当市价回落至该顶部水平或稍低于该水平时，都是重要的买入时机。

相反，当市场到达从前顶部，并出现单顶、双顶以至三顶时，都是沽空的时机。此外，当市价卜破从前的顶部，之后市价反弹回升该顶部的水平时，都是卖出的时机。

◆ 按百分比买卖

江恩认为，只要顺应市势，在从任何高位下跌 50% 时买入，或从任何低位反弹 50% 时卖出。

◆ 调整 3 周后入市

在趋势确定的情况下，可以按照 3 周的调整或下跌买入，股民可以根据情况灵活调整。

◆ 市场分段运行

在一个升市之中，市场通常会分为 3 浪至 4 浪上升的。在一个下跌趋势中，市场亦会分 3 甚至 4 浪下跌的。这一条买卖规则的含义是，当上升趋势开始时，永远不要以为市场只有一浪上升便见顶，通常市场会上升→调整→上升→调整→再上升一次才可能走完整个趋势；反之，在下跌的趋势中亦一样。江恩这个对市场走势的看法与艾略特的波浪理论的看法十分接近。

◆ 利用 5 至 7 点波动买卖

江恩对于市场运行的研究，其中有一个重点是基于数字学之上。所谓数字学，乃是一套研究不同数字含意的学问。对于江恩来说，市场运行至某一个阶段，亦即市场到达某一个数字阶段，市场便会出现波动及市场作用。若趋势是上升的话，则当市场出现 5 至 7 点的调整时，可趁低吸纳，通常情况下，市场调整不会超过 9 至 10 点；反之也可以。

◆ 成交量是关键

江恩认为，经常研究市场每月及每周的成交量是极为重要的，研究市场成交量的目的是帮助决定趋势的转变。利用成交量的纪录以决定市场的走势，基本以下面两条规则为主。

①当市场接近顶部的时候，成交量经常大增，其理由是：当投资者蜂拥入市的时候，大户或内幕人士则大手派发出货，造成市场成交量大增，当有力人士派货完毕后，坏消息浮现，亦是市场见顶的时候。因此，大成交量经常伴着市场顶部出现。

②当市场一直下跌，而成交量持续渐渐缩减的时候，则表示市场抛售力量已近尾声，投资者套现的活动已近完成，市场底部随即出现，而市价

反弹亦指日可待。

◆ 时间因素

当市场在上升的趋势中，其调整的时间较之前的一次调整的时间更长，表示这次市场下跌乃是转势。此外，若价位下跌的幅度较之前一次价位下跌的幅度大的话，表示市场已经进入转势阶段。

当市场在下跌的趋势中，若市场反弹的时间第一次超越前一次的反弹时间，表示市势已经逆转。同理，若市场反弹的价位幅度超越前一次反弹的价位幅度，亦表示价位或空间已经超越平衡，转势已经出现。

◆ 趋势逆转

在时间周期方面，江恩认为有以下几点值得特别留意：市场的趋势逆转通常会发生在假期前后；投资者要留意市场重要顶部及底部的1，2，3，4或5周年之后的日子，市场在这些日子经常会出现转势；投资者要留意，由市场重要顶部或底部之后的15，22，34，42，48或49个月的时间，这些时间可能会出现市势逆转。

◆ 当出现高低或新高时买入

当市价开创新高，表示市势向上，可以追市买入；当市价下破新低，表示市势向下，可以卖出。

◆ 最安全的买卖点

入市点如何决定，江恩的方法非常传统：在趋势确认后才入市是最为安全的。在市势向上时，市价见底回升，出现第一个反弹，之后会有调整，当市价无力破底而转头向上，上破第一次反弹的高点的时候，便是最安全的买入点。止蚀位方面，则可设于调整浪底之下。

在市势向下时，市价见顶回落，出现第一次下跌，之后市价反弹，成为第二个较低的顶，当市价再下破第一次下跌的底部时，便是最安全的沽出点，止蚀位可设于第二个较低的顶部之上。

◆ 快速运动中的价位变化

江恩对于不同的市势进行过相当长时间的研究，不同的市势，大致上可利用市场的动量来界定。换言之，市价上升或下跌的速度，成为界定不同市势的准则。

江恩认为，若市场是快速的话，则市价平均每天上升或下跌一点，若市场平均每天上升或下跌两点，则市场已超出正常的速度，市势不会维持过久。这类的市场速度通常发生于升市中的短暂调整，或者是跌市中的短暂反弹。

6.1.3 波浪理论

拉尔夫·纳尔逊·艾略特是波浪理论的创始人。1871 年 7 月 28 日出生在美国密苏里州堪萨斯市的玛丽斯维利镇。

1939 年，艾略特在《金融世界》上发表了 12 篇文章，宣传自己的理论。

1946 年，也就是艾略特去世前两年，他完成了关于波浪理论的集大成之作《自然法则——宇宙的奥秘》，后世根据这本书逐渐演绎出了艾略特波浪理论。

纵观艾略特波浪理论，其主要由 3 个方面构成，如图 6-4 所示。

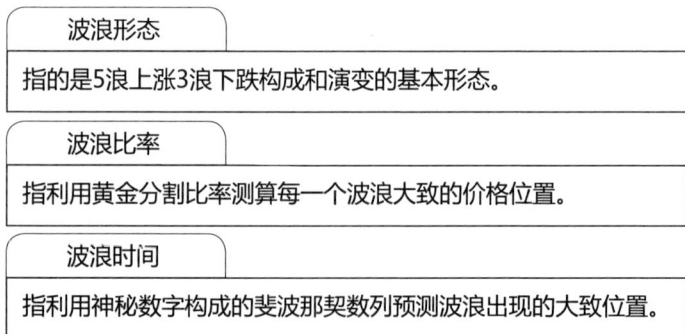

波浪形态
指的是 5 浪上涨 3 浪下跌构成和演变的基本形态。

波浪比率
指利用黄金分割比率测算每一个波浪大致的价格位置。

波浪时间
指利用神秘数字构成的斐波那契数列预测波浪出现的大致位置。

图 6-4 波浪理论的三大方面

1. 波浪形态：正确数浪是关键

波浪理论认为一个完整趋势的发展总是由 5 个上升浪和 3 个下跌浪组成的，基本浪不断反复演绎构成了复杂的市场变化，如图 6-5 所示为建投能源 2018 年 11 月到 2019 年 11 月的 K 线走势。

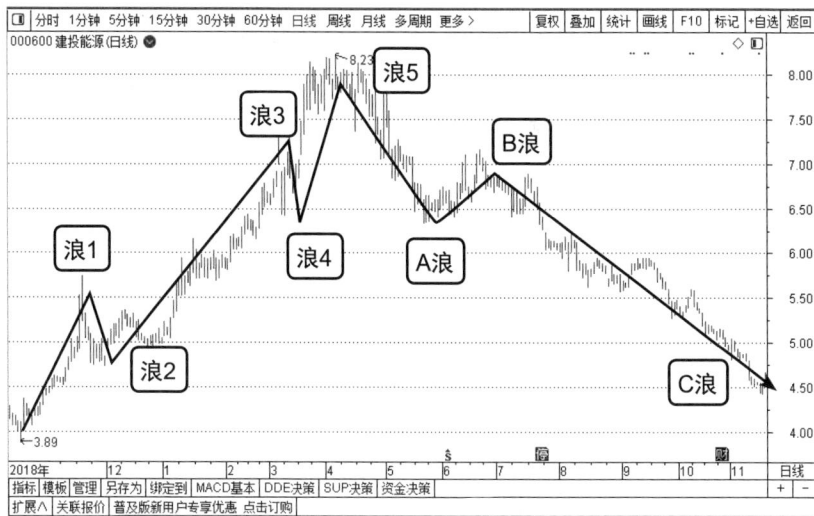

图 6-5　建投能源 2018 年 11 月到 2019 年 11 月的 K 线走势

图中已经表明了十分明显的上升 5 浪，这 5 浪可以发现如下 3 个规律值得注意，这也是数浪的关键所在：

- ◆ 浪 2 调整的最低点不会达到浪 1 的起始点。
- ◆ 浪 3 永远不是最短的一浪，同时浪 3 是最具爆发力的一浪。
- ◆ 浪 4 不会跌破浪 1 的顶部。

下跌 3 浪有两种最常见的形态，分别是锯齿形和平台型，如图 6-6 所示。锯齿形又叫 5-3-5 调整，即 A 浪 5 个子浪、B 浪 3 个子浪、C 浪 5 个子浪；平台型又叫 3-3-5 调整，即 A 浪和 B 浪 3 个子浪、C 浪 5 个子浪。

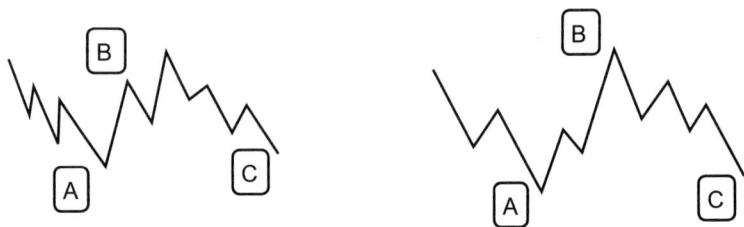

图6-6 锯齿形（左）和平台形（右）

2. 波浪比率：预测浪高有诀窍

形态是可以数出来的，但每一浪的高度如何判断呢？波浪理论认为利用黄金分割比率可以有效获得支持，因为每一次重要浪都是在黄金分割比率上体现的。

波浪理论中认为各个浪之间存在着一定的比例关系，并且我们可以推测出波浪的目标位置和回吐的比例。

实例分析

利用波浪比率预测新能泰山（000720）浪5的高度

图6-7所示为新能泰山2018年10月至2019年3月的K线走势。

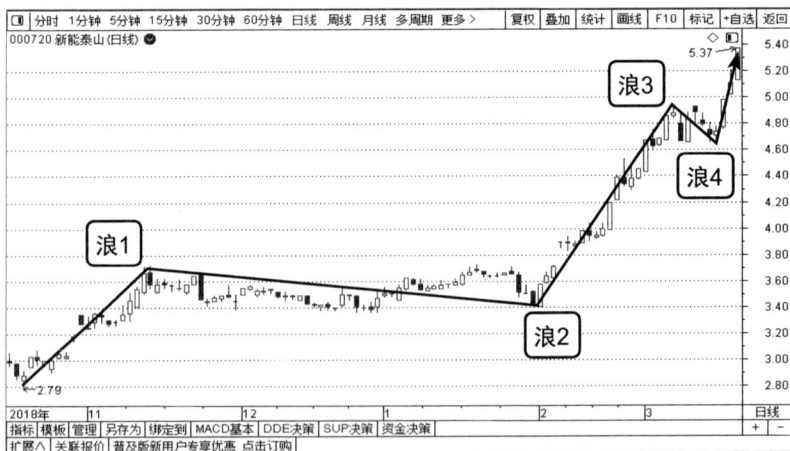

图6-7 新能泰山2018年10月至2019年3月的K线走势

从图可以清晰地看到，浪1、浪2、浪3、浪4的大概价位，那么我们如何通过黄金分割来预测评估浪5的高度呢？

首先我们预测浪3的目标涨幅=（浪1涨幅×1.618）+浪2低点=（3.72-2.79）×1.618+3.4=4.905元

实际查看浪3的顶点为4.95元，说明我们对浪3的预测是准确的。此时我们再来预测浪5的目标涨幅。

浪5理论最低高度=浪3顶+（浪3顶点-浪1低点）×0.382=4.95+（4.95-2.79）×0.382=5.775元

浪5理论最高高度=浪3顶+（浪3顶点-浪1低点）×0.618=4.95+（4.95-2.79）×0.618=6.285元

根据计算结果，我们可以判断出该股的浪5上涨行情并未结束，短线投资者还可以继续持有，当股价运行至预测高位位置附近时便可以抛售了。如图6-8所示。

图6-8　新能泰山2018年10月至2019年6月的K线走势

从图可以看到，当股价运行至6.2元附近时止涨横盘调整了几个交易日后突然向上跳空拉升，随后转入下跌行情中。说明该股运行至 6.5 元附近时，上涨的动力已经基本衰竭，投资者应该及时在该位置获利离场，否则将面临重大损失。

3. 波浪时间：分析浪的延续

波浪理论认为浪出现的时间也有特殊数字支持，这就是斐波那契数列，斐波那契数列指的是这样一个数列：1，1，2，3，5，8，13，21，34……这个数列从第 3 项开始，每一项都等于前两项之和。

而波浪中重要浪的出现时间符合从开始数浪时间的不断推演，特别是 5、8、13、21、34 和 55，试想 55 个交易日相当于 3 个月的成交情况，足以判断其股价的发展方式了。

因为时间的不确定性，所以在判断波浪理论过程中以前面的形态和比率为主，辅助以时间。

波浪理论也不是万能的，存在自身的不足，这是波浪理论无法克服的地方。

- ◆ 波浪的层次分析很难把握，每个层次的不同分法，可能会导致我们在使用波浪理论时发生混乱。诸如，具体到某一浪，有人认为是第一浪，有人认为是第二浪；但在瞬息万变的市场中，失之毫厘，谬之千里，看错的后果可能十分严重。
- ◆ 由于波浪理论还有很多未解释明白的地方，造成使用时主观随意性太强，导致数浪成为各自去想的事情。比如，当股指不按五升三跌这种机械模式出现时，波浪理论家可以随意曲解其可能的走势。

总之，波浪理论是一种主观分析工具，而且主要反映大众心理，越多人参与，其准确性越高。而在交易活动清淡时，却可以为人为制造形态提供机会。

6.2 短线赢在上升趋势

趋势中的上升趋势如果不考虑波浪理论则可以构成一个上升通道，在上升通道开始的时候买入股票是最好的短线机会，同时在上升通道过程中的调整位置买入股票也是比较好的短线机会，但投资者往往不容易判断，下面将结合前面的知识综合趋势理论来分析如何在上升趋势中短线获利。

6.2.1 千金就买短线老鸭头

老鸭头也就是大涨的开始，对于短线投资者而言买到老鸭头才是真的。那么如何寻找到老鸭头呢？这是许多短线投资者比较关心的问题。

首先我们要弄懂什么是老鸭头，它指的是一种炒股方法。这种技术形态往往表明主力经过第一轮拉升后，然后进行拉高洗盘，随后继续拉升，导致个股出现第二波行情。

老鸭头是短线主力造就一种经典技术形态，通常是主力经过建仓、洗盘、拉高等一系列行为之后所做成的。

老鸭头战法的重点，关键在于如何识别老鸭头。大量的数据表明，一旦真正的老鸭头形态形成，个股上涨往往会具有很大的潜力，此时如果短线投资者能够积极跟进，往往能获得不错的收益。

老鸭头有以下 4 点图形特征。

◆ 利用 5 日、10 日和 60 日作为均线参考。当 5 日和 10 日均线放量上穿 60 日均线后，形成鸭颈部。

◆ 回落调整的时候的顶部便是老鸭头形态的鸭头顶。

◆ 当股价调整一段时间后，5 日均线和 10 日均线再度形成金叉便是鸭嘴。

◆ 鸭鼻孔是 5 日均线和 10 日均线出现死叉之后又重新进入金叉阶段
所形成的鼻孔。

实例分析

英洛华（000795）老鸭头分析

图 6-9 所示为英洛华 2018 年 12 月至 2019 年 5 月的 K 线走势。

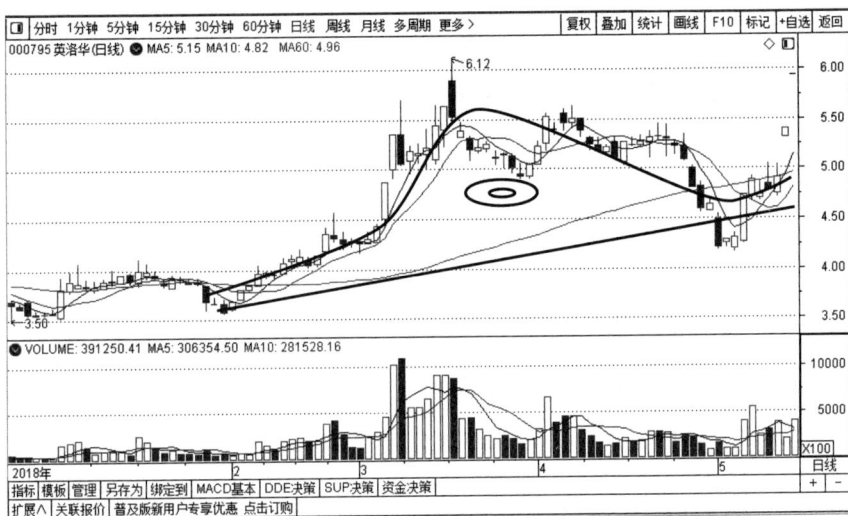

图 6-9　英洛华 2018 年 12 月至 2019 年 5 月的 K 线走势

从图中可以看到，主力在 2019 年 2 月初开始缓慢向上拉升股价，成
交量呈现放量，此时 5 日均线和 10 日均线放量上穿 60 日均线，形成鸭颈部。

当股价上涨至 6.12 元的最高价时，主力震仓洗筹股价开始回档，其股
价高点形成鸭头顶。

3 月下旬，5 日均线和 10 日均线出现死叉之后又重新进入金叉阶段形
成的鸭鼻孔。

5 月初，主力再度建仓收集筹码，股价再次上升，5 日均线和 10 日均
线再度形成金叉，形成鸭嘴部。

由此，老鸭头形态完成，预示后市可能会出现一波短线上涨行情。而老鸭头形成之后，股票价格放量突破鸭头部时候为较好的买入点。

图 6-10 所示为英洛华 2019 年 2 月至 6 月的 K 线走势。

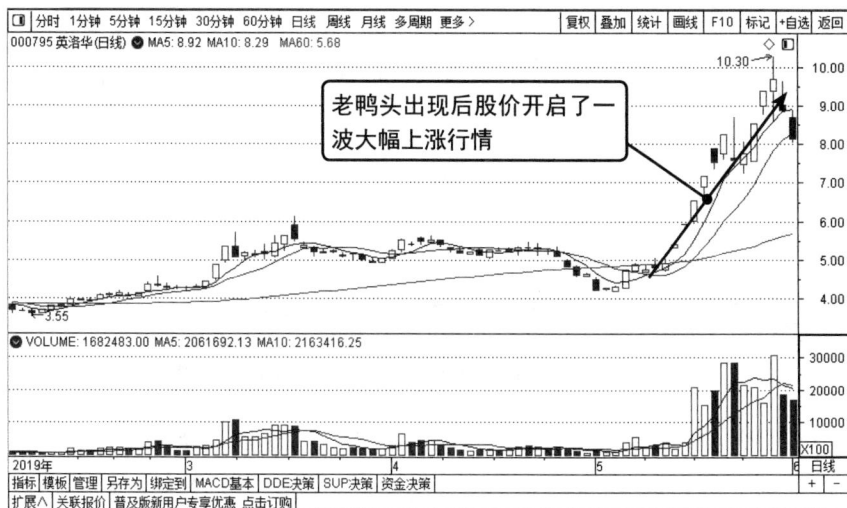

图 6-10　英洛华 2019 年 2 月至 6 月的 K 线走势

从图中可以看出，老鸭头形态出现后股价开启了大幅上涨行情，股价从 5 元附近上涨至 10.3 元左右，涨幅达到 106%。

6.2.2　涨势中的短线腰部

所谓腰部指的是一个上涨过程中的不断回调，在之前均线法则介绍中已经阐明了相关内容，利用均线法则可以判断短线腰部，同时利用趋势理论也能判断。

实例分析

冰轮环境（000811）均线判涨势短线腰部

图 6-11 所示为冰轮环境 2018 年 6 月至 2019 年 2 月的 K 线走势。

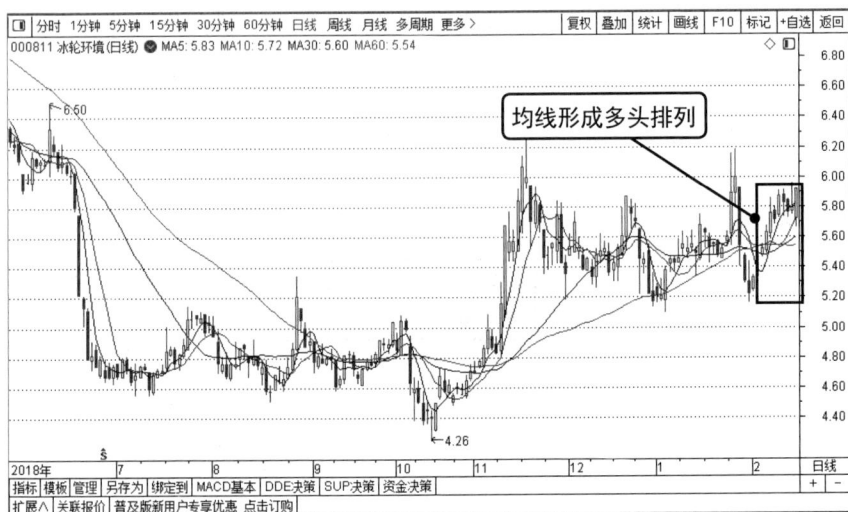

图 6-11　冰轮环境 2018 年 6 月至 2019 年 2 月的 K 线走势

从图中可以看到，该股前期经历一波下跌行情后股价运行至 4.4 元价位线止跌回升。但是该轮上涨并没有持续较长时间，股价上涨至 6 元价位线附近就止涨回调。那么，此时应是判断涨势中的短线腰部呢？还是判断涨势头部呢？

观察均线可以发现，股价虽然下跌调整，但是 5.2 元价位线形成有力的支撑位，股价调整始终没有有效跌破 5.2 元。多条均线在下跌调整中与 K 线交错在一起，未来行情变化不明，但在 2 月初时，股价在均线上方运行，均线呈多头排列。由此可以判断，此处应该为涨势过程中的短线腰部，整理结束后股价还将继续大涨。

图 6-12 所示为冰轮环境 2018 年 10 月至 2019 年 4 月的 K 线走势。

从图中可以看到，果然 2018 年 12 月至 2019 年 2 月这段时间的调整为涨势过程中的短线腰部，调整完成后股价开始了一轮强势拉升。股价从 5.5 元附近上涨至 10.87 元左右，涨幅达到 97% 以上。

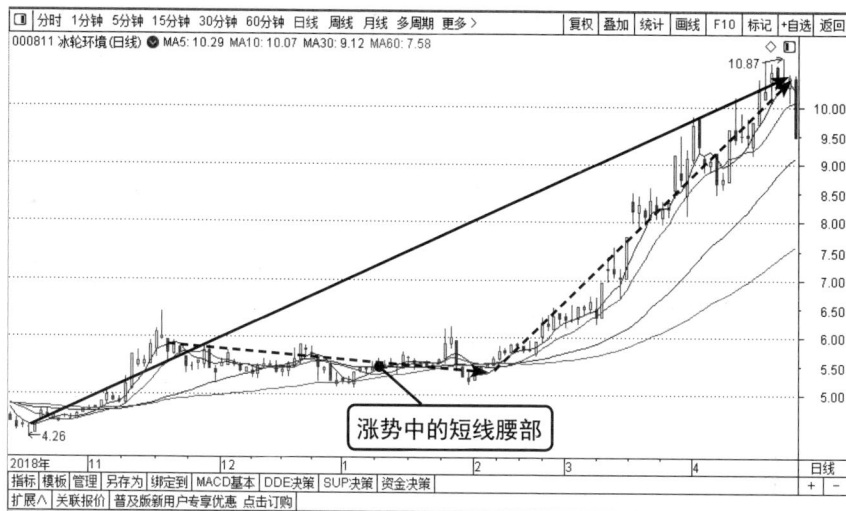

图 6-12　冰轮环境 2018 年 10 月至 2019 年 4 月的 K 线走势

6.3　短线赢在下跌趋势

如果股价处于下跌趋势，则提示投资者需要尽快规避被套风险，锁定已有利润，至于是否参与短期反弹，就要看时机了。

6.3.1　乌云压顶的短线不可碰

乌云压顶，看起来和前面 K 线形态有关，实际上的含义是不同的，前面叫乌云盖顶，是典型的 K 线卖出信号，而此时用的乌云压顶则是一种趋势变化，表明股价上攻无力，趋势确定转变。

实例分析

海大集团（002311）的乌云压顶

图 6-13 所示为海大集团 2016 年 12 月至 2018 年 6 月的 K 线走势。

图 6-13　海大集团 2016 年 12 月至 2018 年 6 月的 K 线走势

从图中可以看出，该股趋势有明显的一根支撑线，并且随着股价的大幅上涨，股价逐渐远离趋势线，随后股价止涨调整靠近趋势线，并跌破了趋势线。

◆ 如果投资者前面持有该股，则可以选择卖出，等待支撑企稳后伺机介入，因为此时并不清楚该股价跌破支撑线是否是破掉了上涨趋势，迎来了下跌。

◆ 如果投资者没有持有该股，此时买入并不明智，因为在涨幅如此巨大的价位蕴含的风险也不小，观望后期走势很有必要。

图 6-14 所示为海大集团 2017 年 11 月至 2018 年 8 月的 K 线走势。

图中该股跌破支撑位是显然的，乌云已经压顶了，此时短线投资者应该立即转移阵地，再寻觅其他时机。

图 6-14　海大集团 2017 年 11 月至 2018 年 8 月的 K 线走势

6.3.2　跌势中的短线腰部

跌势也有腰部，这个腰部就好比是中场休息，稍有不慎买入就满盘皆输，一些投资者听信股票评论家吹嘘，买入还将要下跌的股票导致亏损，完全是不应该。

实例分析

克朋面业（002661）的跌势短线腰部

图 6-15 所示为克朋面业 2019 年 2 月至 8 月的 K 线走势。

从图中可以看到，该股经历一波上涨行情之后转入下跌行情中。8 月中股价止跌，横盘调整一段时间后 K 线连续放出多根阳线拉升股价，有回升迹象。

那么此时可否判断股价下跌已经触底，后市股价回升而买入股票呢？

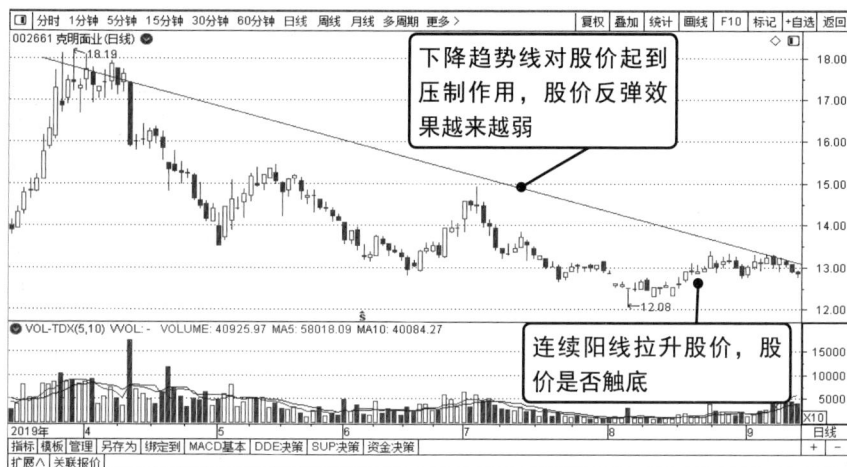

图 6-15 克朋面业 2019 年 3 月至 9 月的 K 线走势

从图中可以看到，股价下跌时受到下降趋势线的有效压制，使得股价每一次反弹的力度越来越弱。但是仔细观察仍然可以发现，股价虽然反弹接近下降趋势线，但并没有有效突破，说明场内空方势能还未完全释放，此时场内空方仍然占据优势。

9 月上旬，股价反弹至趋势线附近后止涨下跌，并没有有效跌破趋势线，说明趋势线还具有效力，该股还有下跌的空间。此时不是下跌的尾部，而是下跌过程中的短线腰部，所以投资者不要贸然入场。如图 6-16 所示。

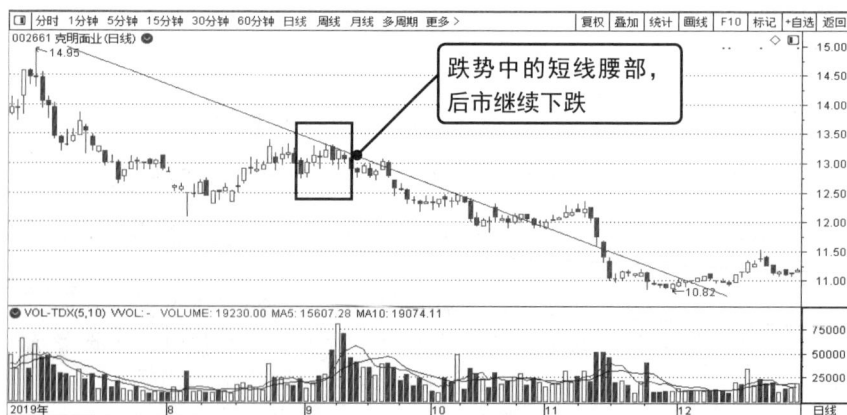

图 6-16 克朋面业 2019 年 7 月至 12 月的 K 线走势

从图可以看到，果然在 9 月上旬反弹触及下降趋势线后，股价反弹结束，之后便继续转入下跌的走势中。直到 2019 年 12 月，股价有效跌破下降趋势线，说明空方势能释放完全，跌无可跌，才转入上涨行情中。

6.4 简单学成交量

成交量一直是股票市场中最重要的参考标准，而在短线中，成交量的作用就更大了，无量追涨不死就伤，有量杀跌非明智之举。考察成交量的相关情况有利于更好地把握短线投资机会。

6.4.1 缩量

缩量的含义十分明确，就是成交量相对于之前的成交量大幅萎缩。这里有两层含义：第一从静态看，成交量减少了；第二从动态看，成交量是在持续变少，如图 6-17 所示。

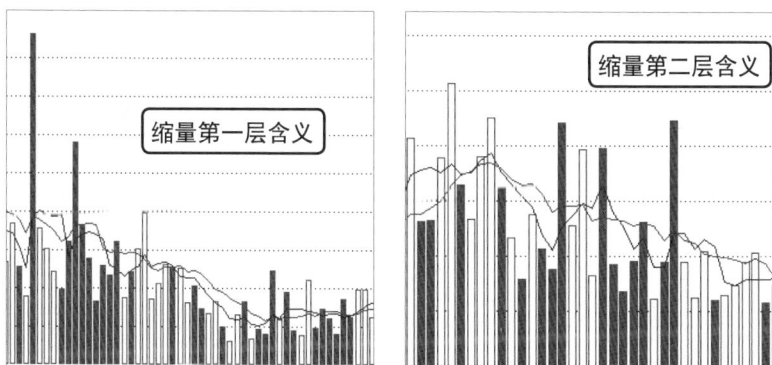

图 6-17　成交量缩量的两层含义

6.4.2 放量

放量也包括两层含义：第一从静态看，成交量增加了；第二从动态看，成交量是持续在增加，如图6-18所示。

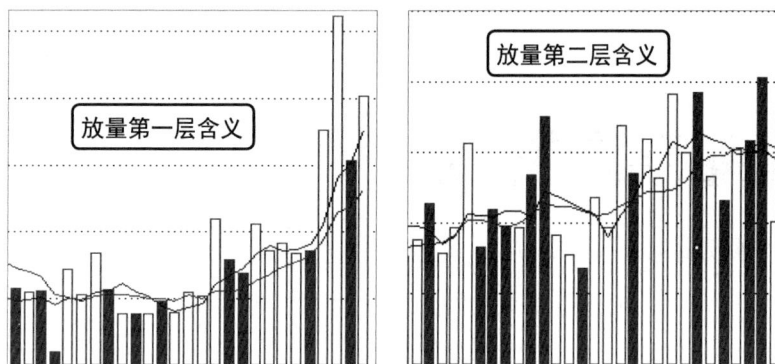

图 6-18 成交量放量的两层含义

6.4.3 天量和地量

天量和地量的含义是相对的，在前面的基础上突然有一天的成交量暴增或者暴减，达到前所未有的高度就是天量了，反之就是地量，如图6-19所示。

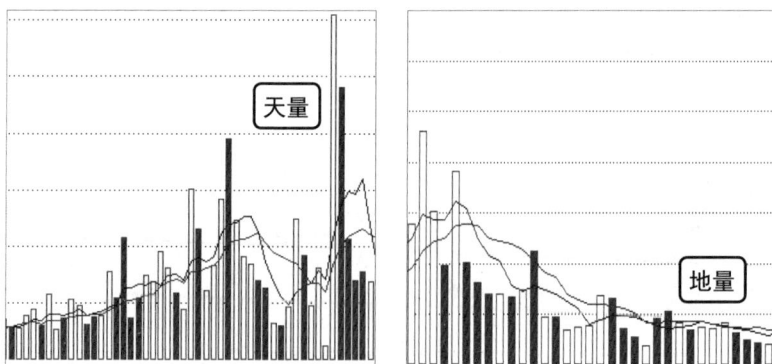

图 6-19 天量与地量

6.4.4　善用均量线

均量线是 VOL 中最重要的指导，VOL 是成交量指标，这已经在前面的几个分析中多次出现了，如图 6-20 所示。

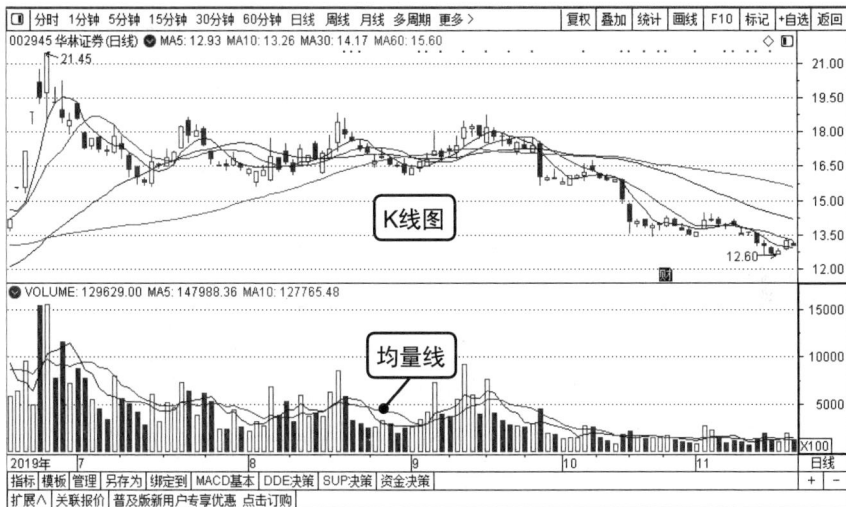

图 6-20　VOL 实战

从上图的成交量中可以明显发现有两根相互交错的曲线存在，这就是均量线，也就是 N 日平均的成交量绘制出的曲线，短线投资者更关注的是 5 日均量线和 10 日均量线。

- ◆ **买点信号**：股价经过较长时间的下跌进入了横盘整理状态后，成交量会非常小，5 日均量线和 10 日均量线形成黏合状态，在 5 日均量线和 10 日均量线之下日成交量出现日温和放大，上穿 5 日均量线和 10 日均量线，随后又引起 5 日均量线上穿 10 日均量线形成黄金交叉形态，表明买入信号来临。

- ◆ **卖点信号**：当股价连续上涨，成交量不能继续再创新高，反而萎缩低于 5 日均量线和 10 日均量线时，5 日均量线和 10 日均量线又进一步形成死亡交叉，是较好的卖点。

实例分析

金新农（002548）的善用均量线

图 6-21 所示为金新农 2018 年 12 月至 2019 年 5 月的 K 线走势。

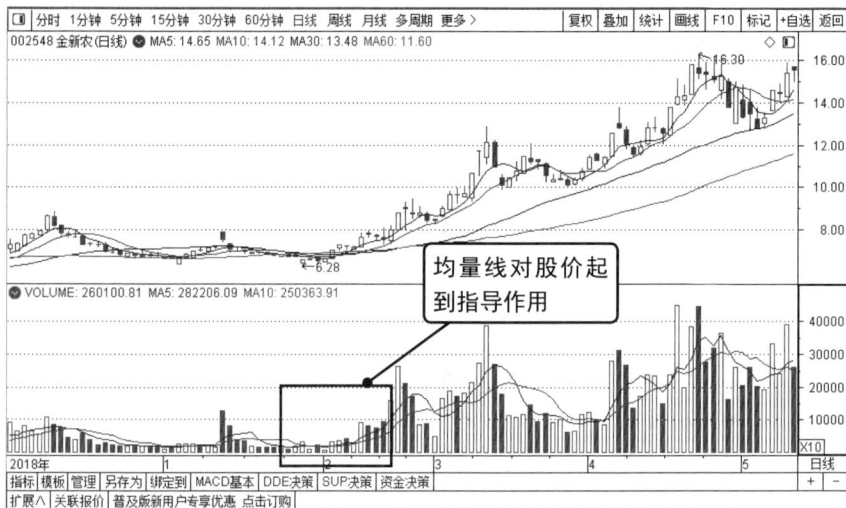

图 6-21　金新农 2018 年 12 月至 2019 年 5 月的 K 线走势

图中在 2019 年 2 月初出现了买点，此时成交量低于均量线，5 日均量线和 10 日均量线重合，随着股价不断变化，5 日均量线向上突破 10 日均量线形成金叉，随后成交量放大。

6.4.5　运用 OBV 累积能量线

OBV 又叫平衡交易量，是由美国的投资分析家 Joe·Granville 所创。该指标通过统计成交量变动的趋势来推测股价趋势。

OBV 以"N"字形为波动单位，并且由许许多多"N"形波构成了 OBV 的曲线图，对一浪高于一浪的"N"形波，称其为"上升潮"，至于下跌回落则称为"跌潮"，如图 6-22 所示。

图 6-22　OBV 的实战

　　能量潮是将成交量数量化，制成趋势线，配合股价趋势线，从价格的变动及成交量的增减关系，推测市场气氛。其主要理论基础是市场价格的变化必须有成交量的配合，股价的波动与成交量的扩大或萎缩有密切的关联。通常股价上升所需的成交量总是较大；下跌时，成交量总是较小。价格升降而成交量不相应升降，则市场价格的变动难以为继。

　　从买点看，OBV 能量潮的使用方法如下。

◆　股价下降时而 OBV 线上升，表示买盘旺盛，逢低接手强股，股价可能会止跌回升。

◆　OBV 线缓慢上升，表示买气逐渐加强，为买进信号。

◆　OBV 线从负的累积数转为正数时，应该买进股票。

实例分析

恩华药业（002262）的 OBV 买点

　　图 6-23 所示为恩华药业 2019 年 4 月至 9 月的 K 线走势。

图 6-23　恩华药业 2019 年 4 月至 9 月的 K 线走势

图中在 9.38 元附近，OBV 线缓慢上升，表明短线机会已经来临，随后股价表现下跌，但 OBV 继续上涨，更加坚定了这一信号。

股价从 9.38 元上涨到 13 元附近的阶段，OBV 不断上扬，买方实力不断累积，这是短线投资者可以参考的重要量能指标。

从卖点看，OBV 能量潮的使用方法如下。

◆　当股价上升而 OBV 线下降，表示买盘无力，股价可能会回跌。

◆　OBV 线急速上升时，表示力量将用尽，为卖出信号。

◆　OBV 线从正的累积数转为负数时，为下跌趋势，应该卖出股票。

实例分析

大悦城（000031）的 OBV 卖点

图 6-24 所示为大悦城 2019 年 9 月至 2020 年 1 月的 K 线走势。

图 6-24　大悦城 2019 年 9 月至 2020 年 1 月的 K 线走势

从图中可以看出，OBV 突然上升的 2019 年 10 月上旬也是股价见顶的时候，股价在高位徘徊后，OBV 却出现了下跌，背离趋势表明股价无法积聚量能，随时可能变盘。

拓展知识　*解密 OBV*

OBV 线最大的用处，在于观察股市盘局整理后，何时会脱离盘局以及突破后的未来走势，OBV 线变动方向是重要参考指数。

6.5　短线成交量买入技巧

成交量的基础知识虽然能够给短线投资者一些启示，但是是零散和凌乱的，如果要掌握成交量的短线技巧，必须要通过下面几组常见判断。

6.5.1 巨量长阳往往是大涨的开端

巨量长阳有两个关键点：第一是巨量，说明成交量放大，甚至出现天量，换手率出奇变化，表明主力正在快速吸筹；第二是长阳，长阳指的是 K 线表现为阳线，而且是涨幅很大的阳线。

实例分析

许继电气（000400）的巨量长阳

图 6-25 所示为许继电气 2019 年 4 月至 8 月的 K 线走势。

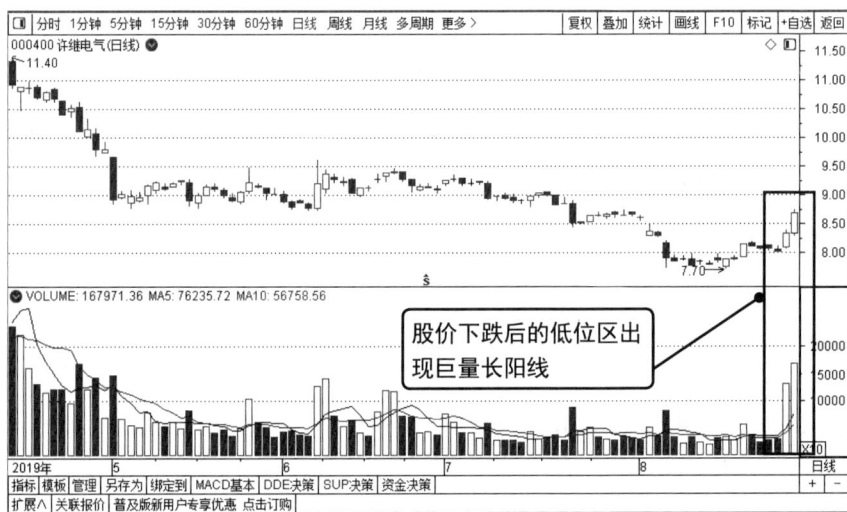

图 6-25 许继电气 2019 年 4 月至 8 月的 K 线走势

从图中可以看到，在股价大幅下跌的末期，股价在 8 元价位线上止跌横盘，随后出现两根巨量长阳线，说明主力正在低位区快速吸筹，后市将出现上涨行情。

图 6-26 所示为许继电气 2019 年 8 月至 2020 年 1 月的 K 线走势。

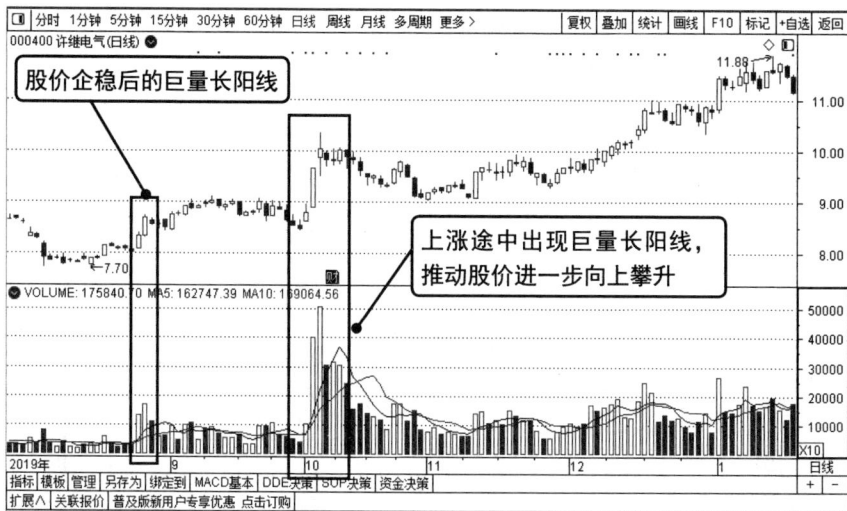

图 6-26　许继电气 2019 年 8 月至 2020 年 1 月的 K 线走势

从图中可以看到，巨量长阳线出现后股价果然转入牛市行情。股价运行至 10 月初，再次出现巨量长阳线，此次的巨量长阳线推动股价再一次拔高。因此，投资者可以依靠这些巨量阳线来判断该股后期的走势。

6.5.2　巨量跳空，回头买进

巨量跳空的含义有两点：第一是巨量，表明成交量巨大；第二是跳空，表明股价出现缺口，而缺口后由于拉升过快，需要调整，此时调整具备买进效果。

实例分析

TCL 科技（000100）的巨量跳空

图 6-27 所示为 TCL 科技 2019 年 10 月至 12 月的 K 线走势。

从图中可以看到，在上涨途中 K 线突然收出巨量长阳线，且阳线向上跳空形成缺口。这是由于主力拉升股价过快导致的，为了后市能够更好地完成股价拉升任务，主力势必要进行回调整理，而此时便是投资者短线介入的最好时机。

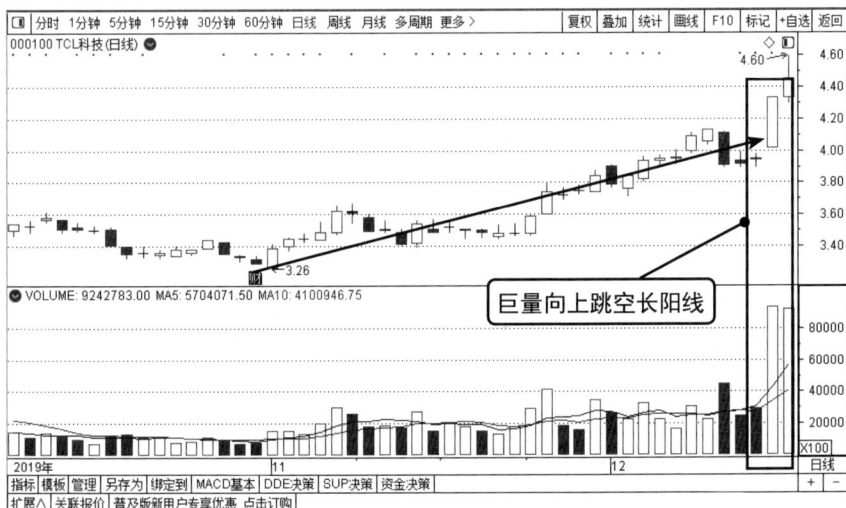

图 6-27　TCL 科技 2019 年 10 月至 12 月的 K 线走势

图 6-28 所示为 TCL 科技 2019 年 11 月至 2020 年 2 月的 K 线走势。

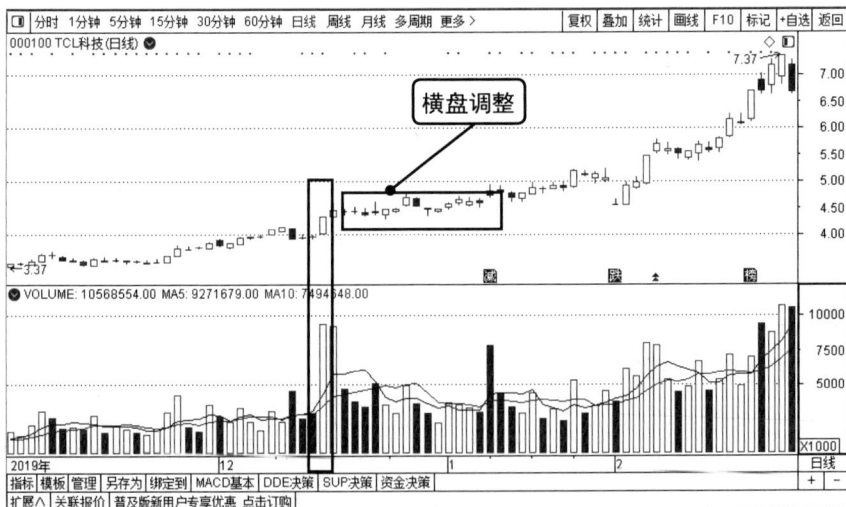

图 6-28　TCL 科技 2019 年 11 月至 2020 年 2 月的 K 线走势

从图中可以看到，巨量跳空长阳线出现后，股价果然止涨进入横盘整理。调整结束后，又再一次向上拉升，如果投资者能够在调整时介入，可以获得不菲的收益。

6.5.3 黑马暴涨：连续大幅放量

连续放量是趋势向好的表现，短线机会无处不在，需要投资者按照前面相关知识来判断买点。

实例分析

口子窖（603589）的连续大幅放量

图 6-29 所示为口子窖 2018 年 6 月至 11 月的 K 线走势。

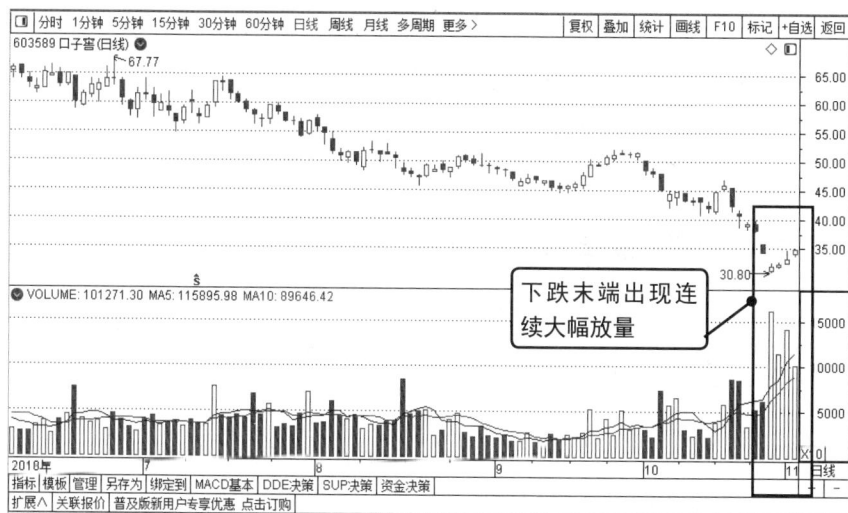

图6-29　口子窖2018年6月至11月的K线走势

从图中可以看出，11 月初，在该股下跌末期的低位区域，连续 4 天放量上涨，这是难得的追逐黑马的机会。说明该股的跌势已尽，后市将转入上涨行情中，投资者要抓住这个连续大幅放量的介入机会。

图 6-30 所示为口子窖 2018 年 10 月至 2019 年 5 月的 K 线走势。

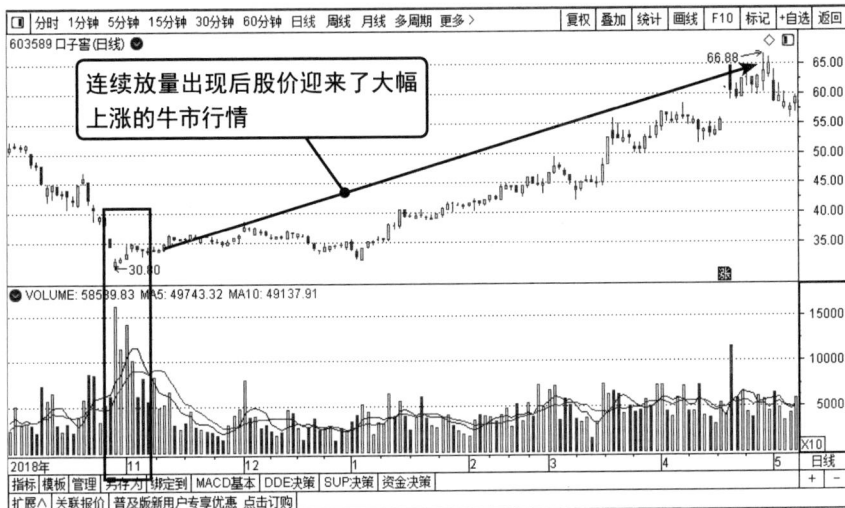

图 6-30　口子窖 2018 年 10 月至 2019 年 5 月的 K 线走势

从图中可以看到，连续大幅放量出现后该股进入牛市行情中，股价从 35 元附近上涨至 65 元左右，涨幅达到 85% 以上。

6.5.4　底部缩量是重大机会

底部出现缩量，表明卖盘十分微弱了，已经无力再对股价构成打压了，此时主力的手正在慢慢伸出来。

实例分析

心脉医疗（688016）的底部缩量

图 6-31 所示为心脉医疗 2019 年 8 月至 12 月的 K 线走势。

从图中可以看到，该股表现下跌行情。随后在 9 月下旬，该股进入了一个底部平台，股价在 130 元至 150 元范围内来回震荡。在震荡走势的末期，成交量表现出缩量。

图 6-31　心脉医疗 2019 年 8 月至 12 月的 K 线走势

从短线角度看，这是抓短线的机会，因为缩量后主力出手还要经过洗盘动作，还有一种可能是抓短线爆发机会，因为这是主力准备大幅度拉升该股。

图 6-32 所示为心脉医疗 2019 年 11 月至 2020 年 3 月的 K 线走势。

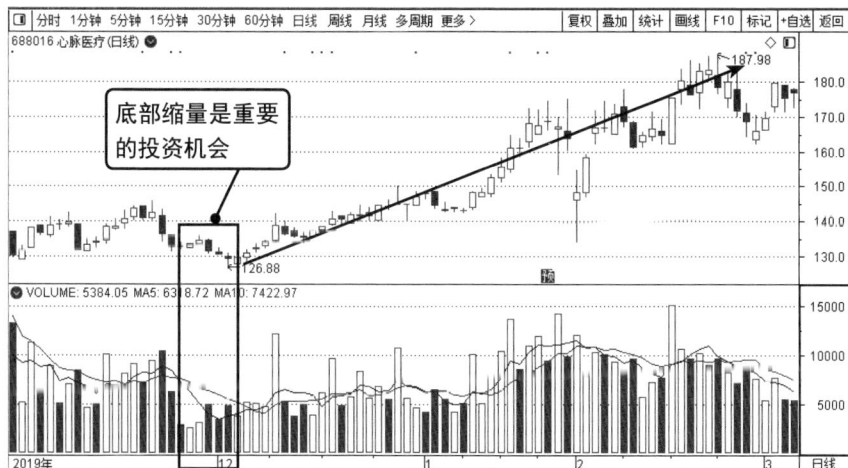

图 6-32　心脉医疗 2019 年 11 月至 2020 年 3 月的 K 线走势

从图中可以看到，底部缩量出现后该股股价转入牛市行情，出现了大幅上涨，股价从 126.88 元上涨至 187.98 元，涨幅达到 48%。

6.6　短线成交量的卖出技巧

通过成交量的判断还能够找到卖出的相关信息。这种信息可以直接被短线投资者利用起来。不过在利用的时候一定分清楚有效信息，这是一直强调的内容。

6.6.1　跌放量，放量跌

这看似相同的两个词，含义略有不同，因为跌放量的含义是指股价下跌而成交放量，放量跌的意思是成交量放大而股价下跌，一个是动态，一个是静态。

实例分析

上海机场（600009）的跌放量

图 6-33 所示为上海机场 2019 年 6 月至 10 月的 K 线走势。

从图中可以看到，股价从 88.9 元的高位一路下跌，成交量伴随着股价的下跌而持续放量。

说明场内主力抛售该股坚决，同时散户也受到不利因素的影响而抛售该股，致使成交量和之前拉升阶段一样放量，导致后市股价大幅下跌。

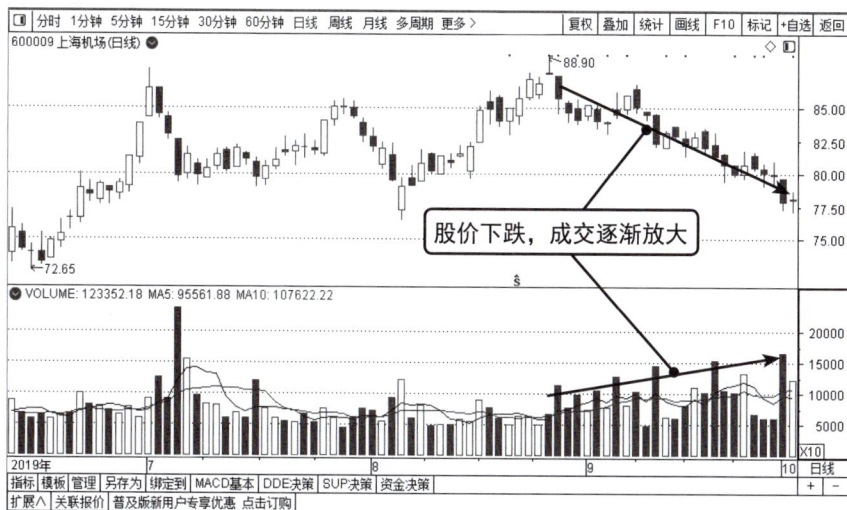

图 6-33　上海机场 2019 年 6 月至 10 月的 K 线走势

图 6-34 所示为上海机场 2019 年 8 月至 2020 年 1 月的 K 线走势。

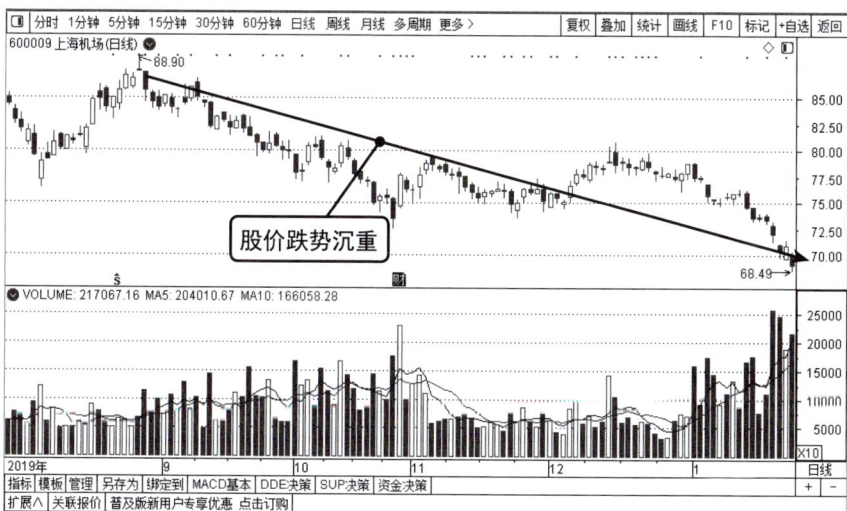

图 6-34　上海机场 2019 年 8 月至 2020 年 1 月的 K 线走势

从图中可以看到，该股经历的大跌是惨痛的，从 88.90 元到 68.49 元，跌幅高达 22%。

实例分析

世嘉科技（002796）的放量跌

图 6-35 所示为世嘉科技 2019 年 6 月至 11 月的 K 线走势。

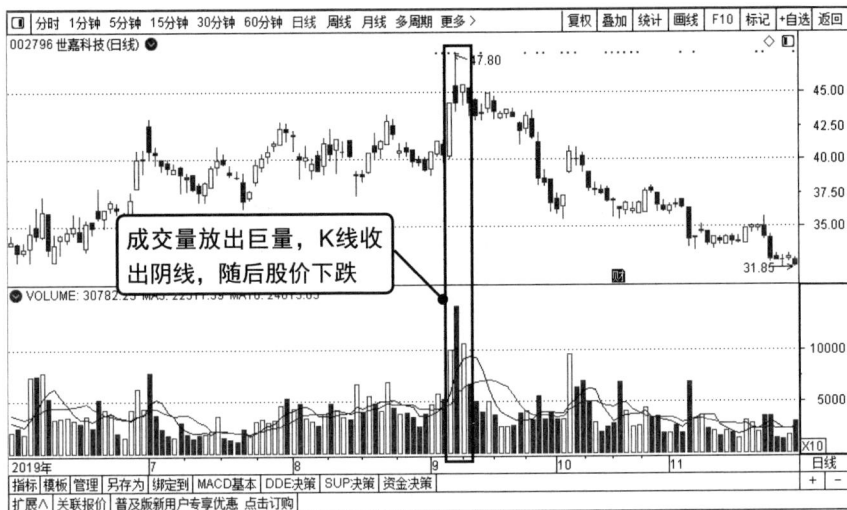

图 6-35　世嘉科技 2019 年 6 月至 11 月的 K 线走势

从图中可以看到，该股前期处于稳定上涨的行情中。随后 9 月 6 日，K 线收出一根放巨量的带长上影线的阴线，说明股价上涨受挫，上方压力过大，无法继续上涨。所以该股转入下跌的熊市行情中，跌幅较深。

跌放量与放量跌是不同的两个概念。主要是侧重点不同，跌放量强调的是跌，也就是说 K 线形态应该针对的阴线，阴线放量下跌则表明空头打压股价；而放量跌强调的是放量，也就是成交量在高位增大，而股价继续冲高无力，至于是阳线还是阴线并不重要。

6.6.2　放量大阴断三线

在一些交易日如果出现放大的成交量，同时股价一次性切断短期 3 条均线,可认为是极大的短线破坏,投资者必须迅速逃离,否则后果不堪设想。

实例分析

海南海药（000566）的放量大阴

图 6-36 所示为海南海药 2019 年 8 月至 10 月的 K 线走势。

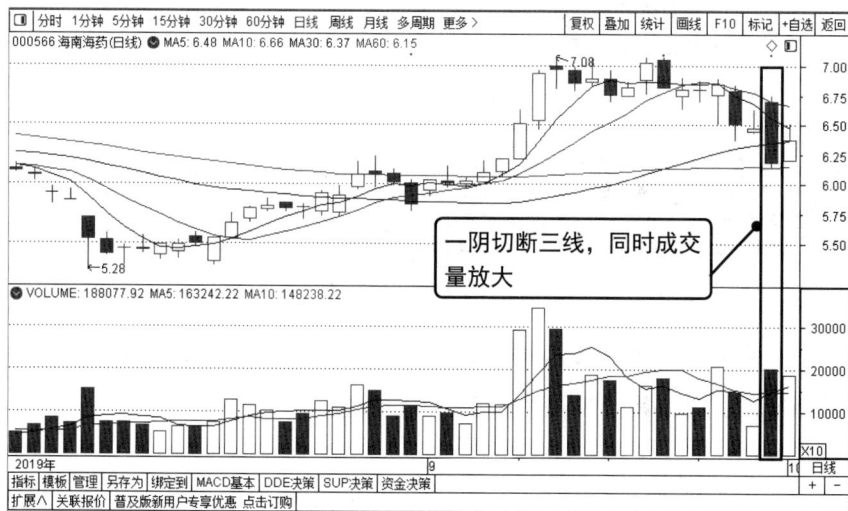

图 6-36　海南海药 2019 年 8 月至 10 月的 K 线走势

从图中可以看到，该股从 8 月中旬开始表现出上涨行情，股价从 5.5 元左右上涨至 7.08 元后止涨回调。

9 月 30 日，K 线收出一根放量大阴线，且该根大阴线一次性切断了短期均线系统，这是股价中长期走坏的结果，后市可能会出现一波下跌行情。对短线投资者而言应该立即规避风险，及时出逃。

放量大阴切断三均线是非常可靠的市场反转信号，所以投资者不要盲目乐观等待后市高涨。

图 6-37 所示为海南海药 2019 年 9 月至 12 月的 K 线走势。

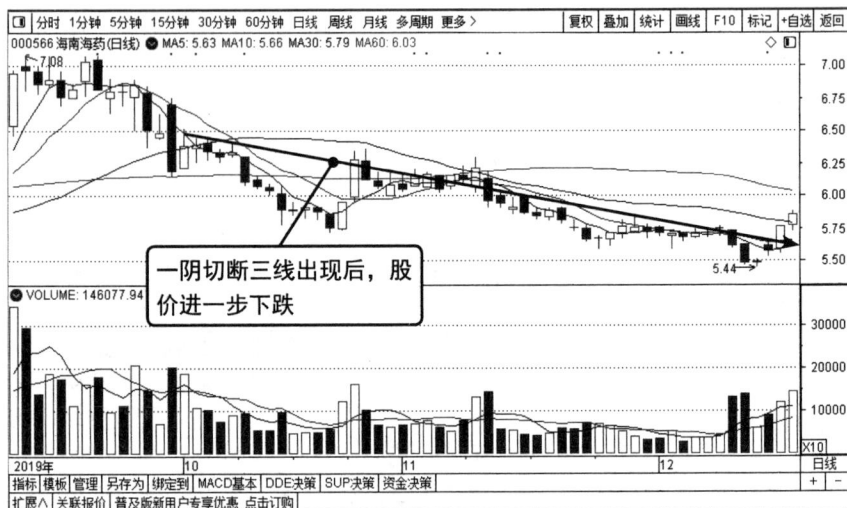

图 6-37　海南海药 2019 年 9 月至 12 月的 K 线走势

从图中可以看到，果然放量大阴断三线出现后该股进一步确定了股价下跌的事实，股价持续了 3 个多月的下跌行情。

第 **7** 章

防虫除害：短线解套和防庄

就目前来看，庄家为代表主力对短线构成的威胁是巨大的，一些短线庄家利用消息和资金优势造成短线投资者被套，继而成为上线割肉对象，因此丰收的最后一关便是解套和防庄。

7.1 短线被套原因

在第 1 章里面已经提及了短线存在的风险，这种风险是导致短线操作失败的重要、不可回避的因素，从侧重点看是一种全局性的，不论是新手还是老手、有经验还是没经验都容易忽略的，而本章马上要给大家介绍的被套原因则一般出现在没经验的新手或者长期割肉找不到原因的股民朋友身上。

分清它们的不同可以为自己短线操作不成功找到相对应的原因，风险意识是每个投资者必须具备的，风险下有些忽略的地方便是被套的原因。

7.1.1 技术不纯熟

技术不纯熟体现在对一些股票专业概念和把握上的偏差，容易在追涨杀跌过程中出现失误。

例如，分红派息短线买进卖出操作是比较常见的一种短线操作技巧，它指的是投资者在分红派息的登记日收盘前买入该股，以博得收益之后迅速逃离。当然，这种短线操作是非常考验技巧的，如果技术不纯熟很有可能造成失败操作。

实例分析

中能电气（300062）的失败操作

某投资者浏览个股信息时，发现了中能电气个股，并在其官网上看到了分红派息的公司公告，具体如下所示。

中能电气 5 月 10 日公布 2018 年年度分红派息实施方案：以本公司总股本 3.08 亿股为基数，向全体股东每 10 股派发现金红利 0.4 元（含税），合计派发现金红利总额为 1232 万元。

本次权益分派股权登记日为 2019 年 5 月 16 日，除权除息日为 2019 年 5 月 17 日。

该投资者在 5 月 16 日观察盘面走势变化，如图 7-1 所示。

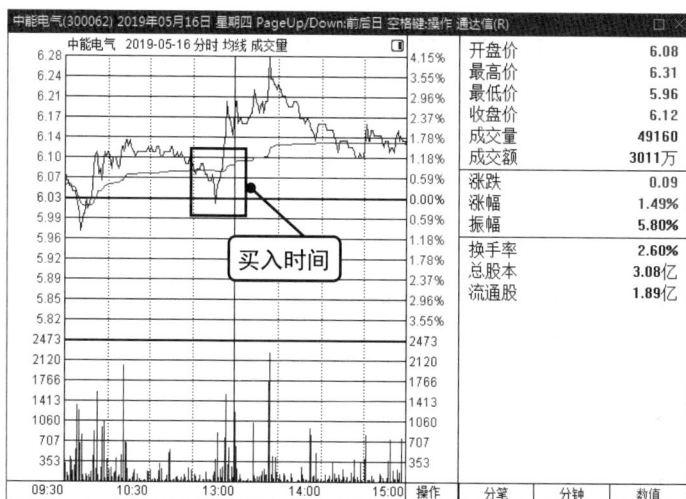

图 7-1　中能电气 2019 年 5 月 16 日的分时走势

随后投资者在当日下跌回升时的相对低位区域以 6.07 元的价格买入 1 000 股，则第二天可得到 40 元。但是他似乎忘记了，除息的含义是在第二天开盘的时候股价要扣除已经分红的比例，也就是说第二天开盘价一定是减去了 0.04 元后计算的。

6.07 元买入 1 000 股，则总成本为 6070 元，分红派息得到 40 元，所以总成本减少为 6030 元，此时实际上每股的成本为 6.03 元。

也就是说，第二天开盘后，如果价格一旦高过 6.03 元出手，投资者便可以获得分红派息的利息；如果价格低于 6.03 元出手，投资者此番的投资就是失败的操作。

图 7-2 所示为中能电气 2019 年 5 月 17 日的分时走势。

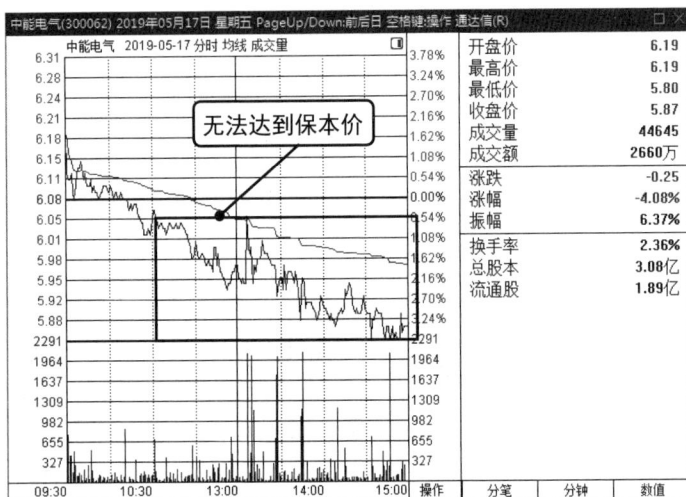

7-2　中能电气 2019 年 5 月 17 日的分时走势

从图中可以看到，该股当天开盘之后便开始了单边下跌行情，股价持续走低，早盘还未结束，投资者便进入了亏损的状态中。

这种对分红派息认识的不足是短线失败的重要原因，炒股技巧和技术是不断锻炼的，同时也需要一个学习的过程，通常而言弱势个股的分红派息蕴藏的风险更大，此时追涨杀跌需要精密计算。

拓展知识 *用 PE 选中长线*

Price to Earning Ratio，即市盈率，简称 PE 或 P/E Ratio)，指在一个考察期（通常为 12 个月）内，股票的价格和每股收益的比例。投资者通常利用该比例值估量某股票的投资价值，或者用该指标在不同公司的股票之间进行比较。在考虑市盈率的时候，有 3 个内容：一是和企业业绩提升速度相比如何；二是企业业绩提升的持续性如何；三是业绩预期的确定性如何。这就是 PE 选中长线的难点所在。

7.1.2　关键时候迷糊

在股价进入关键时刻，一些投资者心态不足，受到部分影响后丧失了判断力，本来看好的股票不敢追涨，有点利润就抛出，得不偿失。

实例分析

大博医疗（002901）的错失关键操作

图7-3所示为大博医疗2019年6月至12月的K线走势。

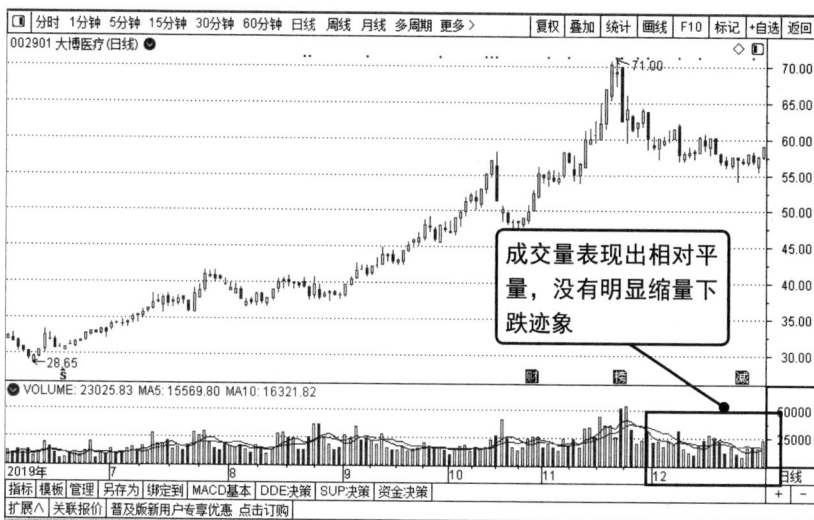

图7-3 大博医疗2019年6月至12月的K线走势

从图中可以看到，该股经历了一波上涨行情，股价从28.65元涨至71元，随后K线放出一根巨量阴线使得股价止涨下跌。那么此时是否意味着该轮上涨已经结束，行情已变呢？

首先我们查看成交量发现，下跌过程中成交量缩量幅度有限，并没有出现明显的缩量下跌走势，成交量表现出相对平量。由此说明，股价顶部还未到，买盘力量仍然发挥作用。

其次，我查看下跌途中的分时走势分析场内行情。图7-4所示为大博医疗11月22日和29日的分时走势。

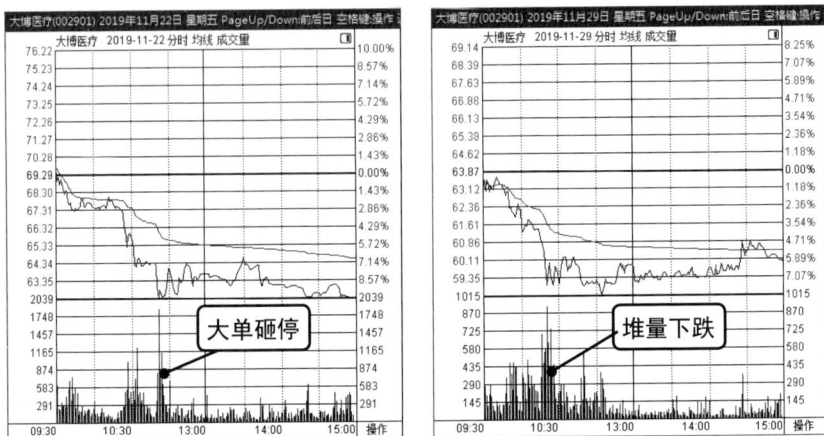

图 7-4　大博医疗 11 月 22 日和 29 日的分时走势

从图中可以看到，主力震仓洗盘，把意志不坚定的投资者吓出盘内是比较常见的技术手段，很多散户鉴于前期的获益，纷纷落袋为安及时出逃。但仔细观看分时走势便可以看到主力做的手脚，分时走势中主力控盘现象非常明显，甚至出现直接大单砸停股价，场内肃杀气氛浓厚。图 7-5 所示为该股后市走势。

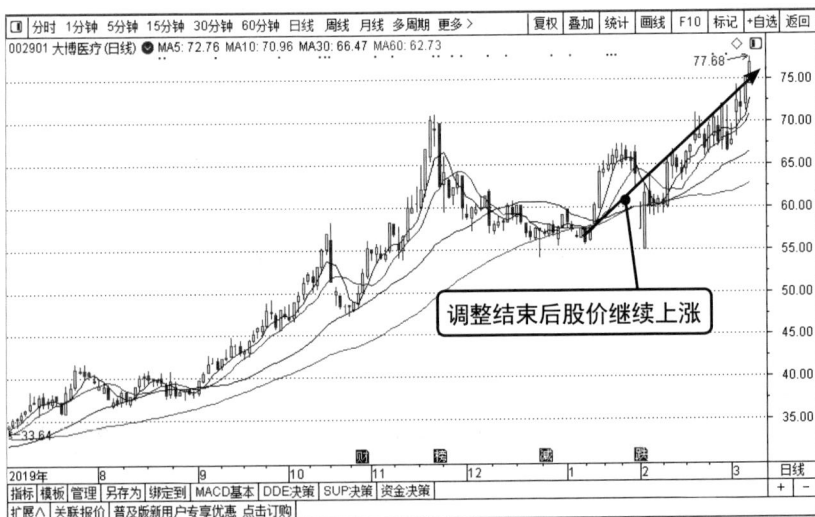

图 7-5　大博医疗 2019 年 7 月至 2020 年 3 月的 K 线走势

从图中可以看到，果然 11 月中旬的下跌为上涨途中的调整，调整结束后股价继续上涨。很多没有坚持的投资者则失去了后市上涨获利的机会。

7.1.3　轻易相信股评家

在一些时候，有的个股受到了券商和股评家的推荐，此时应该慎重对待，热点之所以是热点，并不是因为大家吵吵闹闹，而是突然发飙、持续关注的，而要达到这个效果需要长时间的潜伏，那种受到不同人推荐的个股并非真正的热点，投资者需要谨慎。

实例分析

海王生物（000078）的轻信失败操作

图 7-6 所示为海王生物 2018 年 12 月至 2019 年 5 月的 K 线走势。

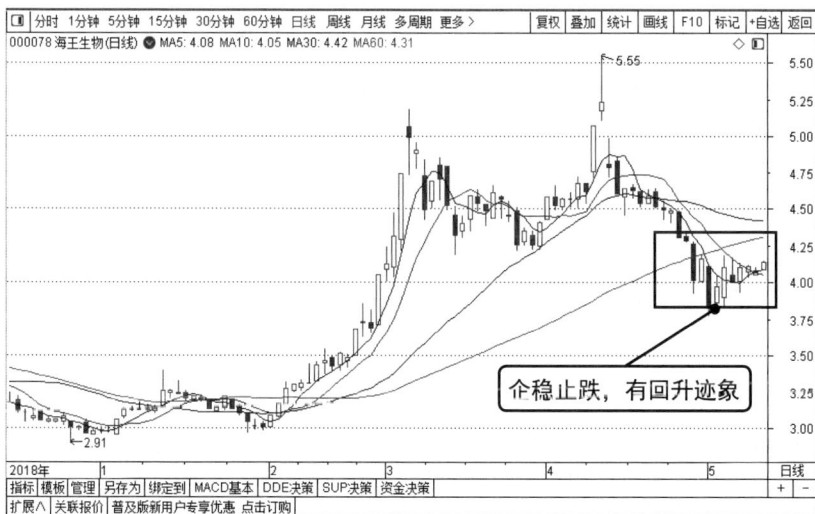

图 7-6　海王生物 2018 年 12 月至 2019 年 5 月的 K 线走势

从图中可以看出，该股经过一轮上涨之后，在 4.5 元价位线上出现了整理。其中，股价两度冲高，但却没有有效突破 5 元价位线。随后股价回落到 4 元价位线上止跌，K 线连续放阳有拉升迹象。而这之后该股受到了不同股评家的青睐，如表 7-1 所示。

表 7-1　专家评价

时间	评价	当日涨跌
2019-4-29	内生与投资并驾齐驱，看好公司长期发展	−0.27
2019-4-30	整合区域核心资源	0.15
2019-5-6	评级为中性	−0.34
2019-5-7	评级买入	0.15
2019-5-8	评级买入	0.13
2019-5-9	评级增持	−0.11
2019-5-10	评级增持	0.11
2019-5-13	评级买入	0.01

事实上，如果按照推荐买入，则投资者损失将会惨重，如图 7-7 所示。

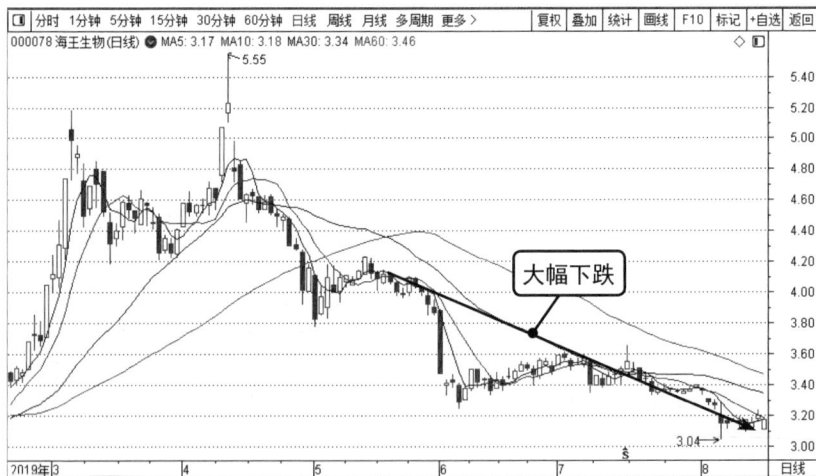

图 7-7　海王生物 2019 年 2 月至 8 月的 K 线走势

从图中可以看到，股价在 4 元价位线上短暂调整后并没有再次向上拉升，而是开始了深幅下跌，股价从 4 元左右跌至 3.04 元，跌幅达到 24%。足可见相信股评家并不是一定就有力的。

7.2　挖掘短线被套的深层原因

很显然以上 3 个原因，虽然不足以概括全部短线被套的原因，但是基本上可以认定的是这背后有一只强大的手控制着整个盘面，每一只股票价格的变化就像一枚棋子一样，跟着这只手运转，达到这只手的目的。因此认识这只手，也就是认识庄家显然是有必要的。

7.2.1　挑开短线庄家面纱

我们通过曾经的一个报道来观察短线庄家：

在 2011 年，尽管 5 月 A 股凄风苦雨，沪市大跌 5.77%，但仍不乏走势独立的牛股。据统计，24 只 A 股 5 月份涨幅超过了 20%，11 只股票涨幅超过了 30%。牛股冠军更是大爆"冷门"，没有明星基金介入、没有惊人业绩、没有重大利好的江苏连云港上市公司如意集团大涨 53%，荣登榜首。

如意集团一季报显示，前十大流通股东中，除控股或参股公司外多为个人投资者。去年底入驻该股的唯一机构法国东方汇理银行（QFII）在一季报中已经消失。而在近期如意集团多次涨停中，通过龙虎榜可以发现，参与买卖均为游资，没有一家机构席位。

很显然游资成为炒作该股的主力，游资不同于基金等传统机构投资者，机构投资者一般以中长线投资居多，而游资则喜欢快进快出，行事果断，不留余地。

我们不能说短线庄家都是游资，但是游资的特点基本符合短线庄家的要求，观察游资的操作手法有利于判断短线庄家的坐庄方式，同时普遍庄家共通性也是在游资身上可以体现的。

7.2.2　被套原因和短线庄家操作

在被套的 3 个原因中恰好体现了坐庄过程，这些过程构成了短线庄家操作的方式，如图 7-8 所示。

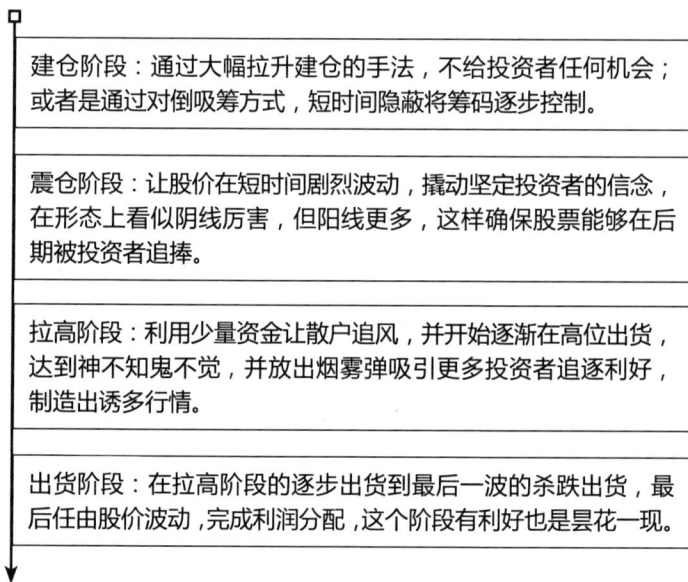

建仓阶段：通过大幅拉升建仓的手法，不给投资者任何机会；或者是通过对倒吸筹方式，短时间隐蔽将筹码逐步控制。

震仓阶段：让股价在短时间剧烈波动，撬动坚定投资者的信念，在形态上看似阴线厉害，但阳线更多，这样确保股票能够在后期被投资者追捧。

拉高阶段：利用少量资金让散户追风，并开始逐渐在高位出货，达到神不知鬼不觉，并放出烟雾弹吸引更多投资者追逐利好，制造出诱多行情。

出货阶段：在拉高阶段的逐步出货到最后一波的杀跌出货，最后任由股价波动，完成利润分配，这个阶段有利好也是昙花一现。

图 7-8　短线庄家操盘

7.3　短线主要陷阱分析

陷阱对短线投资者而言稍有不慎，立刻损失巨大，虽然有分仓操作，但是如果连分仓都失败了，则可能出现的漏洞就是无法避免的了。

7.3.1　成交量短线陷阱

　　成交量陷阱识别是相当困难的，因为成交量的具体数据普通投资者并不掌握，等醒悟的时候已时过境迁，又导致被动，但是一些细微的地方可以作为经验提醒投资者。

1. 对倒放量打压建仓

　　这种成交量陷阱的目的是将坚定持有者清除出局，让高位被套者割肉出局，在 K 线上就是股价波动十分剧烈，大有不破不立的感觉。从成交量看放量有序，特别是阳线基本处于放量，而阴线又在缩量，此时说明短线庄家正在积极建仓，投资者不要站错了队。

实例分析

兔宝宝（002043）的对倒放量打压建仓

　　图 7-9 所示为兔宝宝 2019 年 4 月至 10 月的 K 线走势。

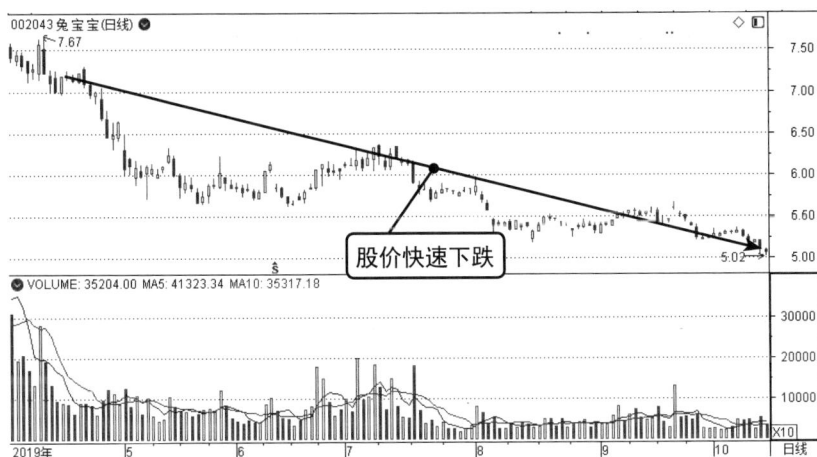

图 7-9　兔宝宝 2019 年 4 月至 10 月的 K 线走势

从图中可以看到，该股股价跌势明显，从 7.5 元附近一泻千里到 5 元左右，从成交量看但凡是阳线之日都是放量，而阴线之日都是缩量，特别是 8 月的 K 线走势更是诡秘。如果在 5.5 元附近买入该股的投资者，看到这样的情况必然以为希望不大，将会横盘整理，解套无望，尤其是股价杀跌到 5.02 元的时候必定将抛售股票，这样损失会很大，实际上其后走势如图 7-10 所示。

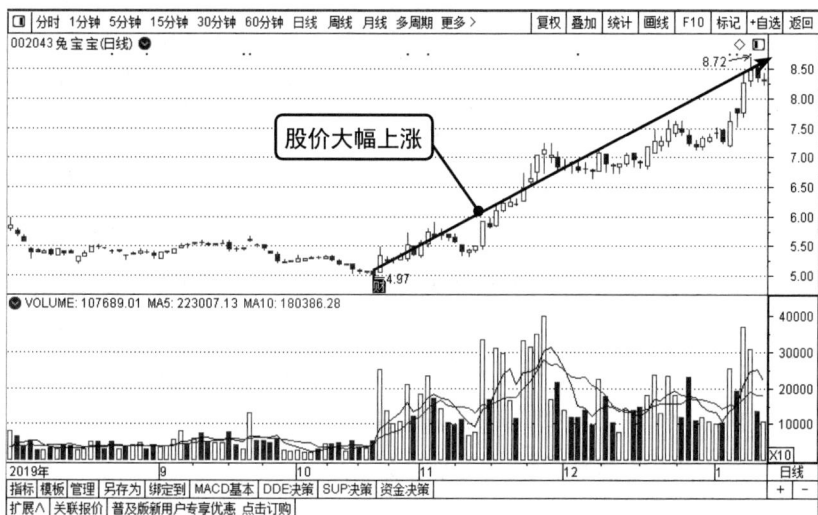

图 7-10　兔宝宝 2019 年 8 月至 2020 年 1 月的 K 线走势

2. 对倒放量拉升出货

在拉升阶段也可以出现对倒现象，这种对倒就更加显示出短线庄家不同寻常的意思，出货也要出得巧。这是庄家的共识，但是既然是出货就不可能是小肚鸡肠，今天几千手，明天几千手，而是利用散户抬升股价后快速集中几个交易日离场。

和对倒放量打压不同，对倒放量拉升的阳线和阴线都放量，同时分时图阳线在高位成交量将会猛增。

实例分析

软控股份（002073）的对倒放量拉升出货

图 7-11 所示为软控股份 2019 年 1 月至 3 月的 K 线走势。

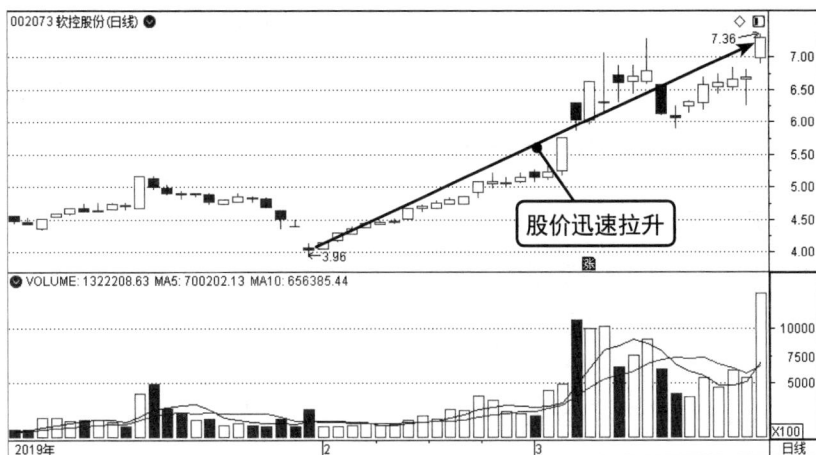

图 7-11　软控股份 2019 年 1 月至 3 月的 K 线走势

从图中可以看出，该股拉升十分迅速，从 3.96 元到 7.36 元仅 1 个多月，此时在高位的短线庄家不会给散户抬着，等散户离开。我们观察 2019 年 3 月 7 日和 3 月 12 日两天的分时走势，如图 7-12 所示。

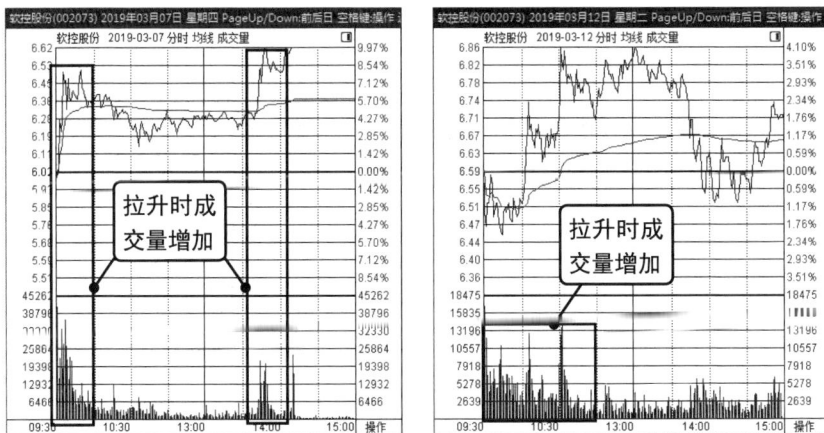

图 7-12　软控股份 2019 年 3 月 7 日和 3 月 12 日的分时走势

从图中可以发现，每一次上涨，成交量就急速增加，而下跌却无量，说明短线庄家在高位不断析出筹码。

3. 缩量阴跌的背后玄机

如果发生了阴跌而缩量，这是短线庄家准备转换方式吸筹，虽然快速拉升吸筹容易获得筹码，但也容易导致跟风盘出现。前面已经说明了热点并不是当前过热的股票，而是经过一段时间酝酿后的爆发。

实例分析

苏州固锝（002079）的缩量阴跌

图 7-13 所示为苏州固锝 2019 年 5 月至 11 月的 K 线走势。

图 7-13　苏州固锝 2019 年 5 月至 11 月的 K 线走势

图中 A、B、C 三个位置都是下跌时期，而每一次下跌都伴随着缩量，特别是一些大阴线成交量都微弱，这反映出短线庄家正在有序地制造诱空陷阱。

我们观察 2019 年 7 月 8 日和 11 月 5 日的分时走势，如图 7-14 所示。

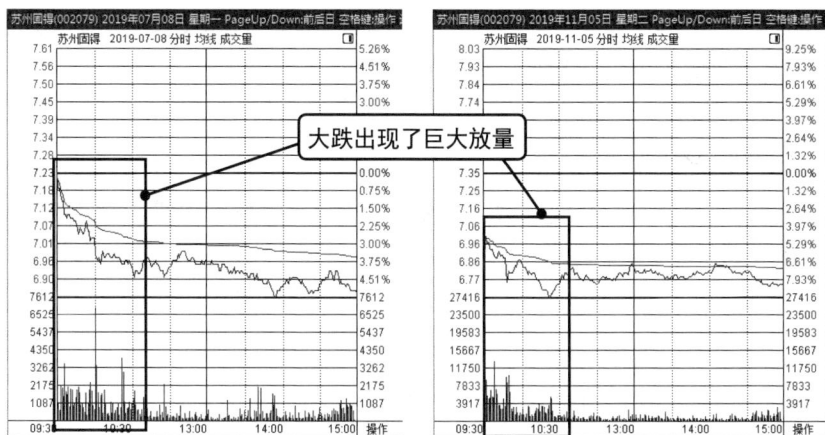

图 7-14　苏州固锝 2019 年 7 月 8 日和 11 月 5 日的分时走势

　　图中每一次大跌都是放量，而整体却又是缩量，这是相当确定的信号了，未来该股将会迎来不断上涨，如图 7-15 所示。

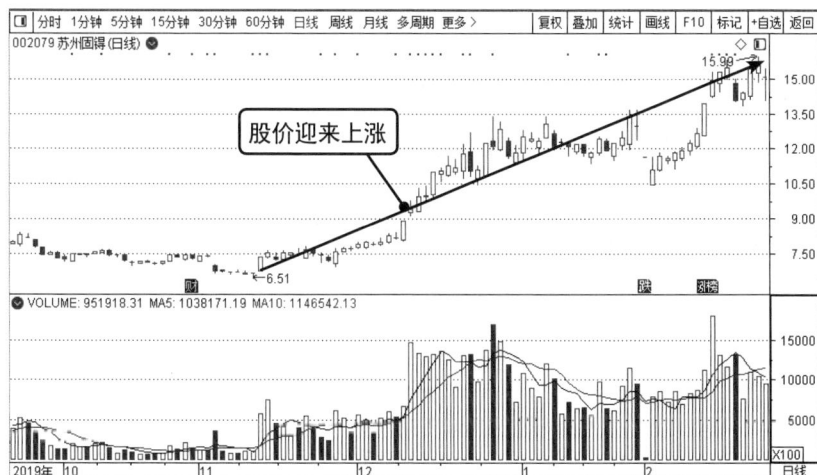

图 7-15　苏州固锝 2019 年 9 月至 2020 年 2 月的 K 线走势

7.3.2　技术指标陷阱

　　在第 2 章已经介绍了 4 类技术指标，实际上用得最多的还是 MACD

指标和 KDJ 指标，因此本小节将主要围绕 MACD 指标和 KDJ 指标的陷阱做介绍，希望通过经验能够避免短线被套。

1. MACD 陷阱启示

在 MACD 陷阱中莫过于背离趋势，一旦背离后股民朋友的神经便高度紧张，短线庄家利用背离能够有效促使散户慌忙出逃。

实例分析

宁波银行（002142）的 MACD 背离陷阱

图 7-16 所示为宁波银行 2018 年 12 月至 2019 年 8 月的 K 线走势。

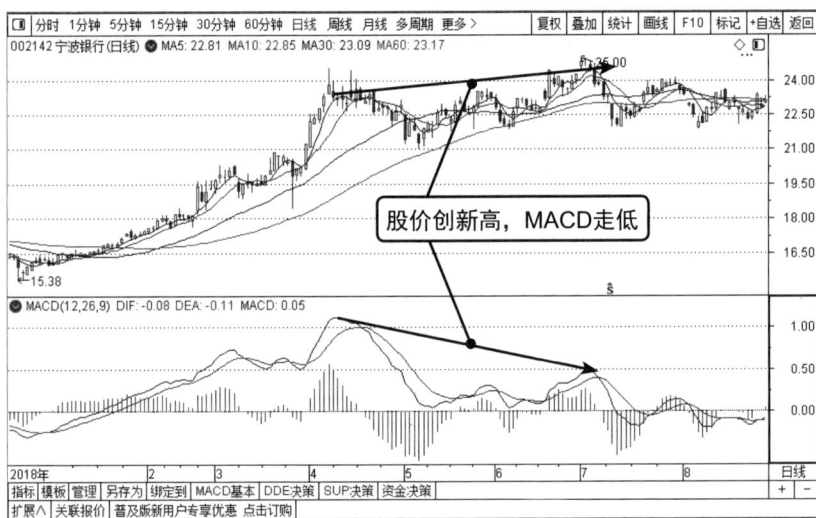

图 7-16 宁波银行 2018 年 12 月至 2019 年 8 月的 K 线走势

从图中可以看到，4 月中旬至 7 月初这段时间，股价在高位区域继续创出新高，而 MACD 却不断走低，这是明显的顶背离现象。通过前面的学习，我们知道 MACD 与股价的顶背离是股价反转下跌的信号，投资者应该迅速出逃。但这里的顶背离却是一个空头陷阱。

我们此时查看均线可以看到，出现顶背离的时候，均线对股价的回调起到了支撑作用，说明场内多方力量比较强大，占据优势。我们再观察成交量，如图 7-17 所示。

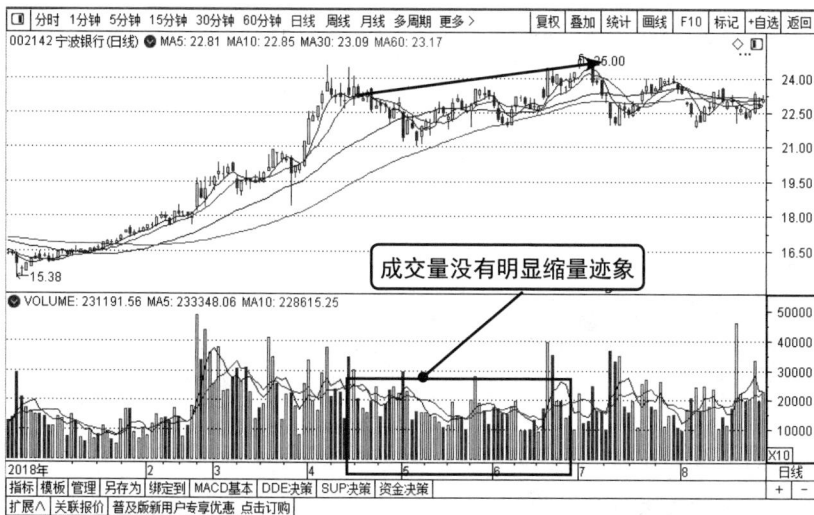

图 7-17　成交量查看

从图中可以看到，顶背离出现时，成交量没有明显的缩量迹象，资金还在进入，所以此时可以暂时等待不用着急出逃。如果出现缩量上涨迹象时，表示行情见顶，投资者再离场。但放巨量上涨时，多方也有出货的嫌疑，此时投资者也要注意锁定前期收益。

由此我们判断，此时 MACD 与股价的顶背离为主力诱空的陷阱。图 7-18 所示为宁波银行后市的走势。

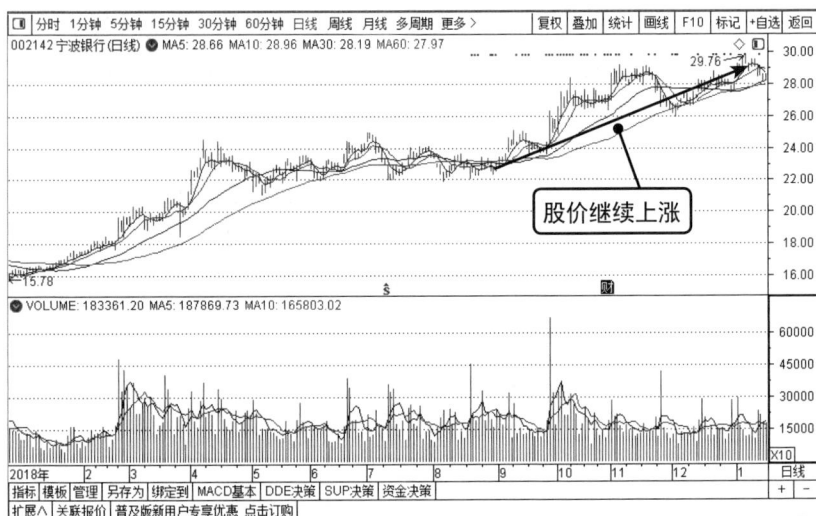

图 7-18　宁波银行 2018 年 12 月至 2020 年 1 月的 K 线走势

从图中可以看到，MACD 与股价的顶背离现象出现后，股价回调一段时间后便继续向上拉升股价。

2. 让 KDJ 失效

为了套牢投资者，让 KDJ 无法发挥效果则是短线庄家的又一手法，因为 KDJ 指标在 20 线～80 线之间是失效的。

实例分析

康达尔（000048）的 KDJ 陷阱

图 7-19 所示为康达尔 2018 年 11 月至 2019 年 4 月的 K 线走势。

图中该股上涨到 23.8 元附近的时候，出现了下跌，KDJ 显示在 80 以上形成死叉，这是卖出信号，投资者可以做出卖出判断。

但是到了股价运行至 2019 年 1 月之后的走势则无法判断了，KDJ 始终在 20 线～80 线区间内波动，没有明确的指示信号。

图 7-19　康达尔 2018 年 11 月至 2019 年 4 月的 K 线走势

图 7-20 所示为康达尔 2019 年 2 月至 8 月的 K 线走势。

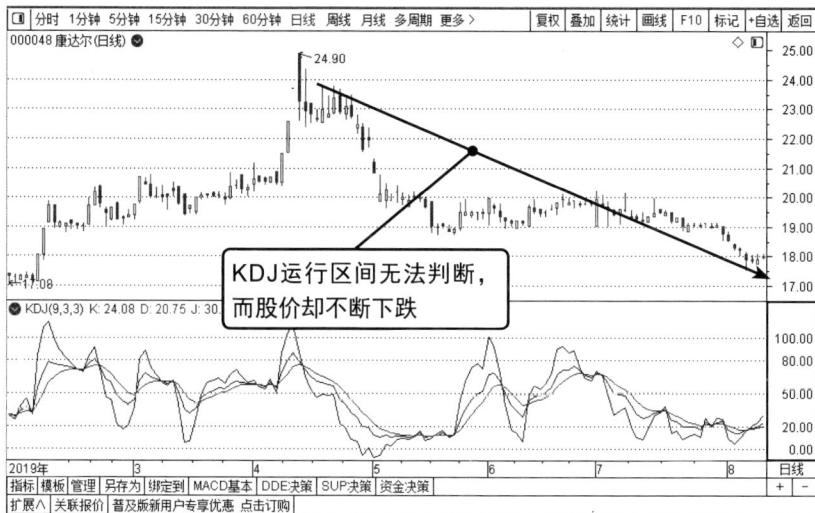

图 7-20　康达尔 2019 年 2 月至 8 月的 K 线走势

从图中可以看到，股价不断下跌，但是 KDJ 却失效了，因为 KDJ 运行区间并不能够判断股价走势，此时投资者看不出 KDJ 到底何时卖何时买可以解套，最后要么割肉，要么继续深度被套。

7.3.3 K 线陷阱

K 线陷阱的实质是位置，因为不管是阳线还是阴线或者是十字星，处于什么样的位置就决定了其发挥的作用。

1. 阳线和阴线带影线

带长上影线的阳线和阴线在高位有同样的效果，它们都表明，多头力量正在消散，而空头力量正在积聚。

实例分析

通富微电（002156）的长上影线陷阱

图 7-21 所示为通富微电 2019 年 7 月至 12 月的 K 线走势。

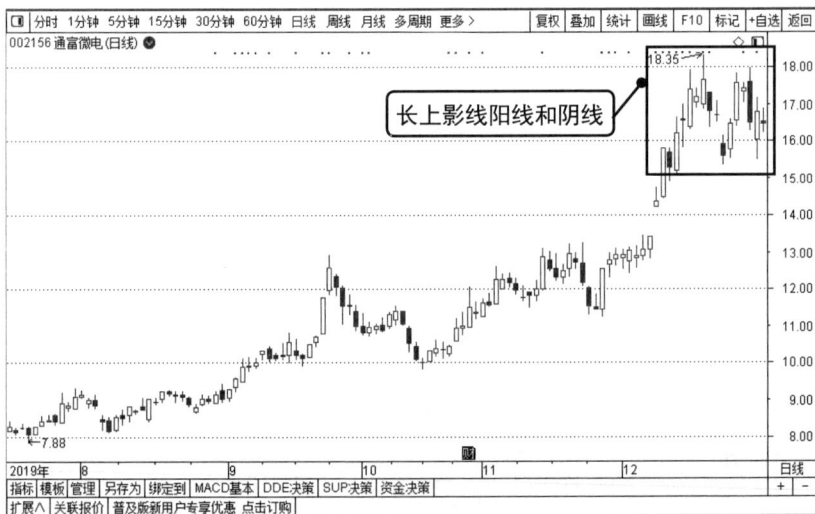

图 7-21 通富微电 2019 年 7 月至 12 月的 K 线走势

从图中可以看到，该股处于上升行情中，股价从 7.88 元上涨至 18.35

第7章
防虫除害：短线解套和防庄

元后止涨，并在 17 元价位线上横盘整理，此时 K 线收出多根长上影线。

我们知道，股价经过一段时间的上涨之后，上行力度越来越弱，抛压越来越重，多空力量开始转化。最后多空继续强行上攻时遇到空头的打压便会形成长上影线，也就意味着股价见顶。那么，这里的长上影线是股价见顶的信号吗？

图 7-22 所示为通富微电 2019 年 12 月 12 日和 16 日的分时走势。

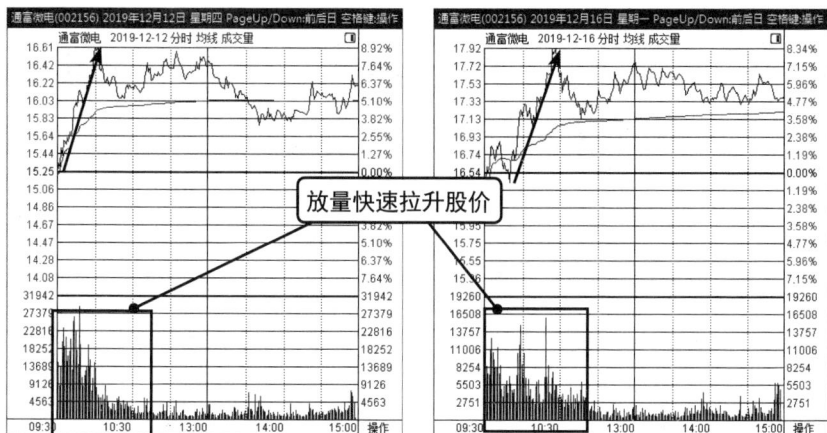

图 7-22　通富微电 2019 年 12 月 12 日和 16 日的分时走势

从图中可以看到，盘中股价被放出的巨量成交量快速拉升形成高价，然后再被打压下跌，从而形成长上影线。这是主力故意做出的股价见顶假象，目的在于使盘内产生恐慌性抛售，洗出短期获利盘。

2. 十字星的情况要注意

如何产生十字星的？这是普遍陷阱产生的时候投资者忽略的问题，也就是说十字星是低开后收复失地形成的，还是高开后不断杀跌形成的，如图 7-23 所示。

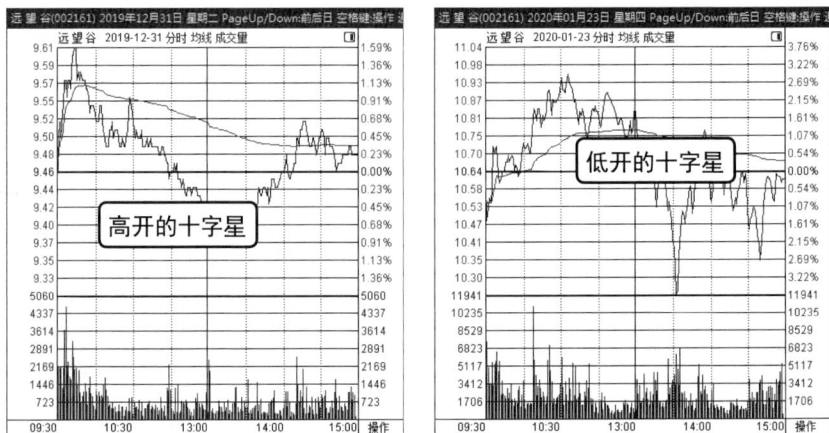

图 7-23　不同的十字星形态分时图

实例分析

中航三鑫（002163）的十字星陷阱

图 7-24 所示为中航三鑫 2018 年 10 月至 2019 年 3 月的 K 线走势。

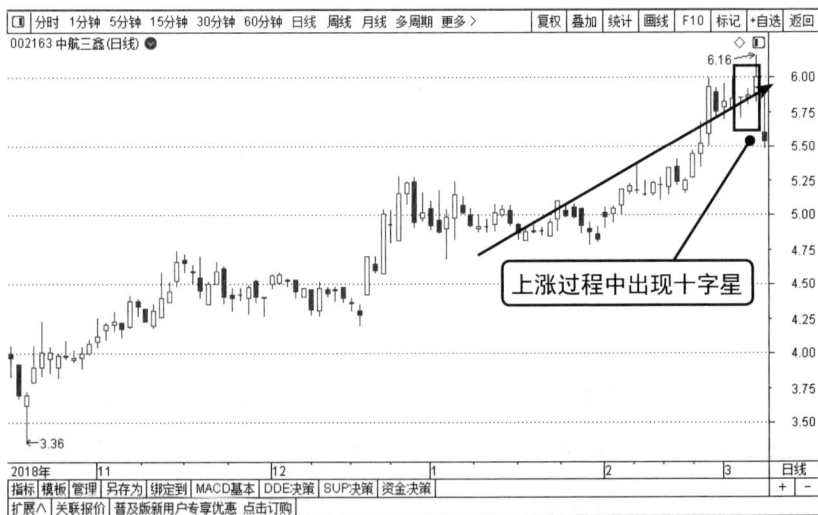

图 7-24　中航三鑫 2018 年 10 月至 2019 年 3 月的 K 线走势

图中的上涨过程中出现了一个十字星，此时可判断这个十字星是为了领涨的，并非被套，而后面在又出现一个十字星，如图 7-25 所示。

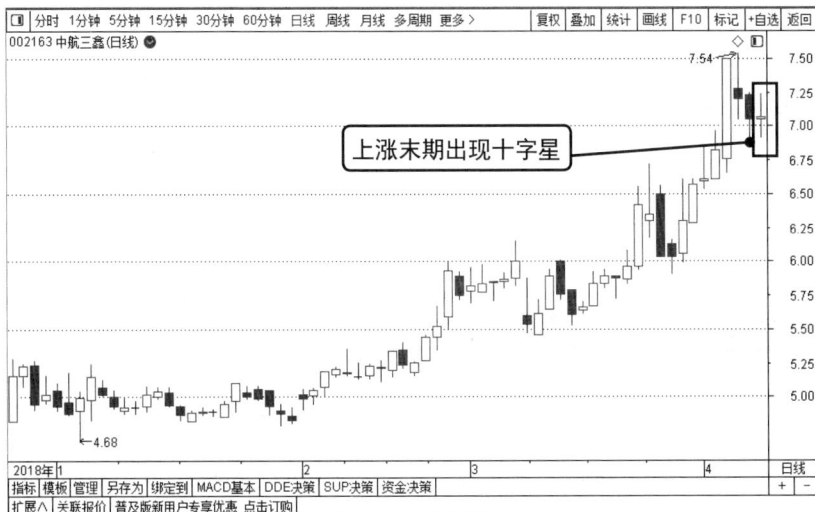

上涨末期出现十字星

图 7-25 中航三鑫 2018 年 12 月至 2019 年 4 月的 K 线走势

从图中可以看出，在 2019 年 4 月出现一个十字星，按照前面十字星的经验将会发生调整，随后还会上涨，但事实并非如此，观察两个十字星的分时走势，如图 7-26 所示。

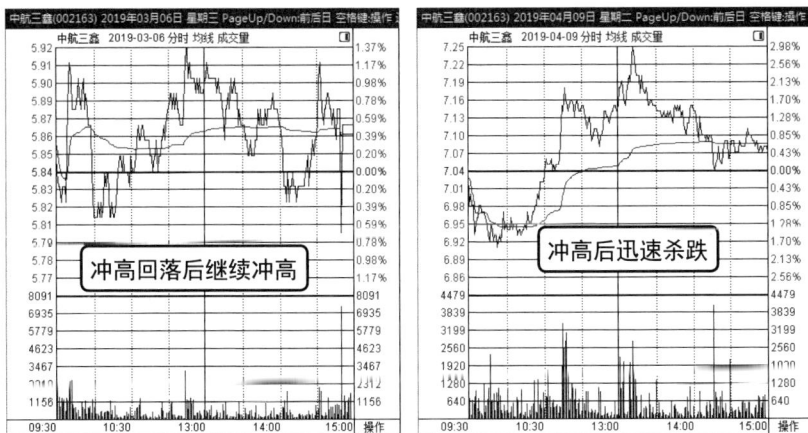

冲高回落后继续冲高

冲高后迅速杀跌

图 7-26 中航三鑫两颗十字星分时走势对比

从图中可以看出，如果是继续上涨十字星，冲高回落后会继续迅速向高位靠近，表明多头有能力控制局面，如 7-26（左）所示；而不能继续上涨的十字星则是冲高后迅速杀跌，如图 7-26（右）所示，有的个股跌后会再跌回原来的位置。

7.4 短线解套步骤

说了被套原因，谈及了被套的真实就是短线庄家操作，然后介绍了一些短线陷阱，现在回到最后的问题上，如何才能做到解套？我们给散户提供如下步骤供参考，如图 7-27 所示。

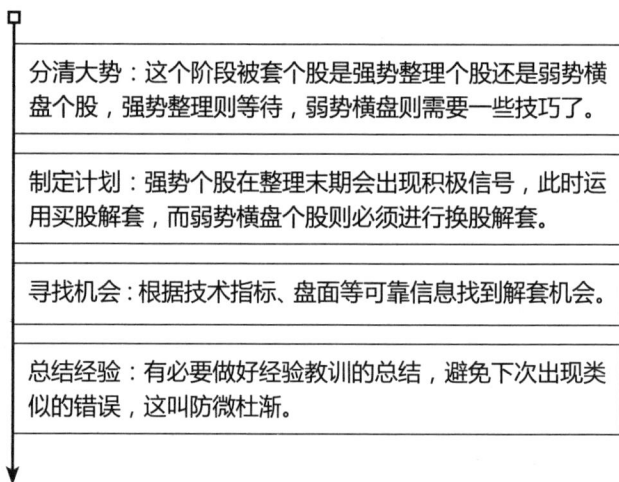

分清大势：这个阶段被套个股是强势整理个股还是弱势横盘个股，强势整理则等待，弱势横盘则需要一些技巧了。

制定计划：强势个股在整理末期会出现积极信号，此时运用买股解套，而弱势横盘个股则必须进行换股解套。

寻找机会：根据技术指标、盘面等可靠信息找到解套机会。

总结经验：有必要做好经验教训的总结，避免下次出现类似的错误，这叫防微杜渐。

图 7-27 短线解套步骤

实例分析

成飞集成（002190）的买入解套

图 7-28 所示为成飞集成 2019 年 6 月至 11 月的 K 线走势。

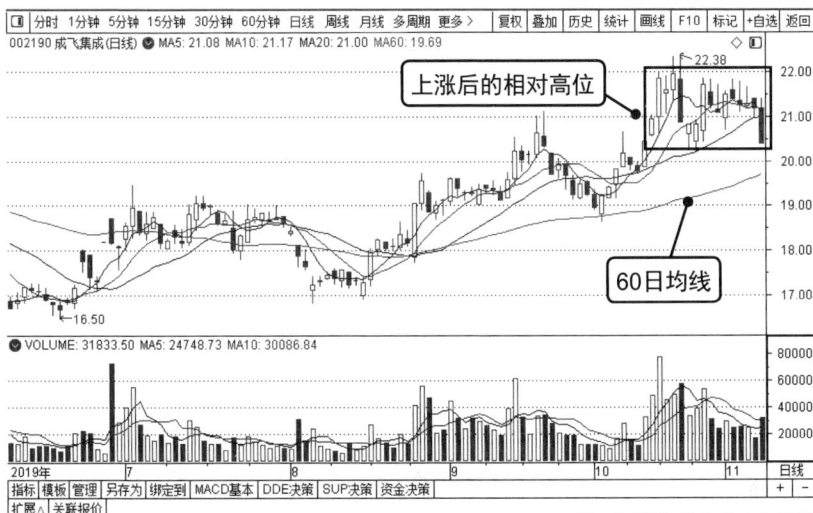

图 7-28　成飞集成 2019 年 6 月至 11 月的 K 线走势

图中股价经过大幅上涨，在 10 月下旬似乎已经进入一个相对高位，投资者如果不慎在 22 元追涨，现在寻求解套。从该股走势来看，股价在 60 日均线上方，且 60 日均线保持良好的向上运行趋势，说明该股的强势上涨会持续，因此可以进行买入解套。在股价回调时的相对低位区域买进，在股价回调到 20 元附近时买入，然后等待上涨，如图 7-29 所示。

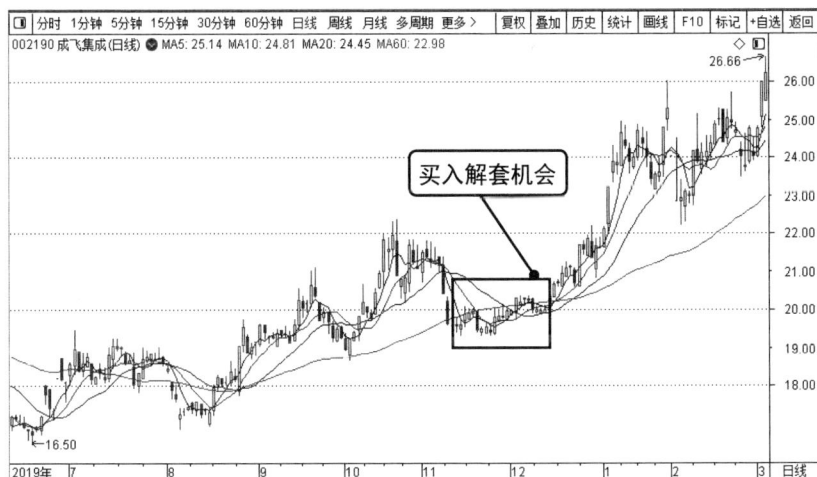

图 7-29　成飞集成 2019 年 6 月至 2020 年 3 月的 K 线走势

从图中可以看出，如果在 20 元买入之前购入股票的一半量，不仅可以解套而且还能带来丰厚的利润，这里就不做计算了。

实例分析

东晶电子（002199）的换股解套

图 7-30 所示为东晶电子 2019 年 2 月至 10 月的 K 线走势。

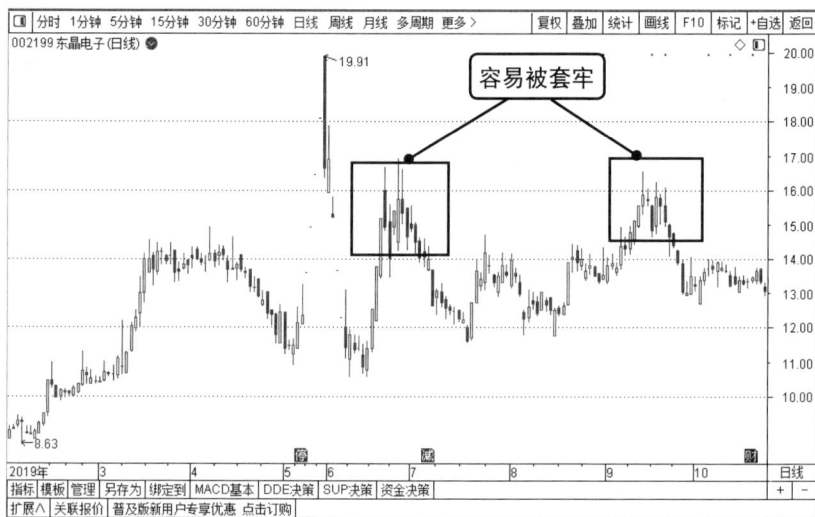

图 7-30　东晶电子 2019 年 2 月至 10 月的 K 线走势

在图中两个高位的 16 元容易被套，被套后股价的发展是相当让人伤心的。

图 7-31 所示为东晶电子 2019 年 6 月至 2020 年 1 月的 K 线走势。

从图中可以看到，不仅是一个高位盘整，而且进一步下跌，如果投资者不及时作出判断，将会损失严重，此时最好通过换股方式解套。

图 7-31 东晶电子 2019 年 6 月至 2020 年 1 月的 K 线走势

图 7-32 所示为特尔佳 2019 年 5 月至 2020 年 1 月的 K 线走势。

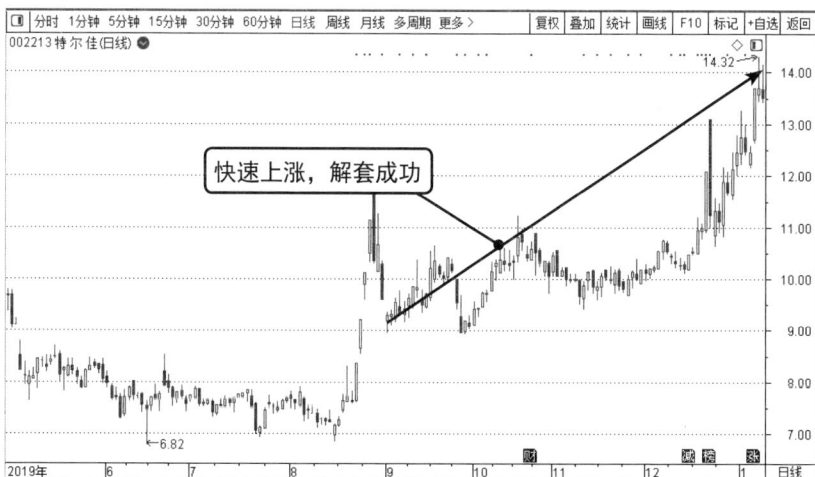

图 7-32 特尔佳 2019 年 5 月至 2020 年 1 月的 K 线走势

从图中可以看出，如果在 2019 年 9 月以 9 元买入这只股票，则未来到 1 月其收益将会超过 59%，之前在 13 元卖出东晶电子，亏损为 18%，减亏成功、解套成功，还能赚一笔。